Eu-D-$\overline{V}$- 8-19

Grenoble
Paul Dreyfus

Grenoble
Paul Dreyfus

Arthaud

À Colette, qui me fit Grenoblois...

Introduction

Pour définir Grenoble, on est tenté de reprendre l'expression de Paul Valéry, qui baptisa Sète, sa ville natale, « une île singulière ».

Mais chaque cité est unique. La France forme un archipel de singularités. Au demeurant, une seule épithète ne suffit pas à caractériser Grenoble. Plus on l'observe, plus on constate qu'elle est, tout à la fois, exceptionnelle, surprenante, orgueilleuse, paradoxale.

Exceptionnelle, Grenoble l'est par son site admirable, au confluent de vallées majestueuses, par la beauté des massifs montagneux qui l'enclosent, par le rôle qu'elle a joué à plusieurs reprises dans l'histoire nationale, par la rapidité de sa croissance à l'époque moderne, par sa vocation scientifique et technique, par son ouverture aux idées neuves, par une sorte de pulsation accordée au rythme du monde.

Surprenante, comment douter que Grenoble le soit? Elle possède, proportionnellement, plus de laboratoires que toute autre ville française. Elle est plus jeune, non seulement par l'âge moyen, mais surtout par l'esprit. Elle rassemble plus d'étudiants. Elle abrite plus d'ingénieurs. Elle emploie plus de techniciens. Elle accueille plus de chercheurs étrangers. Elle compte plus de sportifs. En somme, elle a plus de globules rouges.

Orgueilleuse, va-t-on cacher que Grenoble l'est un tantinet? Elle conserve une légitime fierté d'avoir servi de berceau à deux des plus grandes révolutions du monde moderne : celle de 1789 et celle de la houille blanche. Sa satisfaction n'est pas celle du boutiquier enrichi. C'est celle de l'homme d'action, qui réalise une œuvre. Ils aiment le temps de la récolte, les gens d'ici. Mais, à les bien connaître, on peut se demander s'ils ne lui préfèrent pas le temps des semailles. Voyez-les, dans les sillons, marcher depuis quelque deux mille ans, lançant à pleines poignées idées et inventions.

Ville paradoxale enfin que Grenoble. Elle qui fut la capitale du Dauphiné, voici qu'elle comprend aujourd'hui, parmi ses habitants, beaucoup moins de Dauphinois que de nouveaux venus. Elle qui se veut — et se croit souvent — d'avant-garde, elle ne parvient pas toujours à briser les carcans du conformisme et du traditionalisme. Elle qui se passionne pour le progrès, n'a pas déroulé toutes les bandelettes de la routine. Elle qui se dit ouverte aux vents du large, il n'est pas nécessaire de la fréquenter longuement pour y respirer encore les effluves d'un provincialisme désuet. Elle qui s'est engagée hardiment sur les chemins de l'avenir, il lui arrive de s'embourber, comme beaucoup d'autres, dans les ornières de mesquines querelles locales. Elle qui pullule d'initiatives, ne les mène pas toujours à leur accomplissement. On pourrait poursuivre ainsi la liste des contradictions. Mais à quoi bon. Le tableau de Grenoble, comme celui de beaucoup de villes françaises, est un contraste d'ombres et de lumières.

Je m'efforce de dépeindre Grenoble telle qu'elle est : avec ses qualités et ses défauts. C'est une ville que j'aime, pourquoi le cacherais-je ? Je ne demande pas qu'on la surestime, mais je ne souffre pas qu'on la rabaisse. Cela m'agace d'entendre, à son propos, parler de « mythe ». Mais cela m'est insupportable de la voir systématiquement critiquée. A la cité de Stendhal, on doit un seul tribut : celui de la lucidité.

Grenoble, ne l'oublions pas, fut longtemps une fort petite ville, pauvrette et sans essor. C'est à une époque relativement récente qu'elle s'est métamorphosée, pour s'inscrire au neuvième rang des cités françaises. Est-elle encore une grande petite ville ? Est-elle déjà une petite grande ville ? On en pourrait discuter longuement, car Grenoble est bifide. Quand elle était une capitale, elle avait la taille d'un gros bourg. Déchue aujourd'hui de ses privilèges, elle a pris de l'importance et acquis un rayonnement. Mais, malgré ses efforts, elle n'est pas devenue une métropole régionale.

Les visiteurs pressés et les journalistes hâtifs commettent souvent une erreur à propos de Grenoble. Ils ne voient que la ville moderne et ignorent la vieille cité, riche en souvenirs. Malgré les apparences, Grenoble, en épousant l'avenir, n'a pourtant pas rompu avec son passé. Certes, l'histoire n'a laissé, dans la capitale dauphinoise, aucun édifice grandiose. A quelques exceptions près, les monuments sont modestes. Ils ne parlent guère à l'imagination. Comme les hommes de ce pays, on dirait qu'ils emploient le langage de la raison. Cependant, ils murmurent en sourdine une cantilène qui émeut les cœurs.

C'est là, précisément, l'un des charmes discrets de la capitale alpine. On peut se détacher sans peine de la ville moderne pour retrouver, dans la vieille cité aux rues étroites, le souvenir de Bayard, de Lesdiguières, de Mounier, de Barnave ou de Stendhal. De même s'arrache-t-on, en quelques minutes, à la rigoureuse horizontalité urbaine, pour retrouver, aux balcons de l'Alpe, l'air pur, le silence et la paix.

Devenu Grenoblois à demi en 1950 et totalement en 1955, je voulus connaître l'histoire de la ville. A l'époque, il n'existait pas un seul ouvrage récent. Je plongeai dans les bibliothèques anciennes et les fonds d'archives. Ma curiosité satisfaite, j'écrivis *Grenoble, de l'âge du fer à l'ère atomique*, qui parut chez Fayard en 1961. Ce n'était point, à coup sûr, l'une de ces œuvres d'érudition dont j'avais été nourri à satiété par d'éminents professeurs à la faculté des lettres de Lille. Je ne me suis jamais senti de vocation pour le métier de miniaturiste de l'histoire... Mais ce livre n'était pas non plus une esquisse. Je voulais brosser une vaste fresque, où se presseraient les grands hommes de Grenoble, sans que soit oublié un seul des événements politiques, militaires, économiques, religieux, sociaux, qui me paraissaient importants. Et je voulais que ce récit fût vivant...

A l'approche des jeux Olympiques de 1968, Benjamin Arthaud me demanda d'écrire un nouveau livre. Je me remis à la tâche et lui donnai *Grenoble, de César à l'Olympe*. Il l'illustra superbement et le publia en 1967.

Depuis lors, Grenoble a beaucoup changé. Il devenait indispensable de mettre à jour cette étude. Voilà qui est fait aujourd'hui. J'ai entièrement récrit les derniers chapitres, tout en retouchant, ici ou là, les huit premiers. Ce *Grenoble* n'est donc pas un livre nouveau : c'est un livre rajeuni.

Il le fallait bien, puisque cette vieille cité est une ville jeune.

Les enfances de Grenoble

En sa couronne de montagnes

Grenoble : trois syllabes. La première, gutturale, dure comme le roc, virile assurément ; la seconde, solide et ronde, sonore comme la trompe ; la troisième, délicate, pleine de douceur, coulant comme l'eau du torrent, féminine à n'en pas douter...

... Et soudain, au carrefour de trois vallées, entre trois massifs, vouée aux trois « divinités » du monde moderne — la Production, l'Enseignement et les Loisirs —, voici la ville aux trois roses.

Ces trois roses rouges sur fond d'or, dont Grenoble a fait son blason, ont longuement intrigué les historiens, qui ont émis plusieurs hypothèses. Voici la plus plausible : ces trois fleurs héraldiques évoquent trois martyrs. La première est celle de saint Vincent, patron du diocèse, qui figure déjà sur les monnaies frappées par les évêques au XIᵉ siècle. La deuxième est celle de saint André, patron des dauphins, qui apparaît sur un sceau utilisé par Guigues VII en 1247. La troisième est celle de saint Jean-Baptiste, patron des citadins, que le peuple appelait familièrement « Monseigneur saint Jean ». Ces trois églantines à cinq feuilles, ces trois quintefeuilles de gueules, seraient donc la représentation symbolique des trois autorités qui, au Moyen Age, gouvernaient la cité : l'évêque, le dauphin et les consuls. Ces derniers, élus par les habitants, étaient les défenseurs des libertés et des franchises, qui leur avaient été accordées par les deux coseigneurs.

Telle est l'explication proposée par Auguste Bouchayer et admise aujourd'hui par les historiens. Mais, pour les Grenoblois du XXᵉ siècle, les trois roses rouges symbolisent les trois activités essentielles de la ville : l'Industrie, l'Université et le Tourisme.

De quelque façon qu'on arrive à Grenoble, par la route, par le rail ou par les airs, le premier contact procure une émotion. Le site urbain est d'une grandeur sublime. Le plus beau de France, peut-être. On sait des voyageurs qui, frappés d'un véritable coup de foudre, n'ont plus voulu quitter ces lieux dont ils s'étaient épris !

Par où faut-il aborder Grenoble ? C'est affaire de goût. Beaucoup choisissent, par commodité, la courte antichambre de la cluse de Voreppe. D'autres préfèrent le long corridor du Grésivaudan, voie royale, par les matins d'avril, quand verdit et fleurit la vallée, couronnée de neiges immaculées. Mais il n'a rien vu, celui qui n'a pas plongé vers la ville, depuis la route de Chartreuse, en un crépuscule d'août fait d'améthyste et de cornaline. Et qui dira la splendeur de la descente du Vercors, par une nuit de janvier, lorsque la pleine lune éclaire les blancs fantômes des montagnes, penchés sur l'ample manteau de velours noir où la cité éparpille ses diamants et ses escarboucles ?

Qu'une ville de cette importance se soit développée au cœur des montagnes, qu'elle soit parfaitement plate et que son altitude atteigne seulement 214 mètres, ce sont des faits qui étonnent toujours le visiteur.

« Avec Innsbruck, ont noté les géologues Maurice Gignoux et Léon Moret, c'est la seule grande ville qui soit située à l'intérieur même des Alpes. Nice, Genève, Lausanne, Berne, Zurich sont encore en bordure de la chaîne alpine qui leur fournit un décor, un fond de tableau, mais non, comme à Grenoble, un cadre et une enceinte » *(Géologie dauphinoise)*.

Les belvédères ne manquent pas, d'où l'on contemple cet entourage majestueux : la plate-forme du téléférique de la Bastille est le site le plus fréquenté. Du faîte du Saint-Eynard (1 362 m) ou du Moucherotte (1 895 m), la vue est très étendue. Mais le seul endroit d'où l'on découvre à la fois Grenoble et toute sa couronne de montagnes, c'est le sommet de la tour Perret, au cœur même de la ville.

A l'est se dresse la « lourde et imposante masse » de Belledonne — Bella Donna, la Belle Dame — « dans laquelle de petites dentelures marquent à peine l'individualité des sommets cristallins. »

Cette « sierra étroite » culmine au grand pic de Belledonne (2 961 m). Mais le sommet le plus connu est la croix de Chamrousse (2 255 m). A l'ouest et au nord-ouest de la ville, de part et d'autre de la cluse de Voreppe, s'élèvent les massifs sub-alpins ou Préalpes du Dauphiné : d'un côté le Vercors, véritable forteresse naturelle ; de l'autre la Chartreuse, que domine le « pupitre imposant » de Chamechaude (2 087 m).

« Voici deux produits des mers secondaires, vraies fabriques de calcaire, ont écrit les géographes Paul et Germaine Veyret. Des centaines de mètres d'épaisseur du plus noble des matériaux sédimentaires ont été accumulées, soit par des dépôts chimiques, soit par la sécrétion ou les squelettes d'innombrables animaux, coraux, algues et quantité d'autres espèces, en particulier pendant le Jurassique supérieur et le Crétacé inférieur *(Grenoble et ses Alpes)*. »

Belledonne, Vercors, Chartreuse : tels sont les trois grands massifs. Mais au loin, à perte de vue, on aperçoit bien d'autres sommets : Taillefer, Grandes-Rousses, Sept-Laux, Obiou et parfois, tout là-bas, par temps très clair, le minuscule triangle du mont Blanc. Indocile troupeau de cimes en désordre. Merveilleuse leçon de géographie alpine devant une carte en relief...

Le Serpent et le Dragon

La serpen et lo dragon
Mettront Grenoblo en savon,

prédit un vieil adage dauphinois.

L'Isère, un serpent ? Assurément. Elle prend sa source dans un cirque glaciaire, au pied du col de l'Iseran, dévale la Tarentaise et reçoit au débouché de la Maurienne l'Arc bondissant et indocile. Elle s'assagit enfin, sinue longuement dans la vallée du Grésivaudan jusqu'à Grenoble même. Là, au sortir de la dernière boucle, elle vient buter, en pleine ville, contre l'ultime contrefort de la Chartreuse. Serpent sombre que cette rivière, qui charrie toute l'année des alluvions — noirâtre « décoction d'ardoise » —, arrachées aux montagnes savoyardes, serpent que les pluies et la fonte des neiges rendent parfois furieux. Le débit moyen de l'Isère est de 330 m³/seconde. Mais, en une nuit d'orage, il passe à 1 200 ou 1 500 m³. Le 9 juin 1955, on l'a vu, en quelques heures, monter à 2 450 m³.

Le Drac — du latin *draco*, le dragon — accourt du Champsaur. Grossi de l'impétueuse Romanche, qu'il reçoit près de Jarrie, il débouche dans la plaine avec fougue. C'est en se battant contre lui que Grenoble a grandi : en se défendant d'abord de ses extravagances par des levées de terre ; en le repoussant ensuite progressivement vers l'ouest ; puis en le jetant, à partir de la fin du XVIIᵉ siècle, dans un lit artificiel suffisamment large et parfaitement rectiligne, achevé à la fin du XIXᵉ siècle seulement.

On imagina d'en faire autant pour l'Isère. Au début du XXᵉ siècle, des ingénieurs proposèrent de la dévier dans un canal, qu'ils auraient creusé au sud de la ville, à l'extérieur des fortifications. Si on les avait écoutés, l'Isère coulerait à l'emplacement actuel des nouveaux boulevards.

Petite expérience : voulez-vous savoir si vous avez affaire à un Grenoblois de vieille souche ? Demandez-lui s'il est membre du « Syndicat des digues du Drac ». Dans l'affirmative, c'en est un !

Dompter le serpent et le dragon, les endiguer, les assagir, tenter de se protéger contre eux ; lutter contre les inondations désastreuses qui ravageaient la ville avec des récidives désespérantes ; enfin, le mal causé, s'empresser de réparer les dégâts : tels furent, pendant des siècles et des siècles, les principaux soucis des Grenoblois. Car cette ville, comme les cités hollandaises, auxquelles pourtant elle ressemble si peu, a été construite au péril des eaux.

« Il est difficile, a écrit le grand géographe Raoul Blanchard (1877-1965), de trouver un site de ville plus exposé aux caprices de deux rivières irrégulières *(Grenoble, une étude de géographie urbaine).* »

Dès qu'on creuse le sol, à Grenoble, on trouve les traces des inondations successives : ce sont les limons à grains fins de l'Isère, provenant des gisements ardoisiers et des bancs de schistes noirs du cours supérieur ; ce sont les sables du Drac et les lits de cailloux constitués par des galets de grès durs, des calcaires gris extrêmement résistants, des spilites multicolores, des serpentines et toute la gamme des roches cristallines de l'Oisans. La nappe phréatique se trouve à une profondeur qui varie entre 1,50 mètre et 3 mètres.

Quand on scrute les archives, on découvre avec stupeur que, depuis l'époque romaine jusqu'à nos jours, la ville a subi plus de cent cinquante inondations : soixante-sept furent occasionnées par des crues de l'Isère supérieure, treize par des crues de l'Isère moyenne, soixante-dix-neuf par des crues du Drac.

La plus terrifiante de toutes ces catastrophes fut celle qui se produisit en 1219. Un grand lac occupait à cette époque la cuvette de Bourg-d'Oisans. Dans la nuit du 14 au 15 septembre, la digue naturelle qui fermait la vallée, près du confluent actuel de la Romanche et de l'Eau-d'Olle, se rompit d'un coup, à la suite d'un glissement de terrain ou sous la pression des eaux. Une vague monstrueuse se rua vers Vizille et roula furieusement jusqu'à la plaine. Elle y déferla soudain, inondant Grenoble en un rien de temps, « avec une fureur et une violence indicibles, un fracas et un tumulte épouvantables ».

Le souvenir de ce « déluge », qui fit de nombreuses victimes, nous a été conservé par une lettre de l'évêque Jean de Sassenage.

« Les habitants, écrit-il, désespérant totalement de leur salut, abandonnant tout, préoccupés exclusivement de sauver leurs personnes, montèrent les uns dans le clocher de la cathédrale, les autres dans notre palais et les maisons de nos vénérables frères les chanoines, pendant que d'autres, escaladant les tours, les hautes demeures, les maisons fortes de la cité ou se retenant avec peine sur les toits des maisons, passèrent toute cette nuit d'horreur et de misère, en proie au danger, à deux doigts de la mort. Oh ! douleur. La porte du pont était fermée ! Et s'ils l'avaient trouvée ouverte, la multitude des fidèles qui a péri aurait pu fuir, nous en avons la croyance ! Après avoir pu enfin fracasser cette porte, un bon nombre parvint à s'échapper grâce au pont ; mais ils demeurèrent en proie à la tristesse et à l'angoisse, pensant à la

1. Quand Grenoble était encore un village gaulois
2. Gratien. Monnaie romaine

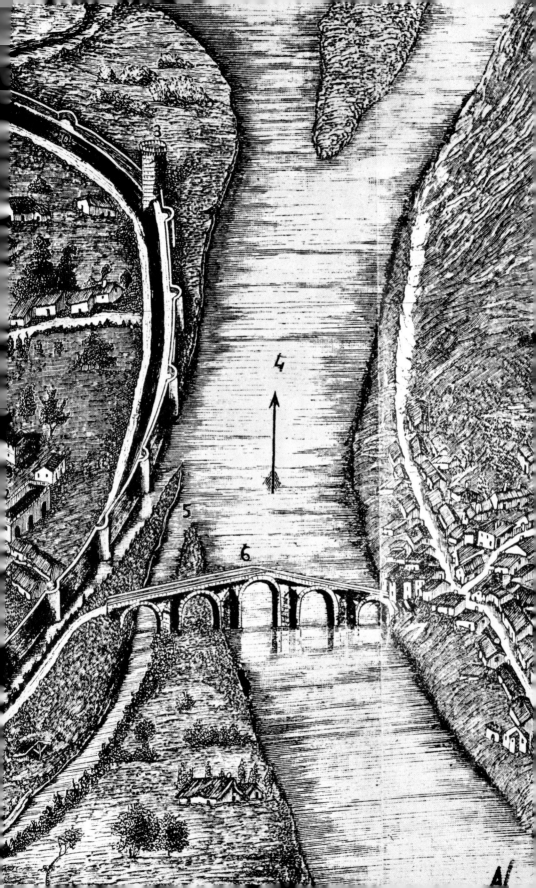

calamité présente, pleurant sur le dangereux sort de ceux qui étaient restés dans la cité, ayant abandonné tout ce qu'ils possédaient *(Gallia christiana,* tome XVI). »

Une autre inondation, celle de septembre 1733, n'a jamais été oubliée, car elle inspira à l'épicier François Blanc, dit Blanc la Goutte, un poème patoisant qui connut aussitôt un grand succès : le *Grenoblo malhérou.*

Les « monstres » apprivoisés

Plus personne aujourd'hui ne répète, avec ce pauvre goutteux de poète :

Grenoblo, t'es perdu! Lo monstro t'engloutit :
Mal avisa fut ceu qui si bas te plantit.

Oui, il fut sans doute « mal avisé », celui qui « planta » cette ville si bas ! Du moins s'est-elle aujourd'hui évanouie, la constante menace d'inondation qui planait sur Grenoble. Les « monstres » sont apprivoisés. Certes, on ne peut pas exclure complètement la possibilité d'un réveil brutal. Mais les cages sont nombreuses et solides, où l'on a enfermé le Serpent et le Dragon. On veut parler des aménagements hydro-électriques du bassin de l'Isère (voir annexe 6, à la fin de l'ouvrage).

Parmi tous ces aménagements, nous en trouvons quelques-uns qui figurent parmi les plus vieux de France, notamment dans la gorge de la Romanche et aux flancs de Belledonne, où commença, juste avant la guerre de 1870, la grande aventure de la houille blanche, dont il sera longuement question plus loin. Nous découvrons de très hautes chutes, comme Bissorte, avec 1 152 mètres, et d'autres extrêmement basses, comme Jarrie, avec seulement 6,09 mètres. Dans le massif calcaire du Vercors, certaines sources vauclusiennes ont pu être aménagées directement : c'est la curiosité de la Goule blanche et du Bournillon (grotte et sources d'Arbois). Ailleurs, au contraire, certaines réalisations ont nécessité le percement de très longues galeries sous la montagne : ce fut le cas pour la liaison Isère-Arc (centrale de Randens) comme pour la liaison Arc-Isère (centrale du Cheylas). En d'autres endroits, enfin, l'installation de conduites forcées n'a été possible qu'au prix d'acrobatiques exercices de varappe, le long de parois verticales : on le constate aux portes mêmes de Grenoble, au-dessus de la centrale électrique de Sassenage. Quelques barrages ont été construits en terre. Le plus important est celui du Mont Cenis : 1 400 mètres de longueur, 120 mètres de hauteur et plus de 14 millions de m³ de terre et d'enrochements. Il faut citer également, dans ce domaine, la digue de Notre-Dame-de-Commiers et surtout le barrage de Grand'Maison, en cours de construction : 500 mètres de longueur, 140 mètres de hauteur, 15 millions de m³.

3. *Grenoble dans son enceinte gallo-romaine.*
4. *Chapiteau de la crypte, église Saint-Laurent.*

Un assez grand nombre d'usines fonctionnent de façon entièrement automatique. Certaines sont ou ont été à l'avant-pointe de la technique dans ce domaine, telles les installations rénovées de Monteynard, de l'ensemble Sautet-Cordéac, de Sassenage et de Bouvante.

Parmi les modernisations en cours, il convient de noter celle des cinq usines situées sur la basse Isère — Beauvoir, Saint-Hilaire-du-Rosier, Pizançon, La Vanelle et Beaumont-Monteux — avec commande locale par calculateur et commande centralisée de la conduite de l'ensemble depuis Pizançon, grâce aux dernières techniques des microprocesseurs. Mais déjà certaines usines importantes comme La Saussaz II et le Cheylas comportent un calculateur de conduite. La plupart des usines de cette catégorie sont maintenant télécommandées depuis un poste unique, annexe du « dispatching » de Lyon.

Depuis la crise du pétrole (1973), l'hydroélectricité connaît un renouveau. Plusieurs aménagements importants sont en cours de réalisation, en projet ou à l'étude.

Avec une puissance apparente installée de l'ordre de 5,1 millions de kVA et une productibilité moyenne d'environ 12,2 milliards de kWh, le bassin de l'Isère vient en deuxième place parmi les producteurs français d'électricité d'origine hydraulique, après le Rhône : 14,7 milliards de kWh, suivant son cours, et 36,6 milliards au total. Le bassin de l'Isère devance de très loin le Massif central (8,3), le Rhin (7,9) et les Pyrénées (6,6). Le total de l'énergie d'origine hydro-électrique, produite par le bassin du Rhône, est voisin de 60 % de celui que fournissent les cours d'eau de la France entière.

Le caractère dauphinois

« De sa naissance jusqu'à son épanouissement contemporain, a-t-on pu écrire, Grenoble est la ville du confluent des rivières et des vallées de montagne. Ce n'est pas toujours un bien gros avantage, et la masse des grandes chaînes fait peser une ombre assez opaque sur la situation de la ville. Mais il y a toujours eu à Grenoble des hommes formés à la dure école de la montagne, qui ont su tirer de ces médiocres facteurs géographiques plus qu'on n'eût espéré leur demander. Grenoble est, plus que beaucoup d'autres villes, une réussite humaine plutôt qu'une résultante aisée du jeu des forces naturelles. »

Expliquant ainsi le développement de la ville, Raoul Blanchard faisait comprendre du même coup le caractère des Dauphinois : leur acharnement au travail, leur âpreté au gain, leur sens pratique, leur relative froideur, leur apparente rudesse, leur fréquent manque de primesaut, d'enthousiasme, de poésie... Pour les trois derniers, ce sont des traits du pays d'oc. En fait, le Dauphinois est un Nordique. Il s'apparente plus au Lorrain et au Flamand qu'au Provençal son voisin.

« Fin, faux et courtois », disaient, en parlant d'eux-mêmes, les vieux

Dauphinois. D'aucuns remplaçaient d'ailleurs « faux » par « féaux » — pluriel de féal —, qui leur plaisait mieux. Mais laissons là les dictons. Écoutons plutôt ce que répétaient autrefois les visiteurs attentifs :

« Les Dauphinois sont de grand esprit, curieux et capables des sciences de toutes sortes, particulièrement des mathématiques, industrieux, laborieux et épargnants. » (P. Davity, géographe, XVIIe siècle.)

« Le caractère le plus commun... est d'être fin et caché... Il y a très peu de liaison d'amitié entre les gens de Dauphiné, et en revanche il y a très peu d'inimitié jusqu'à la rupture, de manière qu'ils demeurent toujours les uns à l'égard des autres dans un état susceptible de pouvoir se réchauffer plus ou moins, à proportion que l'exige leur intérêt, auquel on ne croit pas qu'il y ait de pays où il y ait une plus vive attention. » (Bouchu, intendant du Dauphiné, fin XVIIe siècle.)

« Ceux qui ont fréquenté le Dauphiné pourront [...] certifier qu'ils ont trouvé dans les montagnes cette courtoisie, cette hospitalité, cette cordialité, cette simplicité de mœurs et de conduite qui distinguent les premiers citoyens de la terre. [Ils ont l'esprit] vif, juste, propre aux combinaisons, assez fin pour les garantir de la fraude et de la tromperie, mais trop droit pour leur permettre de s'en rendre coupable. » (J.-J. Menuret, médecin de Montélimar, 1765.)

Pour anciens qu'ils soient, ces trois textes tracent des Dauphinois un portrait psychologique qui reste vrai. Même aujourd'hui, où le Dauphiné n'est plus qu'un souvenir. Car on ne peut même plus dire de lui : c'est le pays qu'habitent les Dauphinois. Au vieux fonds autochtone s'est lentement agrégée une masse considérable de nouveaux venus, qui sont loin d'être issus en totalité de l'Hexagone. Peu de régions françaises ont, au cours des dernières décennies, attiré plus d'étrangers. Les villes y sont désormais de sang mêlé. A commencer par Grenoble et les cités les plus industrialisées.

Pourtant, lorsqu'on prête attention, on retrouve, intacte parmi les apports multiples, la vieille race dauphinoise, faite d'hommes opiniâtres, lucides et réservés. Il suffit pour cela de pénétrer dans les familles enracinées dans cette province depuis des générations. Et voilà qu'on rencontre soudain, à la ville comme à la campagne, les héritiers de Lesdiguières et de Condillac, de Barnave et de Stendhal. Épris de liberté et volontiers raisonneurs, ils poussent le goût de l'indépendance jusqu'aux limites de l'individualisme. Pragmatiques, ils se méfient des théories et, plus encore, des rêveries. L'imaginaire n'est pas leur fort. Ils aiment ce qui se mesure, ce qui se pèse, ce qui se compte. Ils apprécient ce qui se gagne. Leur joie de vivre s'exprime dans l'action. Calculateurs, ils détestent s'aventurer sur un coup de tête, mais ils ont le goût d'entreprendre. Leur froideur première, qu'on attribue, lorsqu'on les connaît mal, à une attitude de méfiance, est une conséquence de leur tempérament prudent, réfléchi, discret. Derrière cette façade, aussi sobre que celle de leurs maisons, bouillonnent des passions contenues. Ils ignorent les primesauts. Mais, lents à se donner, ils demeurent fidèles.

« Les premiers Dauphinois »

Qui furent les premiers Grenoblois ? Sans prétendre fouiller les forêts obscures de la préhistoire, il faut bien se poser la question. Hélas ! on s'aperçoit vite de la pauvreté de nos connaissances.

A coup sûr, ils étaient des chasseurs, les hommes qui, les premiers, firent leur apparition dans le Dauphiné. Remontant des régions méridionales, au fur et à mesure du retrait des glaciers, ils venaient, plus ou moins régulièrement, traquer le gibier dans la vallée du Grésivaudan. Puis ils s'aventurèrent timidement dans la montagne. Notamment sur les terrasses de Belledonne et dans le Vercors, où les grottes, aujourd'hui, livrent leurs secrets. Pour armes, ils eurent d'abord des silex taillés. L'un d'eux a été retrouvé sur les flancs du Rachais. Un autre, travaillé pour constituer une superbe hache, a été exhumé à Saint-Martin-le-Vinoux et se trouve aujourd'hui, avec bien d'autres souvenirs, au Musée dauphinois.

Postérieurement apparurent des hommes qui utilisèrent la pierre polie. De cette époque néolithique datent de « multiples foyers riches en outils et armes de silex, fragments de poterie, parures d'os ». En particulier, près du futur Grenoble, aux Balmes de Fontaine et à la Buisse ; plus loin, sur les rives du lac de Paladru. La baisse exceptionnelle des eaux de ce lac, en 1921, permit la découverte d'une « cité lacustre ». Une nouvelle décrue s'étant produite, en 1971, des recherches furent reprises de façon systématique et scientifique. Elles ont permis d'explorer le village néolithique, dit « des baigneurs » et de mettre au jour un grand nombre de vestiges intéressants : haches et outils en silex, vases en céramique, cuillères en bois, hameçons en cuivre, aiguilles, peignes en buis, fragments de tissu. Toutes ces trouvailles nous ont donné la possibilité de savoir, avec une relative précision, comment vivaient nos ancêtres il y a cinq mille ans.

Peu à peu, ces chasseurs devinrent pasteurs, puis agriculteurs. Après avoir domestiqué très vite le chien, à l'âge de la pierre polie, puis le porc, le mouton et le bœuf, ils firent leur plus noble conquête, celle du cheval, à l'âge du bronze. De cette longue aventure humaine, on n'a longtemps trouvé dans la région que de « rares et pauvres vestiges ». Mais les découvertes se sont multipliées, ces dernières années, grâce aux patientes recherches du Centre de documentation de la préhistoire alpine. Un immense travail a été accompli, avec intelligence et méthode. Il a déjà sensiblement enrichi notre connaissance de l'*Homo delphinatus*...

La naissance de Grenoble

Aux alentours immédiats de Grenoble, les premières tribus sédentaires ne semblent pas avoir occupé vallées et contreforts avant le début de l'âge de fer, vers 900 av. J.-C. Dans le sous-sol même de l'agglomération, on n'a retrouvé aucune trace d'établissement humain permanent antérieur au deuxième âge du fer, qui débuta vers le Ve siècle av. J.-C. Voilà tout ce qu'on sait actuellement sur les premières dates du calendrier grenoblois. Elles restent fort approximatives.

Connaissons-nous mieux l'endroit exact où naquit la cité? Son embryon se forma-t-il sur la rive gauche de l'Isère ou bien sur la rive droite? En d'autres termes, les premiers habitants s'installèrent-ils dans la plaine ou au contraire à flanc de montagne? Sur ce point important, les historiens ont discuté passionnément.

Grenoble est née sur la rive droite, affirmaient les uns, qui n'avaient pas de peine à montrer les avantages de cette berge exposée au midi, abritée des vents dominants et offrant sur ses hauteurs toutes les possibilités de refuge en cas d'inondation, toutes les facilités de défense en cas d'invasion. Ils allaient répétant, avec Auguste Prudhomme : « Le berceau de Grenoble, c'est évidemment la partie actuellement occupée par le quai Perrière et la rue Saint-Laurent (*Histoire de Grenoble*). » Là s'est créée une « agglomération modeste [...] peuplée par des bateliers et des pêcheurs, dans ce site abrité de la bise ». Nos lointains ancêtres pouvaient-ils souhaiter un « lieu de refuge [...] plus sûr, plus naturellement fortifié que cette étroite bande de terre, protégée au nord et à l'ouest par le mont Rachais et au sud par l'Isère » ? Les « pentes de la haute colline » devaient servir d'oppidum, « en cas de danger ».

Grenoble est née sur la rive gauche, affirmaient d'autres auteurs. Parmi eux, les premiers historiens dauphinois au XVIe et au XVIIe siècle. Puis, au début du XIXe siècle, Champollion-Figeac. Mais les preuves manquaient encore. C'est Hippolyte Muller qui les arracha au sous-sol de la vieille ville : fragments de poterie gauloise, débris de céramique, bouton conique en bronze, aiguilles, épingles et dés en bronze, aiguilles et épingles en os. Dès avant 1900, ces humbles vestiges lui firent « admettre avec certitude l'existence d'un centre habité important, rive gauche, au moins trois siècles avant notre ère ». Et d'affirmer : « C'est sur les graviers du Drac que se sont installés les premiers occupants. »

Bientôt, le géographe Raoul Blanchard formula une hypothèse qui paraît être la plus plausible.

« Il y a sur la rive gauche, à l'endroit où s'est assise la ville romaine, un site favorable, qui présente des avantages pour la défense et qui est à peu près gardé contre les inondations. Entre deux bras dérivés du Drac, le Draquet et le Verdaret, s'allongeait un tertre, quelque banc un peu plus élevé du cône, qui forme aujourd'hui encore le point le moins bas de la ville. [...] Ce tertre formait une plate-forme à peu près sèche, très rarement inondée par les eaux du Drac ou de l'Isère [...] Or c'est juste l'endroit où l'Isère, resserrée contre la montagne, possède son minimum de largeur et est le moins disposée à divaguer [...] Rien n'empêche de croire que sur cet emplacement favorable est née la bourgade de Cularo. »

« Que Chalemont, le village d'en face, soit ancien, plus ancien même que Cularo, c'est possible », concède Raoul Blanchard. Mais pour lui, comme pour la plupart des historiens depuis lors, il n'y a plus de doute possible : Cularo était sur la rive gauche, pendant que, sur la rive droite, Chalemont existait concurremment, mais probablement très distinct.

Ainsi, dès ses plus lointaines origines, Grenoble fut un point de passage, non loin du confluent de deux cours d'eau indociles. « Il s'agissait, a-t-on très bien dit, d'une ville-pont et non d'un oppidum fortifié. » Où pouvait-on la fonder, sinon près du seul endroit où l'Isère serait franchie sans trop de difficulté ? C'est donc là, tout près de d'étranglement de la rivière rapide et sombre, que s'établirent les Allobroges. Non pas la première peuplade, mais la première dont le nom nous ait été conservé. Ils formaient un des rameaux de ce peuple celte qu'on voit peu à peu, au Ve siècle, descendre la vallée du Rhône, dans « un va-et-vient incessant des tribus à la recherche de terres ».

Tantôt se mélangeant aux Ligures, et tantôt les repoussant vers l'intérieur du massif alpin, ce sont ces Allobroges qui ont fondé Vienne et donné à Grenoble son premier nom : *Cularo*. Il vient probablement d'un lieudit celtique.

Le souvenir des Allobroges ne subsiste plus guère aujourd'hui que dans un chant martial des région alpines :
Allobroges vaillants, dans vos vertes campagnes,
Accordez-moi toujours asile et sûreté,
Car j'aime à respirer l'air pur de vos montagnes...

Le premier pont

A la fin d'avril 43 av. J.-C., Lucius Munatius Plancus, gouverneur de la « Gaule chevelue » ou Gaule des forêts, tandis que Lépide l'est de la Gaule narbonnaise, vient établir son camp sur les bords de l'Isère. Il s'installe, nous apprend la correspondance de Cicéron, « auprès de Cularo, ainsi appelé de par la forme en cul-de-sac de la montagne contre laquelle cette petite bourgade s'adossait au nord » (lettres *Ad familiares*). Voici que, pour la première fois, Grenoble, sous son nom gaulois, apparaît dans un texte. D'où l'importance que les Dauphinois attachent à cette lettre du grand avocat romain.

A Rome, César a été assassiné aux ides de mars (15 mars 44 av. J.-C.). La guerre civile fait rage. A Modène, en un combat sanglant, s'affrontent Brutus et Antoine. Ce dernier, battu, reflue vers la Gaule pour y chercher le renfort des légions. En Narbonnaise, Lépide fait mouvement pour l'en empêcher, dit-il. Alors, Plancus, qui, depuis plus de deux semaines, piétine sur les bords de l'Isère, se décide à passer sur la rive gauche. Il va marcher vers le sud. Il ira, lui aussi, s'opposer à Antoine, en renforçant les troupes de Lépide, dont les sentiments républicains lui semblent douteux et peut-être vacillants...

« En un seul jour », il jette un pont sur l'Isère, « très grande rivière qui est aux frontières des Allobroges », note-t-il et il la traverse, le 12 mai 43 av. J.-C., avec son armée. Ce pont, le premier pont solide, est un ouvrage de bois. La jetée a été constituée par des amas d'énormes blocs de pierre. Avant de lever le camp, Plancus l'a sommairement fortifié : une redoute a été construite sur chaque rive.

L'imperator romain s'avance à travers le pays des Voconces et prend position sur le Verdon ou la Durance. Mais Lépide et Antoine font leur jonction le 29 mai et marchent contre lui. Il se replie rapidement vers le nord et franchit de nouveau l'Isère, le 4 juin. Au nord de la rivière, il sera à l'abri et il pourra faire sa jonction avec les troupes de Brutus. Après avoir repassé l'eau, il a dû détruire ce pont dont il était si fier... Le 6 juin, il écrit cette mauvaise nouvelle à Cicéron.

Le 6 juin 1957, une inscription commémorative en lettres de bronze a été apposée sur un monument de la rive droite de l'Isère, à l'endroit même où opérèrent les pontonniers romains (au-dessus du Lion de Sappey, place de la Cymaise). Il y avait tout juste deux mille ans ce jour-là.

Cularo, à l'abri de son rempart romain

A la fin du IIIe siècle de notre ère, entre 288 et 292, sous les empereurs Dioclétien et Maximien-Hercule, on construit un mur d'enceinte. Pourquoi ces précautions ? Parce que, venue d'outre-Rhin, une seconde vague de Barbares menace les Gaules. Toutes les agglomérations de quelque importance ont reçu l'ordre de se remparer. Jusqu'ici, le bourg de Cularo n'est entouré que d'un fossé et d'une palissade. On les remplace par une solide muraille, épaisse de 4 mètres à la base et de 2,50 mètres environ au sommet. Les parements sont en moellons smillés constituant le « petit appareil ». Ce rempart subsistera jusqu'en 1591. On peut en voir encore des fragments dans la vieille ville.

L'enceinte, renforcée par une trentaine de tours semi-circulaires, délimite une superficie de 9,09 hectares, qui paraît minuscule quand on en trace les contours sur un plan moderne : palais de justice, rue Chenoise, place Notre-Dame, place des Tilleuls, rue Vaucanson, place Sainte-Claire côté sud, rue Jean-Jacques-Rousseau, Grande-Rue, jardin de ville, place de Gordes, hôtel de ville. Deux portes monumentales donnent accès à l'intérieur de cette modeste bourgade : la porte Viennoise ou Herculea, du surnom de Maximien, se dresse au nord de la place Notre-Dame, près de l'entrée de la rue Chenoise. Démolie en

1804, il n'en reste qu'une inscription, conservée au Musée dauphinois. La porte Romaine ou Jovia, du nom de Jupiter, qui devait devenir la porte Traine, se trouve sur la place Grenette, à l'extrémité de la Grande-Rue. On l'a détruite en 1591.

Des vestiges de la civilisation gallo-romaine ont été retrouvés au cours des fouilles, mais aucun de grande importance archéologique. La pièce la plus intéressante, du point de vue artistique, est assurément une charmante petite Vénus de bronze.

Qu'est-ce que Cularo à cette époque ? Un simple bourg de 2 000 à 2 500 âmes, qu'il ne peut être question de comparer à d'opulentes cités comme Lyon et Vienne. Un point de passage obligé, au carrefour de l'importante voie romaine Italie-vallée du Rhône par le col du Lautaret et du « chemin de l'Empereur » qui conduit à Chambéry. Un pont sur l'Isère, car il a été reconstruit à peu près au même emplacement, n'en doutons pas. Un port fluvial s'est-il créé en cet endroit ? C'est probable. On a retrouvé beaucoup d'amphores en 1899, lors des fouilles du palais de justice, côté rue Guy-Pape. Un marché (emporium) et quelques entrepôts ? Assurément. Un théâtre ? C'est peu vraisemblable. La ville était trop pauvre. Des temples ? Très certainement. On n'en a, jusqu'ici, découvert aucune trace, mais on sait, par une inscription, qu'ils étaient au nombre de deux au moins : dédiés à Mars et à Diane, ils abritaient des statues de bronze de Mars et de Saturne, qui avaient coûté 50 000 sesterces. Ajoutez à tout cela un bureau de douane du quarantième des Gaules et une petite garnison, composée d'une « cohorte d'élite sous le commandement d'un tribun », vous aurez l'image de Grenoble vers les années 300 de notre ère. Quelques dizaines d'inscriptions romaines, des monnaies, des débris de poteries, divers objets métalliques, voilà tout ce qu'il en reste. L'histoire eut ici des commencements fort modestes.

A Uriage, les Romains avaient déjà découvert la valeur curative des eaux sulfureuses. Pionniers du thermalisme, ils les captèrent, dans des tuyaux de plomb, et créèrent la première station des Alpes dauphinoises.

Gratianopolis et ses premiers évêques

Vers la fin du IVe siècle, entre 370 et 391, Vienne devient métropole d'une province comprenant treize cités. La petite bourgade grenobloise, simple *vicus* jusqu'alors, accède au rang de *civitas* : cité. Vers cette époque, elle change son nom de Cularo en Gratianopolis, qui, par une évolution phonétique tout à fait normale, donnera Grenoble. Gratianopolis : la ville de Gratien. Comment ne pas voir dans cette appellation le souvenir de quelque insigne faveur accordée par cet empereur ?

La toute jeune « cité » devient le siège d'un évêché, suffragant de Vienne. Son premier évêque est saint Domnin : nous savons qu'il assiste, en 381, au concile d'Aquilée, en Vénétie, où est condamné l'arianisme — l'hérésie d'Arius, qui niait la divinité du Christ. C'était un grand ami de saint Ambroise et de Gratien. Est-ce lui qui a introduit le christianisme en Dauphiné ? Certainement pas. On sait aujourd'hui que les tout premiers évangélisateurs ont été Pothin, Irénée et leurs compagnons, fondateurs des églises de Lyon et de Vienne. Leur action, en effet, s'est étendue à tout le Sud-Est : Valence, Chalon-sur-Saône, Besançon, Langres, Autun, leur doivent leurs premiers bourgeons chrétiens, au milieu du IIe siècle. Grenoble, aussi, très certainement. Leurs premiers délégués ou *missi* ont dû s'établir quelque part parmi les pêcheurs de la rive droite de l'Isère, dans le quartier nommé plus tard Saint-Laurent.

Il serait bien fastidieux de dresser la liste des quatre-vingt-quatre évêques qui se sont succédé jusqu'à ce jour sur le trône épiscopal de Grenoble. D'autant que les premiers disparaissent presque dans une sorte de brume, que ne dissipe pas complètement la chronologie établie au XIe siècle par saint Hugues. Nous les connaissons fort mal, ces pionniers du christianisme, dont la vie s'entoure de légendes : saint Domnin, saint Diogène (fin du IVe siècle), Amicus (début du Ve), Sébastien (vers 420), Vitalien (avant 439), saint Cérat (milieu du Ve siècle).

Au nombre de ces légendes, faut-il ranger le récit de la mort de saint Ferjus ? Ce prélat de la fin du VIIe siècle s'attristait de voir nombre de ses concitoyens enracinés dans le paganisme. Aussi redoublait-il d'ardeur missionnaire. « Dans ce but, nous dit-on, il avait fait dresser une chaire de bois sur une colline voisine appelée le mont Esson, et il s'y rendait fréquemment, pour évangéliser ses brebis égarées. Un jour qu'il se livrait à ce pieux devoir, un de ses auditeurs, plus irrité que convaincu par son argumentation, le frappa à la tête d'une branche de saule, qui le jeta par terre, à demi mort. Loin de protester contre cet attentat, les compagnons de ce misérable se saisirent du malheureux prélat et allèrent le jeter dans un four voisin, où son corps fut aussitôt consumé. Les fidèles, avertis du crime dont leur pasteur avait été la victime, recueillirent pieusement ses cendres et les déposèrent dans un tombeau creusé dans le roc. Une église, dédiée au saint martyr, fut, peu après, construite au-dessus de ce sépulcre. Cette église, qui existait au XIe siècle, serait celle de la commune de La Tronche, qui porta, pendant tout le Moyen Age, le nom de Saint-Ferjus. »

Le Moyen Age et les dauphins

En ce haut Moyen Age, mal arraché aux légendes et aux superstitions, une fée habite aux portes de Grenoble : c'est Mélusine. Femme d'une beauté remarquable, elle a élu domicile dans les grottes du Furon — les célèbres « cuves de Sassenage ». Naturellement, elle en sort de temps en temps, pour faire un petit tour de promenade...

Face à l'entrée du souterrain séjour se dresse le château des seigneurs du lieu. Le châtelain est beau. La fée s'éprend de lui. Il lui rend son amour. Ils convolent en justes noces. Une seule condition dans le contrat de mariage : chaque samedi, madame disparaîtra et monsieur ne cherchera pas à savoir ce qu'elle fait. Sinon, c'est le divorce. Les noces sont célébrées avec éclat. Le ménage connaît une paix bourgeoise, toute peuplée d'enfants. Douze filles naissent... On jurerait que ce bonheur n'aura pas de fin. Illusion. Au bout de longues années — est-ce le démon de midi ? —, une horrible curiosité ronge le mari. Au diable les promesses ! Certain samedi, il décide d'espionner sa femme. Il la suit discrètement, et que découvre-t-il ? La belle s'est transformée en une ondine, moitié femme, moitié poisson. Son secret éventé, Mélusine pousse un horrible cri et se jette dans les eaux bondissantes du Furon. Furieuse, désespérée, atrocement déçue par cette expérience conjugale, elle regagne les grottes de Sassenage...

D'aucuns prétendent qu'elle y réside toujours, puisque à certains jours l'eau du Furon bouillonne et mousse : c'est, à coup sûr — disaient les bonnes gens, il n'y a pas si longtemps — Mélusine qui fait sa lessive !

Le premier témoignage littéraire sur cette fée dauphinoise, d'origine probablement poitevine, est un roman de Jehan d'Arras, écrit en 1387 et publié à Genève en 1478.

Au temps des Burgondes

Obscure, l'origine des légendes, mais combien plus obscurs les lointains de l'histoire ! Que sait-on de Grenoble à l'époque mérovingienne ? Quels témoignages en a-t-on conservés, à l'exception d'un beau casque noir et or retrouvé près des Abrets, à Vézeronce ?

En ce lieu, le 25 juin 524, une violente bataille met aux prises les Burgondes et les Francs. Les Burgondes sont commandés par Godemar, frère de Sigismond. Les Francs, par Clodomir, fils aîné de Clovis et de Clotilde. Cette dernière a vu, dit-on, toute sa famille, y compris son père, massacrée par les Burgondes. On imagine la haine qu'elle nourrit. Une haine que partage son mari et qu'il a communiquée à ses quatre fils : Thierry, Clodomir, Childebert et Clotaire. Il faut en finir avec ce royaume rival, assurer définitivement la prééminence des Francs et réaliser l'unité de la Gaule.

Mais à Vézeronce, en ce début de l'été 524, ce sont les Burgondes qui l'emportent. Le roi Godemar écrase les fils de Clovis, qui ont voulu laver l'échec subi par leur père, devant Vienne, lors d'une première tentative de conquête. Clodomir, qui s'est aventuré loin des siens, est cerné et tué. Les Burgondes, cependant, ne triomphent pas longtemps : huit ans plus tard, leurs troupes sont écrasées à Autun. Ainsi meurt ce premier royaume de Bourgogne, qui s'étendait sur tout le Sud-Est. Grenoble est alors rattachée à La Neustrie, le pays de Clotaire. Et cela dure jusqu'en 561...

Après la mort de Clotaire, la Burgondie, Grenoble comprise, reprend son ancien nom. Elle est attribuée à son fils Gontran, roi d'Orléans. Nous voici à la fin du VIe siècle : c'est l'époque des invasions lombardes. Grenoble lutte pour les repousser. En 574, ses remparts subissent victorieusement l'assaut des envahisseurs transalpins, commandés par Rodan. Le roi Gontran a envoyé à la rescousse son meilleur lieutenant, le « patrice » Momble. Celui-ci livre bataille sur les bords de l'Isère, blesse le chef ennemi, l'oblige à lever le siège, le poursuit et, finalement, l'écrase aux environs d'Embrun. Ah ! qu'il est malaisé de vivre en paix à un carrefour de vallées !

On s'en aperçoit plus que jamais aux VIIIe et IXe siècles, époque où le Sud-Est est parcouru par les Sarrasins. Mais il est purement légendaire, le récit selon lequel l'évêque Isarn les aurait chassés, conquérant ainsi son évêché à la pointe de l'épée. Les Arabes semblent bien n'avoir laissé à Grenoble aucune garnison permanente. Leurs bandes durent se contenter de faire des « rezzous » dans la région.

La crypte de Saint-Laurent

Le haut Moyen Age a laissé à Grenoble un monument du plus grand intérêt, l'un des édifices religieux les plus anciens de France : la crypte de Saint-Laurent.

Le plus vieux document que nous possédions sur ce sanctuaire, bâti « hors les murs », dans le faubourg de la rive droite, est un acte de donation de l'évêque Humbert, datant de l'année 1012. Il confie aux bénédictins de Saint-Chaffre-en-Velay « le lieu édifié en l'honneur du bienheureux Laurent, martyr, pour le rétablir en son premier état, parce qu'il avait été malheureusement ruiné ». Ce texte nous permet de dater avec précision le début de la construction de l'église Saint-Laurent actuelle. Entourée de bâtiments conventuels dont il ne reste aucune trace, elle devint successivement : prieuré de l'ordre de Cluny, jusqu'au début du XVIIᵉ siècle, monastère de la congrégation de Saint-Maur jusqu'en 1683, puis église paroissiale à partir de cette époque.

Mais l'église inférieure pose des problèmes autrement compliqués et autrement passionnants. Il ne s'agit pas à proprement parler d'une crypte, mais d'un petit sanctuaire, qui s'est trouvé enfoui, à une époque reculée, soit à la suite d'un éboulement de la montagne, soit après une crue de l'Isère. La dénomination même de Saint-Laurent est appliquée improprement à cet oratoire, qui fut connu jusqu'à la Révolution sous le vocable de Saint-Oyand, un saint d'origine jurassienne.

Descendons dans cette crypte, fort curieuse et éclairée avec goût. Nous trouvons une courte nef rectangulaire longue de 7,50 mètres, large de 4 mètres, voûtée en berceau plein cintre longitudinal et terminée à ses deux extrémités par des absides en hémicycles. Deux autres absides de même diamètre, mais beaucoup moins hautes, sont construites perpendiculairement dans la partie orientale de la nef. Sa partie basse est ornée de colonnes, supportant des chapiteaux, surmontés d'abaques ou tailloirs indépendants, les uns en marbre blanc, d'autres en calcaire grossier, d'autres encore provenant d'un édifice gallo-romain. Les colonnes elles-mêmes sont de matériaux différents : marbre, conglomérat ou calcaire.

La crypte de Saint-Laurent remonte incontestablement à l'époque carolingienne. Mais il semble que pendant ou après le règne de Charlemagne on n'ait fait que reconstruire un édifice antérieur, qui datait, selon la tradition, de la période mérovingienne. Contrairement à la légende, Charlemagne lui-même n'est jamais venu à Grenoble.

Derrière la crypte, les fouilles menées, à partir de 1959, par l'architecte des Bâtiments de France, Raymond Girard, ont permis de retrouver les murs d'un petit bâtiment sensiblement carré, avec absides latérales, contenant des sarcophages, qui paraît être une *memoria*, ainsi que les restes d'un autre édifice gallo-romain. Ces mausolées d'époque tardive, vraisemblablement du IVᵉ siècle, avaient eux-mêmes été construits sur les restes d'une nécropole datant des débuts de l'ère chrétienne. Dans cette nécropole pillée, dont le mobilier a été brisé et dispersé, a été retrouvée une intéressante mosaïque à décor géométrique.

Ainsi, quand on s'enfonce sous l'église Saint-Laurent, on entreprend un long voyage à rebours à travers l'histoire, depuis l'art roman du XIe jusqu'à la civilisation gallo-romaine du Ier siècle.

L'origine des dauphins

Essayer de retrouver l'origine des dauphins, c'est se plonger dans l'étude broussailleuse des grandes familles féodales, qui prirent tant d'importance à l'époque carolingienne. L'une de ces familles, particulièrement entreprenante, était celle des comtes d'Albon. Originaires du Vivarais, ils avaient eu pour berceau la petite localité de Vion, à quelques kilomètres au nord de Tournon. Ces sires de Vion traversèrent le Rhône et s'établirent sur une éminence admirablement située, à Albon, au nord de Saint-Vallier (Drôme). Le plus ancien de ces seigneurs dont on ait retrouvé la trace est un certain Guigus, qui vivait vers 843.

A la fin du IXe siècle et au cours du Xe, le Sud-Est fut tiraillé entre des influences diverses. En 879, il se sépara de l'Empire franc : une assemblée d'archevêques, réunie au château de Mantaille, non loin d'Albon, éleva à la royauté le comte Boson, proche parent de Charles le Chauve. Le nouveau royaume s'étendait du Jura à la Méditerranée. Théoriquement unifié sous le sceptre des Bosonides jusqu'en 933, puis sous celui de Rodolphe Ier et de ses successeurs de 933 à 1032, il se dissocia après la mort du dernier Rodolphien, qui faisait passer cette vaste région inorganique sous la suzeraineté des empereurs germaniques.

Avec une vive intuition politique et un sens aigu de l'opportunité, le comte d'Albon, dit Guigues le Vieux, choisit ce moment pour étendre son pouvoir. Il le fit avec l'aide de l'archevêque de Vienne, Bouchard, qui était son beau-frère. Ce dernier avait reçu en don le comté de Viennois. Sentant venir sa fin, il voulut assurer l'avenir de son domaine. Vers 1029 ou 1030, il en attribua la partie méridionale à Guigues le Vieux, et la partie septentrionale à Humbert « aux blanches mains », comte de Maurienne.

Peu à peu, Guigues se mit à rassembler sous son autorité des châtellenies situées dans la plaine de la Valloire, région fertile du bas Dauphiné, au nord-ouest du plateau de Chambaran. De la vallée du Rhône, bientôt il poussa ses avantages vers l'est, en direction des vallées de l'Isère et du Drac. C'est ainsi que cet « étranger » prit pied à Grenoble et dans le Grésivaudan...

Qu'étaient-ils à l'origine, ces seigneurs d'Albon ? Peut-être simplement des fonctionnaires du royaume de Bourgogne jouissant de quelque autorité. Petit à petit, en fait sinon toujours en droit, par une sorte de tolérance du pouvoir central, faible et vacillant, leurs charges étaient devenues héréditaires. Peut-être reçurent-ils le titre de comtes au début du xie siècle, quand l'archevêque de Vienne leur légua une partie de ses domaines.

En tout cas, le premier appui leur vint de l'Église, désireuse de voir régner l'ordre et s'arc-boutant sur qui lui semblait solide. Le second appui, moins de dix années plus tard, leur fut donné par l'Empire, qui les établit ou les laissa s'établir au cœur des Alpes, dans tout le Briançonnais (1040). Si bien qu'on a pu dire que la souveraineté des comtes d'Albon, comme celle des comtes de Valentinois, de Provence et de Savoie, qui date de la même époque, « puisa son origine dans une usurpation commise au préjudice de l'empereur Conrad, forcément acceptée par lui et légitimée par ses successeurs ».

Viennois à l'ouest, Briançonnais à l'est : les morceaux du futur Dauphiné étaient encore dispersés. « Entre ces deux bases, a justement noté un historien, les comtes d'Albon se sont efforcés, au milieu du xie siècle, de créer une soudure par l'implantation de leur pouvoir dans la vallée de l'Isère, de l'aval de Saint-Marcellin jusqu'à l'amont du Touvet, en passant par Grenoble ; et, dans les vallées affluentes du Drac et de la Romanche, voies de pénétration vers les hautes régions, Trièves et Oisans, que des cols intérieurs font communiquer avec le bassin de la Durance, dont la porte supérieure, le passage du mont Genèvre, constitue, dans les mains des premiers Guigues, un inappréciable atout. » (Robert Avezou : *Visages du Dauphiné*.)

Les dauphins de la première race

Les dauphins de la première race ou dauphins de la maison d'Albon furent au nombre de cinq.

Le fondateur du Dauphiné fut, comme on vient de le voir, Guigues Ier, dit Guigues le Vieux (Senex), qui prit femme dans la région de Romans, unissant son sang à celui des sires de Clérieux-sur-l'Herbasse et arrondissant ses domaines au sud-ouest. Il se retira, sur la fin de ses jours, à l'abbaye de Cluny, où il mourut, fort âgé croit-on, entre 1060 et 1070.

Son fils aîné étant entré dans les ordres, ce fut le second qui lui succéda, sous le nom de Guigues II, dit Guigues le Gras (Pinguis). Il épousa, en premières noces, Pétronille, sœur de l'évêque de Grenoble, Artaud, et, en secondes noces, le 10 mai 1070, Agnès, fille de Raymond Bérenger Ier, comte de Barcelone. C'est donc que la réputation des comtes d'Albon s'était étendue jusqu'aux rivages méditerranéens : leurs États s'agrandissaient progressivement, dans le sillon rhodanien et dans la vallée de l'Isère.

A la mort de Guigues II, entre 1076 et 1079, la couronne comtale revint à son fils Guigues III, dit Guigues le Comte. Il épousa Mahaud, que tout le monde appela « la reine », car elle était la fille du roi d'Angleterre Edgar Aetheling. Guigues III est resté célèbre par ses démêlés avec saint Hugues, évêque de Grenoble. Il mourut en 1133.

Son fils, Guigues IV, fut le premier à porter le surnom de dauphin, qui lui avait été donné lors de son baptême, à la fin du XIe siècle. Il épousa Marguerite de Bourgogne, qui s'appelait, en réalité, Clémence et qu'il ne faut pas confondre avec sa célèbre homonyme. Son humeur belliqueuse avait jeté Guigues, dès le début de son règne, dans des aventures sans profit et sans gloire. Blessé sous les murs de Montmélian, dont il faisait le siège en 1142, il mourut quelques jours plus tard à La Buissière.

Le dernier dauphin de la maison d'Albon, Guigues V, fils du précédent, prit pour femme Béatrice de Montferrat et mourut à Vizille en 1162, sans laisser d'héritier mâle. Ainsi s'éteignit la première race des dauphins.

Mais ces « Guigues » qui se succédèrent pendant cinq générations ne furent pas les seuls artisans de la fortune de la maison d'Albon. Les princes de l'Église qui figurent dans leur parenté immédiate y contribuèrent puissamment. Ainsi Guigues le Vieux était le neveu de l'évêque de Grenoble Humbert, le frère de l'évêque de Valence, qui se nommait lui aussi Humbert, et le cousin d'un autre évêque de Grenoble, Mallein. Son fils aîné, baptisé également Humbert, devint évêque de Grenoble.

Le titre delphinal et son symbole

Pourquoi ces seigneurs ambitieux avaient-ils pris ce titre de dauphin ? Pourquoi firent-ils figurer dans leurs armes un dauphin ?

Il faut répondre tout de suite que nous ne le savons pas avec exactitude : c'est l'un des nombreux mystères de l'histoire.

Le titre, on l'a dit, fut porté pour la première fois, au début du XIIe siècle, par Guigues IV. Il fut le premier également, semble-t-il, à s'intituler comte de Grésivaudan ; en tout cas, le premier à exercer des pouvoirs régaliens. Guigues-dauphin, voilà qui sonne bien. Mais encore ? C'est son surnom personnel, nous dit un historien. Un vocable anglais — dolfin — qui fut francisé, nous dit un second. Un nom tudesque signifiant « chef » et dénaturé par sa traduction latine (talfinus ou dalfinus), suggère un troisième. Un surnom donné à l'un des comtes d'Albon et devenu héréditaire, affirme un philologue. Une conséquence de l'introduction d'un dauphin dans les armes de la famille, prétend un écrivain. Aucune de ces explications n'est satisfaisante — et surtout pas la dernière. En effet, l'emblème delphinal officiel, ce poisson dressé au regard malicieux, n'a fait son apparition que fort longtemps après le titre.

On en arrive à se demander si le dauphin ne serait pas tout simplement un héritage de la Croisade. « Le choix de ce noble et fier poisson, a-t-on écrit, serait en parfait accord et convergence avec la magnifique épopée militaire et maritime de la Jérusalem délivrée.

« Le dauphin tient la mer, le dauphin, comme pour Jonas, transporte celui qui se confie à son agilité, le dauphin triomphe de tous les obstacles et dépose sur la plage l'heureux voyageur ou il rapporte sur son dos les naufragés vers le rivage. » (Victor Hostachy.)

Les chrétiens du Moyen Age attachaient à cet animal des idées de salut, de résurrection et de triomphe. Les croisés, qui l'avaient rencontré durant leurs prodigieuses « caravanes sur la mer », l'utilisèrent comme « signe de ralliement, de protection ». Ils mirent d'abord « le poisson-dauphin sur les bannières, les gonfalons, les oriflammes et les fanions de tous genres, comme les croix d'ailleurs ». Le poisson à merveilles et à miracles « se mit à frétiller sur les armes de guerre et les armoiries familiales des nobles de l'époque, pour leur rappeler le but lointain de leur expédition chrétienne et la victoire au bout ».

On a noté que l'emblème du dauphin parut presque simultanément en Auvergne, en Forez et en Dauphiné, mais que « c'est très probablement en Auvergne qu'il fit sa première apparition ».

Les comtes d'Auvergne, mieux placés pour avoir entendu prêcher la première croisade dans leurs propres domaines, furent peut-être aussi les premiers à utiliser l'emblème protecteur et sauveur. Ils passèrent ensuite cette « recette extraordinaire » aux familles voisines du Velay, du Forez et du Viennois.

En conclusion, voici ce qu'on peut dire avec l'archiviste Auguste Prudhomme, qui s'est longuement penché sur cette énigme. « En Auvergne, comme en Dauphiné, Delphinus est d'abord un prénom — plutôt un surnom —, un sobriquet, puis un nom patronymique, puis un titre de dignité. Il prend définitivement ce dernier sens, dans les deux pays, à la fin du XIIIe siècle, vers l'année 1282, qui correspond à l'avènement de Robert III en Auvergne et d'Humbert Ier en Dauphiné. » A la même époque apparaît pour la première fois le mot *delphinatus*.

» Quant à l'emblème du dauphin, il n'apparaît dans les sceaux qu'environ un siècle après l'époque où Guigues IV est mentionné pour la première fois avec le nom de dauphin ; c'est Dauphin, comte de Clermont, qui l'adopta le premier à la fin du XIIe siècle. Guigues V, comte du Forez et André-dauphin, comte de Vienne et d'Albon, le lui empruntèrent au commencement du XIIIe siècle. »

Saint Hugues, l'évêque

Entre les dauphins et l'Église, les relations ne furent pas sans nuages. On en comprend aisément la raison : les comtes d'Albon, que des évêques et des archevêques avaient aidés à conquérir leur indépendance, d'autres évêques et d'autres archevêques les trouvèrent bientôt fort envahissants. Surtout à Grenoble, dont le comte et l'évêque étaient co-suzerains. D'où, pendant une grande partie du Moyen Age, des conflits sans cesse renaissants entre l'une et l'autre partie, pour d'assez sordides raisons de droits de propriété, de bornages de terres, de recouvrements d'impôts, voire de prérogatives et de préséances.

A certaines époques, ce ne furent que discussions interminables, tracasseries mesquines, chamailles ridicules, parfois même procès retentissants et bagarres en pleine rue opposant les séides des deux clans.

L'un de ces évêques qui luttèrent avec tant d'opiniâtreté pour protéger leur trône fut l'un des plus remarquables qu'eut jamais Grenoble : saint Hugues. Il était né vers 1053, à Chateauneuf-d'Isère, dans le Valentinois, et avait fait ses études dans diverses universités étrangères. Devenu chanoine de la cathédrale de Valence, il assistait au concile d'Avignon, en 1080, quand les chanoines de Grenoble vinrent lui demander de succéder à leur évêque défunt.

Hugues hésite. Mais son homonyme, Hugues, évêque de Die, légat du Saint-Siège, le pousse à accepter. Il a jaugé à sa juste valeur ce jeune homme de vingt-sept ans. C'est dit. Il recevra la mitre et la crosse. Mais qui va le sacrer ? Sera-ce son métropolite, Varmond, l'archevêque de Vienne ? Non. Hugues refuse et s'en va à Rome se faire sacrer par le pape Grégoire VII, dont il est un admirateur passionné. Il veut devenir le compagnon des combats que livre cet homme exceptionnel « aux laïques détenteurs d'églises, de dîmes ou de cimetières, aux seigneurs qui mettent l'Église en tutelle, ou transforment ses ministres en otages, aux prêtres mariés (Bernard Bligny). »

Revenu à Grenoble, à peine installé à la tête de son évêché, Hugues s'attelle à une triple tâche : ramener son clergé à l'obéissance, reconquérir les biens d'Église qui ont été spoliés, se défendre contre les empiétements des archevêques de Vienne — notamment Guy de Bourgogne — mais aussi contre les abus de pouvoir des dauphins, avec lesquels il finit par conclure une transaction en 1116.

« Prêchant d'exemple autant que de bouche — on nous le dit remarquable dans l'art de l'éloquence sacrée —, il se montre inflexible (trop peut-être) dans la défense des droits qu'il estimait bafoués, à commencer par les siens. Avec une haute conscience de ses responsabilités, il fut l'auxiliaire le plus constant des papes légitimes (il en connut huit); ainsi, parvenu à la fin de sa vie, et très affaibli par la maladie, il trouva la force de se porter au-devant d'Innocent II, qui arrivait d'Italie par la vallée du Rhône et ensuite de se rendre au concile du Puy, où il fit décider la reconnaissance de ce pontife et l'excommunication d'Anaclet (Bernard Bligny). »

Hugues, « l'infatigable ouvrier de la réforme », mourut le 1er avril 1132, âgé de quatre-vingts ans environ, après avoir gouverné l'église de Grenoble pendant un demi-siècle. Si grande était sa réputation de sainteté qu'il fut canonisé deux ans plus tard, en 1134. Son corps, placé dans un reliquaire d'argent, fut exposé à la vénération des fidèles dans la cathédrale Notre-Dame, toute rose et blanche, qu'il avait fait construire.

Lors des travaux de restauration entrepris dans cet édifice en 1965, on a découvert une niche, creusée dans l'épaisseur du mur, au fond du chœur. C'est peut-être là que fut déposé ce reliquaire.

Saint Bruno, le chartreux

Hugues était évêque depuis quatre ans quand, certain jour de l'année 1084, un religieux vint frapper à sa porte, et, se jetant à ses pieds :
« Monseigneur, dit-il, mon nom est Bruno et j'ai besoin de votre aide. »

Cet homme d'une cinquantaine d'années cherchait un asile de paix et de prière, loin des bruits du monde — pourtant moins obsédants que ceux du XXᵉ siècle ! Il était né à Cologne vers 1030, était devenu chanoine de l'église de Reims et y avait acquis une grande réputation.

« C'est un savant, disaient les uns ; voyez avec quelle compétence il dirige nos écoles, où Gerbert pourtant excellait.

— C'est un saint, disaient les autres. Il a quitté notre ville plutôt que d'accepter le siège épiscopal qu'on lui offrait. »

Cherchant de proche en proche une solitude plus grande, plus inviolable aussi, Bruno, avec six compagnons, arrive donc en Dauphiné. La veille, rapporte la tradition, Hugues a vu en songe sept étoiles et le lieu — Cartusia — où Dieu veut que s'installent les ermites. Il emmène donc les voyageurs au lieudit « le désert ». « Cinq lieues communes de Gaule séparent cet ermitage de la ville de Grenoble ; vaste mais absolument inhabité à cette époque, accessible aux seules bêtes sauvages, il est tout à fait ignoré des hommes et des animaux domestiques, à cause du relief escarpé du pays ; il est entouré de rochers et de montagnes élevées et comme taillées de tous côtés, planté d'arbres stériles, extrêmement froid et couvert de neige la plus grande partie de l'année (dom Le Coulteux). »

Les terrains appartiennent à l'abbaye de La Chaise-Dieu, aux seigneurs de Miribel et à quelques propriétaires de moindre importance. Tous en font donation à Bruno. Ce dernier entreprend aussitôt de construire un monastère et une église, qui est consacrée en 1084. Ce sont des noms bien pompeux pour deux édifices qui durent être d'abord une grande cabane et un très modeste oratoire de bois... A Grenoble, saint Hugues prend une ordonnance destinée à protéger la retraite des sept solitaires :

« Nous interdisons, de façon absolue, aux femmes ainsi qu'aux hommes en armes, de passer sur leur territoire. En outre, nous défendons la pêche et la chasse dans les limites de leurs domaines, ainsi que la capture des oiseaux. »

L'ordre des Chartreux vient de naître dans la paix de la montagne. Cette volonté de protéger rigoureusement la solitude et le silence qui font partie intégrante de leur règle de vie, les moines blancs vont la manifester en 1957, en aménageant, à quelque distance de la Grande-Chartreuse, le musée de la Correrie, admirable introduction à l'intelligence de l'idéal cartusien. A la porte de cet édifice ne déparerait pas le texte de la fondation, rédigé par Bruno il y a neuf siècles. Ni l'axiome souvent répété par les héritiers spirituels des sept premiers chartreux : *O beata solitudo, o sola beatitudo!* (« Ô bienheureuse solitude, ô seule béatitude ! »).

C'est en souvenir de Bruno et de ses six compagnons que, sur chaque bouteille de chartreuse, on voit, aujourd'hui encore, sept petites étoiles.

La cité médiévale

Essayons de nous représenter Grenoble au début du XIIe siècle : c'est chose relativement facile, grâce au cartulaire de saint Hugues, qui contient de précieuses indications topographiques.

La plus grande partie de l'enceinte romaine subsiste. De la porte Viennoise, qui a pris le nom de porte Épiscopale, à la porte Traine, la ville est traversée par la voie romaine, que les habitants appellent la vieille route *(via vetus)*. Les tours massives, encastrées dans les remparts, ont été transformées en logements et sont louées soit par le dauphin, soit par l'évêque. Chacun des deux « s'est attribué la suzeraineté sur un quartier de la cité où il est maître absolu ».

En amont de Grenoble, le terrain circonscrit par la première boucle de l'Isère mérite bien son nom d'Ile-Verte, car de hautes futaies de chênes l'ombragent. Au pied du rocher de la porte de France a été créé un petit port fluvial appelé le « port de la Roche » ou encore La Rochette. Une grande partie des échanges commerciaux de Grenoble — au moins en ce qui concerne les chargements pondéreux — se fait par voie d'eau. La batellerie appartient en fief à la famille d'Allevard — que l'on voit, au XIVe siècle, posséder tous les ports et exploiter une véritable compagnie de navigation armant au moins huit grands bateaux.

Cependant, l'importance commerciale de Grenoble est encore très médiocre. Un exemple : le droit de leyde (perçu sur les denrées vendues au marché) rapporte peu. L'évêque Hugues l'a acheté pour... 114 sols d'argent. Petite ville que celle-ci, sans artisanat renommé, sans industrie florissante, sans foire achalandée. Aux alentours, point de grasses terres à blé. Grenoble végète au pied de ses âpres montagnes.

Il faut attendre le XIVe siècle pour que s'ouvrent des banques juives. En 1306, Philippe le Bel a chassé tous les israélites de ses États et a confisqué leurs biens. Le dauphin Humbert Ier accueille favorablement ces réfugiés. Ils s'établissent. Ils prospèrent. Mais la population ne les aime guère. Contre ces étrangers, jugés trop habiles, ou trop entreprenants, l'hostilité va croissant. En 1348, leur situation est devenue intolérable. Une épidémie de peste éclate. On les accuse d'avoir empoisonné les puits : soixante-quatorze malheureux sont traînés en justice et conduits au bûcher. A la fin du XVᵉ siècle, les dernières boutiques juives ferment leurs portes, et leurs propriétaires quittent Grenoble.

Dans cette ville sans essor, il faut attendre le XIVᵉ siècle pour qu'apparaisse une corporation aisée : celle des orfèvres, qui reçoit sa charte en 1319.

Au XIIᵉ et au XIIIᵉ siècle, tandis que Chartres, Amiens, Toulouse, Bourges et tant d'autres cités commencent à construire de grandes cathédrales, Grenoble se contente de sa petite église de village... Cette ville n'a-t-elle donc pas la foi ardente qui jette compagnons et apprentis sur les échafaudages de la « Maison Dieu » ? Possible explication, mais on doute si elle est la bonne. En réalité, le Dauphiné est pays de terres ingrates et sa capitale, ville de médiocre condition. On y fait tout à l'économie. Doucement, l'ami, ménage ton escarcelle. Prudence ! Méfiance !

La nuit, par mesure de sécurité, en travers des rues étroites et silencieuses, la garde tend des chaînes...

Le « livre de la chaîne »

Ce souvenir des chaînes, tendues dans la nuit, en évoque un autre : celui du « livre de la chaîne ». On appelait ainsi le volumineux recueil des chartes de la ville, « anciens titres et patentes, contenant les libertés, privilèges et franchises ». Précautionneux, les Grenoblois avaient réuni ces documents sous une épaisse reliure de bois. Ils y avaient fixé un crochet, que prolongeait une chaîne. L'extrémité de celle-ci était attachée à l'une des tables de la salle des réunions du conseil. Ainsi avait-on résolu le problème de la conservation de ces précieuses archives, « en rendant impossible toute tentative de déplacement »... C'est dire le prix qu'elles avaient aux yeux des habitants de la cité.

Les premières libertés juridiques et politiques leur avaient été accordées d'un commun accord par les seigneurs-évêques de Grenoble et les seigneurs dauphins de Viennois — comme disent les vieux grimoires. L'acte initial fut la charte coutumière solennellement adoptée, en janvier 1226, par des délégués de toutes les classes de la société réunis dans le cloître du chapitre Notre-Dame. Ce document exemptait les habitants des tailles et des complaintes. Il leur accordait en outre la protection des coseigneurs.

Mais le véritable point de départ du régime municipal de la ville est une charte de juin 1242. Elle reconnaît aux habitants le droit de former une association jurée et de veiller eux-mêmes à la défense de leurs droits, ... sauf toutefois contre leurs seigneurs et maîtres. Les membres de cette association sont solidaires les uns des autres. « Si l'un d'eux est attaqué, tous doivent le défendre, avec ou sans armes, saisir la personne de l'agresseur et, s'ils le peuvent, s'emparer de ses biens et même les piller. De même, tous doivent protéger les propriétés de leurs concitoyens et empêcher qu'il y soit porté atteinte. La police de la ville et la sécurité des rues leur sont confiées. A cet effet, ils peuvent obtenir des patrouilles de jour ou de nuit, en armes ou sans armes, selon les besoins, arrêter les gens suspects et les livrer aux officiers des coseigneurs. Enfin, ils peuvent s'imposer pour les charges communes et pour payer aux seigneurs les redevances autorisées par les anciens usages (Auguste Prudhomme). »

A la tête de cette association jurée sont placés quatre « recteurs », élus par la population, qui sont la préfiguration des « consuls », les premiers magistrats municipaux. Mais, à côté d'eux, l'évêque, prudent, a placé l'un de ses agents, le « procureur », et le dauphin, méfiant, l'un de ses officiers, le « châtelain ». C'est le régime de la liberté surveillée !

Le 1er août 1244, une nouvelle charte reprend en partie les clauses de celle de 1226 :

« Tous les hommes qui habitent Grenoble, dit ce texte..., jouissent d'une pleine liberté quant aux tailles, aux exactions et à la complainte.

« Tous ceux qui demeureront dans la ville... seront tenus par serment prêté à nous évêque et à Guigues-dauphin... de maintenir et de défendre nos droits et ceux de l'église de Grenoble (J. J. Pilot). »

Suivent des dispositions pénales, contre « quiconque tirera un couteau, une épée ou un glaive » (50 sols d'amende) ; « quiconque frappera quelqu'un avec lesdites armes » (arrestation et jugement) ; « quiconque dans un moment de colère frappera quelqu'un du poing ou du pied » (20 sols d'amende) ; « ceux qui auront vendu une fausse mesure » (60 sols d'amende) ; « ceux qui auront été surpris en adultère (100 sols d'amende) (Pierre Vaillant) ».

Cette charte est révisée en 1294, en 1316 et en 1321. Cette dernière date marque le couronnement d'un siècle de patient travail. Mais c'est seulement en 1340 qu'Humbert II crée le Conseil delphinal et quitte le château de Beauvoir, résidence des dauphins, pour venir s'installer à Grenoble.

De ce château, il subsiste deux portes de l'enceinte, une tour carrée et une partie d'un corps de logis.

Les limites de la franchise de Grenoble, en 1226, étaient plus vastes — singulier paradoxe — que celles de la commune du xxe siècle. Elles s'étendaient en effet assez largement à l'intérieur de la cuvette. Qu'on en juge : au sud, la commanderie des templiers d'Échirolles ; à l'est, la fontaine de Jallet, située près du château de Gières ; à l'ouest, la maladrerie de La Balme, au-dessus de La Buisserate ; au nord-est, le lieu dit les Saulées. C'est encore la limite avec La Tronche. Là, du moins, Grenoble n'a pas rétréci...

Les dauphins de la deuxième race

Guigues V n'avait laissé en mourant qu'une fille, Béatrice d'Albon, qui se maria trois fois. De sa première union, avec Albéric Taillefer, fils de Raymond V, comte de Toulouse, elle n'eut pas d'enfant. De la seconde, avec Hugues III, duc de Bourgogne, elle eut un fils, André, et deux filles. De la troisième, avec Hugues, baron de Coligny, elle eut encore deux filles.

C'est de cet André, fils d'Hugues de Bourgogne, que descendent les dauphins de la deuxième race, encore appelés dauphins de la maison de Bourgogne. André-dauphin, connu également sous le nom de Guigues VI, n'avait que huit ans quand son père, parti pour la croisade, fut tué au siège de Saint-Jean-d'Acre en 1192. Au cours de son long règne, il contracta trois mariages successifs avec Semnoresse de Valentinois, avec Béatrice de Claustral et avec Béatrice de Montferrat.

André-dauphin mourut au début de l'année 1236, non sans avoir agrandi le Dauphiné du Gapençais et de l'Embrunais, acquis par mariage. Il fut inhumé dans la collégiale Saint-André, qu'il avait fondée.

Son fils du troisième lit lui succéda sous le nom de Guigues VII et régna jusqu'en 1270. Il avait épousé Béatrice de Faucigny, fille du comte Pierre de Savoie, dit « le petit Charlemagne ». Dans la corbeille de mariage, elle avait déposé le Faucigny et le Beaufortin. De cette union naquirent deux filles, Anne et Catherine et un fils, le dauphin Jean Ier.

Jean Ier avait six ans quand il ceignit la couronne delphinale, à la mort de son père. Il n'en avait que dix-sept lorsqu'il épousa, en 1280, Bonne de Savoie, fille du comte Amédée V. Il n'en avait que dix-neuf quand il mourut, à Bonneville, en 1282. Il ne laissait pas d'enfant. Avec lui s'éteignit la seconde race des dauphins, qui avait duré moins d'un siècle.

La collégiale Saint-André

« Une église solennelle et fameuse » : c'est ainsi qu'un pape du XVe siècle, Paul II, a défini la collégiale Saint-André, dont le clocher surgit, effilé, au-dessus des toits de tuiles rondes du Grenoble médiéval. Il s'élève « hardi, sur le profil de nos Alpes. Il fait partie de l'horizon et, en lui donnant de la poésie, il donne à la cité son âme (Pierre David) ».

Les travaux de construction de Saint-André commencèrent, semble-t-il, entre 1220 et 1230, à une date difficile à préciser. Quand, en 1227, le dauphin créa un chapitre de treize chanoines, l'édifice était-il déjà achevé ? Ce n'est pas absolument sûr. Mais nous savons que l'érection canonique date de 1228. L'église fut bâtie non loin d'un sanctuaire plus ancien, Saint-Jean, qui s'élevait sur la place, à peu près à l'emplacement occupé actuellement par la statue de Bayard. Ce petit lieu de culte, qui dépendait du prieuré de Saint-Martin-de-Miséré, sur la paroisse de Saint-Ismier, avait été fondé par saint Hugues.

L'architecture de Saint-André appartient à l'époque de transition entre l'art roman et l'art gothique. Cette transition est nettement marquée dans le bras nord au transept, qui possède une fenêtre en plein cintre.

Saint-André est un édifice très sobre, et de proportions harmonieuses. Le chœur, avec son chevet plat à trois fenêtres, est visiblement influencé par les constructions cisterciennes. La brique rose a été choisie par les constructeurs « pour faire vite et réduire la dépense selon les ressources du prince ». La flèche du clocher en pierre de tuf, élancée et gracieuse, « joyau du Grésivaudan », a-t-on dit, a été achevée à la fin du XIIIe siècle et a reçu une horloge publique en 1398 : ce fut la première de Grenoble.

Saint-André possède quatre portails. Ceux du nord, face au palais, et du sud, place d'Agier, ont conservé leur fonction. Il n'en va pas de même d'un autre au sud, où l'on voit deux anges encensant une croix : il conduit... au calorifère ! Quant au portail ouest, dit de Saint-Jean-Baptiste, mis au jour à une époque récente, il est toujours fermé. Derrière le tympan, sous la tribune d'orgue, on peut voir une peinture sur pierre, en mauvais état, qui représenterait le martyre de saint André, et semble dater du XIIIe siècle. Ici ou là, dans la collégiale, certains éléments pourraient bien être des remplois provenant de l'église Saint-Jean, qui fut détruite au XVIe siècle.

Saint-André, chapelle des dauphins, abritait leurs tombeaux : ils se trouvaient dans le chœur, côté Évangile, et étaient, paraît-il, fort beaux. Ils ont été brisés par les protestants, le 10 mai 1562, ainsi que de nombreuses statues. Dans la sacristie étaient déposés les insignes de la souveraineté delphinale : l'anneau d'or, le sceau, l'étendard qui représentait saint Georges terrassant le dragon et l'épée, dont la garde, disait-on, était taillée dans le bois de la vraie Croix.

Tous ces objets furent remis solennellement au roi de France, après le rattachement du Dauphiné, et déposés en la basilique de Saint-Denis. Ces précieux souvenirs disparurent dans la tourmente révolutionnaire.

Le bras gauche du transept abrite le mausolée de Bayard, monument de marbre blanc, datant de 1625, attribué au sculpteur Jacob Richier.

Les dauphins de la troisième race

Les dauphins de la troisième race ou dauphins de La Tour-du-Pin furent les quatre derniers de l'histoire. Avant de mourir, Guigues VII avait pris soin de spécifier dans son testament que « si son fils Jean venait à décéder sans héritier, ses sœurs lui succéderaient ». C'est Anne qui hérita donc de l'épée, du sceau, de l'anneau et de l'étendard, lors de la mort de son frère en 1282. Elle avait épousé, en 1273, Humbert Ier, baron de La Tour-du-Pin, qui devint ainsi le fondateur d'une nouvelle lignée delphinale. En même temps, il apporta au Dauphiné la terre de La Tour, soit approximativement l'arrondissement actuel de La Tour-du-Pin, et la baronnie de Coligny, territoire d'assez modeste étendue, sur les rives du Rhône, à proximité de Lyon.

Jean II, son fils, lui succéda de 1307 à 1318. Il épousa Béatrice, fille de Charles, roi de Hongrie, et mourut à trente-huit ans, près d'Avignon, où il était allé rendre visite au pape Jean XXII. Ce dauphin fut, sans doute, l'un des meilleurs et des plus avisés : homme pacifique et bon, il géra avec sagesse ses États, qui constituaient « un ensemble de grande étendue, varié à l'extrême : plaine, collines, moyenne et haute montagne, où les îlots subsistants d'indépendance seigneuriale étaient en voie de conquête progressive grâce à la patiente diplomatie des dauphins (Robert Avezou) ».

Jean II laissait une petite fille, Catherine, et deux fils, Guigues et Humbert, qui lui succédèrent l'un après l'autre. L'aîné, Guigues VIII, n'avait que neuf ans à la mort de son père. La régence fut assurée par son oncle, Henri, qui devint par la suite évêque de Metz. A treize ans, le jeune Guigues fut proclamé dauphin. A quatorze, il épousa Isabelle, fille de Philippe V le Long. Événement important : le dauphin entrait dans la famille royale de France. A vingt-quatre ans, il quitta son château de Beauvoir-en-Royans, sa résidence favorite, pour aller combattre les Savoyards. Le 23 juillet 1333, en dirigeant l'assaut du château de La Perrière, près de Voiron, il tomba, mortellement blessé d'un coup d'arbalète.

Comme il n'avait pas d'enfant, la succession revint à son frère cadet Humbert II. Apparemment, la réussite des dauphins était complète. En trois siècles, agrandissant leur étroit comté originel, avec méthode, habileté et ténacité, ils étaient parvenus à constituer un vaste État féodal, s'étendant des bords du Rhône à la ligne de crête des Alpes. Ils avaient secoué peu à peu les tutelles bourguignonne et provençale pour conquérir leur indépendance. Ils s'étaient progressivement rapprochés de la couronne de France, de plus en plus influente. Dans le même temps, ils avaient mené une politique de balance à l'égard de l'Empire, notamment lorsque s'envenimaient leurs relations avec les comtes de Savoie. Bref, ces petits rois possédaient une situation enviable et ils ne manquaient pas de susciter les convoitises.

La fondation de l'université

Le dauphin Humbert II, qui était un homme cultivé, admirait beaucoup la Sorbonne. S'inspirant de ce modèle, il souhaitait fonder une université à Grenoble. Quel prestige nouveau pour la ville ! Quel lustre supplémentaire pour le blason delphinal ! D'un point de vue pratique, plus besoin d'aller chercher des juristes à Toulouse, et de débaucher des médecins à Montpellier. Il écrivit donc au pape Benoît XII. Celui-ci, le troisième jour des ides, 12 mai 1339, signa une bulle accordant l'autorisation nécessaire, avec le commentaire suivant : « En raison même des multiples avantages qu'elle offre, la cité de Grenoble semble prédestinée à l'établissement d'un *studium generale*. Aussi croyons-nous que le bien public trouverait largement son profit si ceux qui cultivent la sagesse venaient s'enraciner dans cette cité, pour y produire, avec l'aide de Dieu, des fruits abondants. »

La bulle originale, d'où ce texte est extrait, a été perdue. Il en subsiste cependant une copie vidimée — c'est-à-dire certifiée authentique par l'autorité compétente — datant de 1346. Ce précieux document, malheureusement en mauvais état, est conservé aux Archives de l'Isère.

Par décision du pape, l'évêque de Grenoble était chargé de conférer les diplômes de licence et de doctorat.

Le 25 juillet, Humbert publia une ordonnance instituant quatre chaires : droit canon, droit civil, médecine, art ou belles-lettres. Les docteurs, maîtres et étudiants furent placés sous la sauvegarde du dauphin et dispensés de tous péages et gabelles pour leurs personnes, leurs vêtements et leurs livres ; en cas de guerre, les étudiants de la nation ennemie ne pouvaient être pris comme otages ou faire l'objet de représailles ; couverts par les privilèges de l'université, ils avaient le droit de continuer leurs études en dépit des hostilités. Pour permettre aux étudiants de vivre à bon marché, de grandes quantités de blé provenant du domaine delphinal leur furent vendues à bas prix. Un crédit d'un an pouvait être accordé pour le paiement. L'exportation des viandes de boucherie hors du Grésivaudan fut interdite. Des mesures furent prises pour éviter le renchérissement du bois de chauffage. Ce dauphin avait vraiment souci de protéger l'élite intellectuelle de ses États...

Mais elle ne fut guère nombreuse à se grouper autour du premier recteur, Laurent Alleman, prieur de Saint-Laurent, dans une maison de la rue Neuve (actuellement rue des Clercs). Les chaires de médecine et de belles-lettres ne furent pas occupées. Celles de droit attirèrent fort peu d'écoliers. Et bientôt l'université de Grenoble tomba en sommeil.

En 1452, le dauphin Louis — futur Louis XI — créa une université à Valence. Cette décision ne souleva pas la moindre protestation dans la capitale du Dauphiné. L'université valentinoise allait vivre jusqu'en 1789, et connaître son heure de prospérité au XVIe siècle, avec Cujas. La renaissance de l'université de Grenoble — et, à vrai dire, sa véritable organisation — date du début du XIXe siècle. Certes, des projets furent agités en 1542, en 1565, en 1764, et surtout en 1765. Mais ils avortèrent tous les uns après les autres. Comme tant d'institutions en France — du Conseil d'État à la Comédie-Française —, l'université de Grenoble porte la griffe d'un administrateur de génie : Napoléon. La date ? Celle d'Iéna : 1806.

Le rattachement du Dauphiné à la France

Si séduisant par son intelligence, sa culture, son goût des arts, sa magnanimité, Humbert II avait aussi d'énormes défauts. En premier lieu, une incroyable prodigalité : construction d'églises, dons aux communautés religieuses, cadeaux munificents, aux pauvres, aux visiteurs, aux jongleurs, aux musiciens, aux poètes, aux troubadours et aux trouvères, table somptueuse, train de maison véritablement royal. Ce dauphin jetait l'argent par les fenêtres. Un exemple : résolu à transformer en couvent le château delphinal de Montfleury, il promit certain jour d'y installer 300 moniales et de pourvoir à leur entretien !

Que dire de la vanité d'Humbert ? Elle frisait la mégalomanie avec parfois des extravagances enfantines. S'étant fait nommer capitaine général de la croisade, il ordonna de fondre la plus grande partie de sa vaisselle d'or pour décorer la proue et la poupe de sa nef. Il invita les notaires à orthographier désormais son nom avec un y — Hymbert —, parce que cela faisait plus digne. Et puis, ayant prié Monseigneur saint Georges, réglé ses affaires, désigné ses mandataires, embrassé sa gente dame et salué ses sujets, un beau matin, il partit pour Marseille, d'où, le 2 septembre 1345, il mit à la voile en direction de la Terre sainte.

Cette lointaine expédition acheva de compromettre les finances delphinales, péniblement renflouées jusque-là par des emprunts contractés auprès de banquiers juifs et lombards et même auprès de petits épargnants. Quand Humbert revint chez lui, la vie avait un goût de cendres. Sa femme, la dauphine Marie des Baux, était décédée pendant son absence (1346). Point de babil pour égayer le palais : le fils unique, le petit André, était mort accidentellement en 1335, à l'âge de trois ans. D'après la tradition, la nourrice aurait laissé tomber l'enfant, en se penchant à une fenêtre du château de Beauvoir...

Le dauphin se retrouvait seul. Que faire ? Se remarier ? Il n'en avait guère le désir, mais il songeait à sa lignée, à sa race, à son royaume. Aussi, sur les conseils de Clément VI, entra-t-il, pourrait-on dire, en pourparlers, d'abord avec Blanche, sœur d'Amédée VI, comte de Savoie, puis avec Jeanne, fille du duc de Bourbon. Ce deuxième projet était sur le point d'aboutir, quand la diplomatie française le fit échouer. C'est alors qu'Humbert décida d'abdiquer.

Cette résolution fut tout le contraire d'un coup de tête. Dès l'année 1337, Humbert avait sondé secrètement le roi de Sicile, puis le pape Benoît XII. L'un comme l'autre, trouvant excessives les prétentions financières du dauphin, opposèrent un refus. Bien que ces contacts aient été pris avec discrétion, le roi de France, Philippe VI de Valois, en fut averti. Aussitôt, il usa de tous les moyens en son pouvoir pour gagner la confiance d'Humbert. Il alla jusqu'à lui offrir 2 000 livres de rente et lui faire don de la « maison aux piliers » sur la place de Grève, à Paris. Cette maison s'élevait à l'emplacement de l'Hôtel de Ville actuel et fut le siège de la municipalité parisienne du milieu du XIVe siècle à 1871, année où elle fut incendiée sous la Commune. Quelques libéralités, distribuées à bon escient, suscitèrent au roi de France des alliés jusque dans l'entourage delphinal.

En 1342, Humbert fit ouvertement des offres au fils de Philippe VI, le futur Jean le Bon. Ce dernier les accueillit avec intérêt et mena les négociations avec beaucoup d'habileté. Trois traités permirent de conclure l'affaire. Le premier fut signé à Villeneuve-lès-Avignon, le 23 avril 1343. C'était une simple promesse de cession à la mort du dauphin, qui n'avait alors guère plus de trente ans ! Le second fut signé le 7 juin 1344. Le troisième et dernier fut négocié à Tournon en février 1349, conclu à Romans le 30 mars suivant et signé à Lyon le 16 juillet. Cet acte solennel entraînait le « transport » du Dauphiné au profit du fils aîné du roi de France. Moyennant quoi, Humbert II recevait 200 000 florins-or, plus une pension annuelle de 24 000 livres.

Si le mot « transport » fut employé dans les actes officiels, ce fut pour éviter le mot « vente », qui avait quelque chose d'humiliant pour le dauphin. Ce « transport » eut lieu sans le consentement de l'empereur, qui était toujours, juridiquement, le suzerain légal du Dauphiné. Mais cette suzeraineté ne s'exerçait plus depuis belle lurette...

Humbert II ne profita pas de ses confortables rentes : il prit à Lyon l'habit dominicain. Devenu frère Humbert, il fut successivement prieur du couvent de Saint-Jacques à Paris, patriarche d'Alexandrie, administrateur du diocèse de Reims. Il allait être nommé archevêque de Paris quand il mourut en 1355 à Clermont-Ferrand, au cours d'un voyage vers Avignon. Il avait quarante-deux ans.

Les Grandes Compagnies

Au commencement de l'année 1374, six mille malandrins pénètrent en Dauphiné. On les appelle Tuschins, ou Bretons, ou Ribauds, ou Routiers ou Bandouliers. Ils viennent des forteresses livrées aux Anglais après le traité de Brétigny. Il y a parmi eux des soldats démobilisés, des mercenaires qui ont servi Édouard, des truands sans aveu. Vingt nationalités se mélangent en ce ramas humain qui va porter dans l'histoire un nom qui répand la terreur : les Grandes Compagnies. Ceux-ci arrivent du Forez. Ils ont faim. Ils paraissent méchants.

Le gouverneur du Dauphiné, Charles de Bouville, convoque en hâte tout ce qui possède à Grenoble quelque autorité ou quelque pouvoir : l'évêque Rodolphe de Chissay, et un certain nombre de nobles, au premier rang desquels les quatre principaux barons : François de Sassenage, le seigneur de Bressieux, le seigneur de Montmaur et Geoffroy de Clermont, connétable et grand maître héréditaire de la province. L'argent étant le nerf de la guerre, chacun paie une contribution. Grenoble, pour sa part, verse 500 florins-or. 300 lances sont levées. On établit un poste de défense sur la rive droite de l'Isère.

Les « routiers » avancent toujours. Ils pillent Roybon, passent l'Isère à Saint-Quentin et viennent camper entre Noyarey et Sassenage, à moins de dix kilomètres de la cité delphinale. Là, ils se partagent en deux bandes : l'une repasse la rivière au-dessous de Voreppe, l'autre s'avance jusqu'au château de Sassenage. François de Sassenage, qui a rameuté 800 hommes, repousse les assaillants sous une grêle de pierres et de flèches. Ils refluent jusqu'à l'Isère, où ils se resoudent avec une deuxième bande. La journée du lendemain risque d'être grave pour Grenoble, que défend Geoffroy de Clermont. Mais à l'aube Sassenage se lance à l'attaque, malgré son infériorité numérique, et parvient à bousculer les envahisseurs. Ceux-ci franchissent l'Isère, et, sans plus insister, tournent définitivement le dos à Grenoble.

D'autres villes et villages vont souffrir de leurs exactions, dans le Trièves surtout, mais aussi dans la vallée de l'Isère : Saint-Quentin, Izeron, Beauvoir. Romans, derrière ses remparts, résiste victorieusement, mais Soyons, près de Valence, succombe au bout de trois jours. Enfin, ces soudards arrivent à Avignon, où le pape Grégoire XI les enrôle dans une sorte de milice destinée à « recouvrir le patrimoine de l'Église ».

Le futur Louis XI en Dauphiné

Après la cession du Dauphiné par Humbert II, on oublia quelque peu que la province était propriété du fils aîné du roi de France. Un siècle s'écoula sans qu'on vît le dauphin à Grenoble. Certes, les autorités locales entretenaient de fréquentes relations avec la cour de France, mais l'assimilation se faisait lentement. Paris était loin. Le patriotisme avait donc, sur les bords de l'Isère, un parfum provincial et légèrement séparatiste. Quelle ne fut pas la surprise de la population, quand elle apprit, en 1438, que le dauphin Louis comptait désormais tenir lui-même les rênes de l'administration de la province et y fixer sa résidence.

Ce dauphin Louis, c'est le futur Louis XI, qui, avant de monter sur le trône de France, vient ainsi, pendant quelques années, « se faire la main » dans sa province. Grenoble aussitôt se prépare à recevoir son seigneur et maître. On se hâte d'aménager pour lui l'hôtel de la Trésorerie. Mais Louis n'arrive qu'en 1446, à la suite d'une longue crise politique, qui l'a opposé à son père Charles VII. Ce dernier n'est pas mécontent de se débarrasser d'un fils, tellement encombrant qu'il devient un rival. Qu'il aille donc gouverner cette lointaine province ! Ils ne la connaissent ni l'un ni l'autre, mais ils en ont longé la bordure rhodanienne, alors qu'ils se rendaient tous deux en Languedoc en 1437. Quant au jeune prince, âgé alors de vingt-trois ans, il vit depuis plusieurs années à l'écart de la cour, entouré des mécontents du régime. Comment ne saisirait-il pas l'occasion de satisfaire sa soif précoce de pouvoir, tout en prenant du champ par rapport au souverain ?

Dès son installation à Grenoble, en mai 1446, Louis fait en quelque manière l'essai des théories gouvernementales qu'il va appliquer pendant son règne. Par ses premiers actes, il montre qu'il veut être obéi aveuglément. Il invite d'abord tous les seigneurs de la province à venir lui prêter serment d'allégeance. A ses yeux, ce n'est pas une simple cérémonie : il entend bien « réunir en sa main toutes les parcelles d'autorité souveraine que détiennent encore quelques grands feudataires et faire disparaître ainsi les derniers vestiges de la féodalité (Pilot de Thorey) ». Les évêques de Grenoble vont connaître le même sort. Louis a décidé de mettre fin à leur pouvoir temporel. Il s'y emploie dès son arrivée et, non sans difficultés, aboutit en quatre ans à ses fins. Le 13 octobre 1450, Mgr Siboud Alleman lui prête hommage, se déclare son homme lige et lui promet dévouement.

Trois ans plus tard, en 1453, Louis érige le Conseil delphinal en Parlement du Dauphiné. Il se trouve être ainsi le troisième de France, chronologiquement parlant, après ceux de Paris et de Toulouse. Puis vont être successivement créés ceux de Bordeaux, de Dijon, de Rouen, d'Aix-en-Provence et de Rennes.

Cette décision couronne un travail d'organisation tout à fait remarquable et véritablement moderne sous certains aspects : mesures en faveur du commerce et de l'artisanat, politique libérale d'immigration, réforme de la fiscalité, centralisation des organismes administratifs, judiciaires et financiers, protection accordée aux banquiers, fondation de l'université de Valence, confirmation des franchises de Grenoble, multiplication des privilèges, organisation d'un service de santé (statut des chirurgiens en 1455), donations aux communautés, subventions aux artistes.

Le Dauphiné devient peu à peu un véritable État dans l'État. Charles VII prend ombrage de ce fils qui n'en fait qu'à sa guise et acquiert tant de puissance, transformant systématiquement le vaste Dauphiné en un territoire indépendant. Les levées de troupes ordonnées par Louis accroissent la colère du père, qui, en août 1456, envoie une armée pour « reconquérir » la province. La légende veut qu'après s'être enfui de Grenoble devant l'armée de son père le dauphin ait passé la première nuit au-dessus de Corenc, en un lieu dit, aujourd'hui encore « Malanot » — de *malam noctem :* la « mauvaise nuit ».

Louis, fuyant le combat, se réfugie d'abord à Saint-Claude, sur les terres du duc de Bourgogne, puis au château de Genappe, en Brabant. Quand il devient roi de France, en 1461, Louis XI châtie les Dauphinois qui, pendant cette courte période, l'ont trahi, en prenant parti pour son père ; il les fait condamner à l'exil, et confisque leurs biens. Seul est épargné le jurisconsulte Guy Pape.

Dauphin, Louis a voulu ignorer le roi de France. Roi maintenant, il entend que le Dauphiné lui obéisse. Symboliquement, il fait démanteler, en 1476, le château de Beauvoir, résidence des Guigues et des Humbert. Le gouvernement direct de la province par un dauphin de la maison de France est terminée. La centralisation monarchique entre en pratique. Comme l'a écrit un historien : « L'annexion de 1349 est vraiment consommée. »

Des longs séjours de Louis à Grenoble, il ne reste aucun souvenir architectural. Mais au-dessus de Jarrie, sur le plateau de Champagnier, on peut encore voir les ruines d'un château, où il logea, en mai 1451 : le château de Bon-Repos, dont les tours décapitées et les murailles éventrées ont la farouche tristesse d'un vieux *burg* rhénan...

Les cent anneaux d'or de la Vierge

Ce Moyen Age grenoblois, que nous avons abordé à travers une légende — celle de Mélusine —, ne le quittons pas sans évoquer une autre légende.

Nous sommes à la fin du XIIIe siècle, aux portes de la cité delphinale. Le gentil seigneur Bérard de Bouquéron est parti pour la croisade. Sa sœur Elmengarde l'attend derrière les murailles crénelées. Un voisin, Bertrand de Theys, s'éprend d'elle. Quand le chevalier revient de Jérusalem, il retrouve la belle au bras du jeune homme. Grande liesse au château. En Palestine, Bérard s'est couvert de gloire. Mais ce n'est point tout. Son parrain, grand maître de l'ordre des Templiers, lui a confié un dépôt sacré : « les cent anneaux d'or fin de la Vierge ».

« Regarde », dit-il, un soir, à sa sœur.

Et d'ouvrir, devant Elmengarde émerveillée, un coffre où brillent cent anneaux d'or rehaussés de pierreries merveilleuses. Imprudent jeune homme ! Montrer ainsi tant de bijoux à une jeune fille... Que fait-elle ? Elle en parle à son fiancé. Et, lui, comment réagit-il ? Ah ! l'odieux individu ! Il assassine son futur beau-frère. Après quoi, il torture Elmengarde pour lui arracher le secret de la cachette aux bijoux. La pauvrette en meurt.

Voilà Bertrand de Theys maître des lieux — fort légalement d'ailleurs, le chapitre cathédral de Grenoble lui ayant remis en fief le château et les terres de sa promise. Aussitôt il se met en devoir de découvrir le fabuleux trésor. Il fouille partout, ne trouve rien, éventre le parc et commence à démolir les tours d'enceinte. Celle du guet y passe. Pierre à pierre, les murs commencent à céder. Le château tout entier va-t-il ainsi disparaître ? Consternés et impuissants, les voisins se le demandent sans cesse. Jusqu'au jour où « le meurtrier sombre, dit-on, dans la folie ».

Depuis lors, nul ne sait ce que sont devenus les cent anneaux d'or du chevalier Bérard. Pas même les occupants du Bouquéron d'aujourd'hui, orgueilleuse bâtisse, perchée sur un promontoire, d'où l'on commandait l'accès du Grésivaudan. Mais le fabuleux trésor est toujours là, paraît-il, dans les entrailles de la terre !

La Renaissance
et les guerres de Religion

La Renaissance... A peine a-t-on prononcé ce mot qu'un autre s'y associe : l'imprimerie.

Annonciatrice des transformations du monde, l'invention de Gutenberg apparaît à Grenoble, de façon très modeste, en 1490. Cette année-là, un imprimeur itinérant, Étienne Foret, s'installe dans la ville, devant l'église Sainte-Claire. Le premier livre sorti de ses presses est un recueil de jurisprudence célèbre : les *Decisiones Parlamenti delphinalis* ou Décisions du Parlement delphinal, œuvre du jurisconsulte Guy Pape.

Cet incunable est d'une extrême rareté. On n'en connaît que cinq exemplaires — dont un à la Bibliothèque nationale et un autre à la bibliothèque de Grenoble. Il s'agit d'un ouvrage en caractères gothiques, à longues lignes, trente-quatre à la page, formant un petit in-folio de 400 feuillets non chiffrés s'ouvrant sur un avertissement de l'auteur.

Entre la fin du XVe siècle et le milieu du XVIIe siècle, les « décisions » de Guy Pape sont réimprimées plus de vingt fois, dont seize à Lyon. C'est dire la notoriété qui entourait ce juriste dont subsiste encore la maison perchée, dans le jardin public qui porte aujourd'hui son nom. Guy Pape nous a laissé toute une série d'austères traités qui passionnèrent sans doute nos ancêtres, mais que nos contemporains n'ont plus le goût de lire : un « codicille » manuscrit de 1476 qui ne fut imprimé qu'en 1634 ; des conseils singuliers *(consilia singularia)*, un statut du Dauphiné *(commentaria in statutum delphinale)* ; des « décrétales » ; des commentaires juridiques ; des notes de lecture et des réflexions.

En 1498 — huit ans après Etienne Foret — apparaît à Grenoble un deuxième imprimeur : il se nomme Jean Belot et arrive de Rouen avec son baluchon, ses casses de caractères et sa presse, arrimés sur une voiturette. Son premier travail consiste en la composition d'un missel à l'usage du diocèse. On n'en connaît qu'un seul exemplaire.

Ainsi commence, à Grenoble, la Renaissance. Gardons-nous de la considérer comme une époque bénie où tout est chansons, aisance et joie de vivre. La petite capitale du Dauphiné ne se développe guère. Pendant la plus grande partie du XVIe siècle, elle continue à végéter. Comme au Moyen Age, se renouvellent des inondations catastrophiques et sévissent d'épouvantables épidémies de peste — le mal des ardents, le terrible feu Saint-Antoine... Certes, il n'y a plus de querelles entre les évêques et les dauphins. Mais voici malheur plus grand : le passage continuel des gens de guerre.

L'envers des guerres d'Italie

Les armées vont, viennent, repartent et reviennent encore... Pour l'histoire, cela s'appelle les guerres d'Italie. Pour Grenoble, qui se trouve sur la route, c'est une longue série d'épreuves : l'infanterie qui cherche un gîte, l'intendance qui réquisitionne les vivres, la cavalerie qui s'empare du fourrage, les traînards qui maraudent, sans parler du « mal de Naples » dont on prétend que les soldats l'ont rapporté de Campanie.

En 1509, les États du Dauphiné adressent au roi un cahier de doléances. Il brosse un triste tableau de la misère des populations ruinées par les gens de guerre qui parcourent la région, « vivant sur le bonhomme et rançonnant les pauvres gens ».

Plus souvent la ville guette, suspicieuse, à l'abri de ses remparts, qu'elle n'entrouvre ses lourdes portes. Plus souvent elle fait grise mine à la soldatesque, qu'elle ne dresse des arcs de triomphe. Ceux-ci, elle les réserve aux rois.

C'est Charles VIII qui arrive le 23 août 1494 et reste une semaine, avec sa femme Anne de Bretagne, avant de partir à la conquête du royaume de Naples. Il repasse le 27 octobre 1495, et, fatigué ou malade, se repose également une semaine.

C'est Louis XII, qui traverse Grenoble à de nombreuses reprises. Premier passage le 6 septembre 1499. Le roi se rend à Milan. Il revient le mois suivant. Nouveau passage en 1502, le 23 juin. Le roi s'arrête cinq jours, avant de partir pour la Ligurie. Il revient le 13 septembre de la même année, puis en 1507, le 27 mars. Cette fois, il s'arrête peu, voulant atteindre au plus vite Gênes, où une révolte a éclaté. Nouveau séjour le 12 mai 1511. Et c'est bientôt le désastre de Novare : 10 juin 1513.

C'est François Ier, qui arrive le 3 août 1515 et séjourne huit jours. Deux semaines plus tard, sur la place du Mal-Conseil — actuellement la place aux Herbes —, le crieur public annonce que le roi est vainqueur à

Marignan. Le souverain revient à Grenoble en 1516, puis en 1537. C'est Henri II, enfin, qui, en 1548, est pompeusement reçu, bien que les caisses soient vides. La ville a dû vendre le monopole du pesage des farines, dont elle a tiré 1 000 écus d'or, aussitôt dépensés en mise en scène et... mise en perce! Sans compter une armure finement ciselée pour Sa Majesté Très Chrétienne.

Bayard, sans peur et sans reproche

Bayard est populaire à Grenoble : une rue, une école, un café, un ciment, un magasin de vêtements, portent son nom. Il a sa statue devant le palais de justice et son mausolée dans la collégiale voisine. Pourtant, il n'est pas Grenoblois.

Pierre Terrail naquit, vers l'an 1476, dans la maison forte ou « tour de Bayard », qui domine Pontcharra. Fort heureusement, il trouva à Grenoble un protecteur influent en la personne de son oncle : l'évêque Laurent Alleman. Sans lui, Pierre aurait mené en Grésivaudan la vie d'un gentilhomme terrien; il n'aurait pas été admis, à dix ans, comme page à la cour de Charles Iᵉʳ, duc de Savoie; il ne serait peut-être pas entré au service du roi de France, Charles VIII, dans la maison de Ligny : toute sa carrière en eût été changée.

« Contemporain de Machiavel, de Luther, de César Borgia, de Léonard de Vinci et de l'Arioste, [...] Bayard est encore un homme du Moyen Age, a-t-on fait remarquer, car, tout en ne méprisant aucune des armes ni des ressources de son temps, il garde, en un monde perverti, le sens de l'honneur, la foi, la charité, le désintéressement profond, le dévouement aux humbles du parfait chevalier (Paul Ballagay : Bayard). »

Mais, quand on étudie la vie de ce preux, on s'aperçoit qu'il ne fut pas seulement un magnifique baroudeur, toujours prêt à férir d'estoc et de taille. Il fut aussi un grand capitaine. Placé sous les ordres de Gaston de Foix, il commanda d'abord une « compagnie » comprenant trente hommes d'armes et soixante archers, soit quatre-vingt-dix cavaliers. Puis il eut sous ses ordres la compagnie du duc Antoine de Lorraine : cent hommes d'armes, deux cents archers, en tout trois cents cavaliers, auxquels s'adjoignirent, en nombre non précisé, des volontaires, venus surtout du Dauphiné. Sans doute sa valeur eût-elle mérité à Bayard un commandement plus important.

Ce qu'on sait moins, c'est que ce chef fut également un sage administrateur. Nommé, en 1515, lieutenant général du Dauphiné, il s'attira, dans la paix, l'estime de ses concitoyens, comme il s'était attiré, dans la guerre, la confiance de ses hommes et le respect de ses adversaires.

Nous n'avons pas l'intention de relater ici, par le menu, les sept campagnes que fit en Italie le « chevalier sans peur et sans reproche ». Trop de scènes en ont été popularisées par les récits et par l'imagerie : le

« combat à outrance » de onze Français et de onze Espagnols ; le célèbre duel avec Sotomayor ; l'héroïque épisode du Garigliano (1504), dont il défend seul l'étroite passerelle contre deux cents Espagnols tandis qu'on va chercher du renfort ; la dure mêlée de Ravenne (1512) ; la surprise de Villafranca ; Marignan (14 septembre 1515), où, la victoire remportée, François Ier demande à être adoubé chevalier de la main de Bayard.

Les combats terminés, celui-ci « ne cesse de donner des preuves d'humanité et, contrairement à l'habitude des gens de guerre de son temps, ne se montre jamais avide de pillage ».

Pendant ces guerres d'Italie, aussi bien que dans l'Artois envahi par les Anglais (Guinegatte, 1513), dans les Ardennes menacées par Charles Quint (Mézières, 1521) ou dans la campagne de Navarre, partout et toujours, on a vu le Dauphinois chevaucher sans trêve et combattre sans repos. A plusieurs reprises, il a été grièvement blessé : une fois notamment, au siège de Brescia, le 19 février 1512, il a reçu un coup de pique au haut de la cuisse. Blessure terrible et « quasi mortelle », dont certains historiens ont supposé qu'elle a peut-être atteint le chevalier dans sa virilité. On le soigne comme on peut, avec les pauvres moyens de l'époque. Il faudrait que Bayard se repose. Mais, très imprudemment, malgré les objurgations du médecin, il écourte sa convalescence, pour pouvoir participer à la bataille de Ravenne. L'infection s'installe-t-elle dans la plaie, mal cicatrisée ? Cet organisme, bâti à chaux et à sable, est-il miné par tant de fatigues accumulées ? Toujours est-il que, revenu à Grenoble, Bayard doit s'aliter. Dévoré par une forte fièvre, il reste dix-sept jours entre la vie et la mort. Mais un tel homme, la Camarde ne vient pas le prendre dans son lit : elle l'attend au combat.

Le mystère du tombeau de Bayard

L'heure fatale sonne en Italie, le 30 avril 1524.

Après sept mois de campagnes infructueuses, l'armée française bat en retraite. Elle lutte durement pour se frayer un passage en direction de Turin, de Suse, de la frontière. Dans la matinée, non loin de la vallée de la Sesia, à proximité de Rovasenda, province de Vercelli, en Piémont, Bayard est blessé en pleine poitrine par un coup d'escopette. La pierre, lancée avec force par un fantassin espagnol, porté en croupe par un chevau-léger, défonce la cage thoracique du bon chevalier.

On le transporte sous un arbre. Le blessé respire difficilement...

Peu après arrive son adversaire, le connétable de Bourbon, qui s'est révolté contre le roi de France et s'est retrouvé dans le camp ennemi. Il ordonne qu'on dresse une tente, s'approche de Bayard, s'apitoie sans doute. Tout cela est exact. Mais elle appartient à la légende, cette réponse que se serait attiré Bourbon :

« Monsieur, il n'y a point de pitié pour moi, car je meurs en homme de bien, mais j'ai pitié de vous, de vous voir servir contre votre prince, votre patrie et votre serment. »

Bayard n'a jamais prononcé cette phrase, qui, comme beaucoup de mots historiques, a été forgée après.

Les heures passent. Le blessé s'épuise. Il meurt dans la soirée. Là, au bord d'une petite route du Piémont, si semblable à nos routes du Dauphiné.

Un service religieux est célébré à Turin le 9 mai. Plus d'une semaine après le décès, le corps se trouve donc encore à une cinquantaine de kilomètres de l'endroit où il est tombé. On met onze autres jours pour lui faire franchir, « dans une bière poissée », par la route du col du mont Genèvre, les cent quatre-vingt-dix kilomètres qui restent pour atteindre Grenoble. La ville entière se presse dans les rues, le 20 mai, pour accueillir le cortège funèbre. Pendant toute la journée et toute la nuit, des prières sont dites devant le cercueil exposé en la cathédrale Notre-Dame.

Après ce long voyage, s'empresse-t-on de célébrer les obsèques ? Non pas. L'évêque Laurent II Alleman se trouve à Saint-Sernin de Toulouse, dont il est également abbé. Il ne rentre en Dauphiné que le 24 juin.

La messe solennelle de funérailles est dite seulement le 5 juillet. « On pourrait penser qu'une fois chantés les nocturnes et les derniers cierges éteints, on se mit en devoir d'inhumer Bayard. Détrompons-nous. La mise au tombeau du chevalier eut lieu près de deux mois plus tard, exactement le jeudi 24 août 1524, jour de la Saint-Barthélemy (Gaston Letonnelier). » La raison de ce long délai ? Il faut achever la construction du caveau au couvent des Minimes de la Plaine, sépulture de la famille Alleman, sur le territoire de la commune de Saint-Martin-d'Hères. Cent seize jours après son décès, on y dépose enfin le chevalier sans peur et sans reproche...

Désormais, va-t-il reposer en paix ? Même pas. Sous la Restauration, le préfet de l'Isère, le baron d'Haussez, s'avise que les restes de Bayard auraient mieux leur place en la collégiale Saint-André, puisqu'on y a déjà transporté, après la vente du couvent des Minimes en 1795, le mausolée de marbre blanc surmonté du buste du chevalier. L'exhumation est décidée. Les ossements sont « authentiquement reconnus » *(sic)*. Le 21 août 1822, ils sont transportés, en procession triomphale, jusqu'à l'ancienne chapelle delphinale et déposés en un caveau spécial, dans le bras gauche du transept.

Est-ce tout ? Pas encore. Une trentaine d'années plus tard, coup de tonnerre. Un érudit local, J.J.A. Pilot, affirme qu'on s'est trompé lors de l'exhumation. A la fin du siècle, un autre chercheur, Auguste Prud-homme, reprend et poursuit la démonstration. Un troisième, Albert Ravanat, sur le mode plaisant, déclare que le tombeau de Bayard renferme les restes d'une « gente et honeste damoyselle de son temps ». Enfin, le 27 juillet 1850, on veut en avoir le cœur net. On condamne les portes de l'église. On rouvre le caveau. On découvre une quinzaine d'ossements divers, appartenant à plusieurs squelettes, dont effectivement celui d'une jeune fille.

En a-t-on fini ? Pas encore ! Par la suite, des fouilles sont effectuées à l'emplacement de la chapelle des Minimes. D'autres restes sont exhumés, en 1937, placés dans des caisses scellées et déposés dans le grenier de l'ancienne mairie de Saint-Martin-d'Hères. On les y retrouve en 1966, on procède à un examen minutieux. Il y a là cent soixante-sept ossements appartenant, semble-t-il, à huit corps différents. Bayard est-il parmi eux ? En l'état de la science, personne ne peut l'affirmer avec certitude. Mais c'est possible. On place les ossements dans une caissette qu'on dépose aux archives de l'Isère...

Le dernier chevalier errant

Au-dessus de Saint-Ismier, au pied de la formidable muraille du Saint-Eynard, on aperçoit encore, émergeant des broussailles, les ruines de la « tour d'Arces » : un vieux donjon carré de 25 mètres, percé de petites fenêtres, les restes d'une tour ronde, des morceaux de rempart, une porte ogivale, le souvenir d'une triple enceinte qui se conformait aux irrégularités du rocher. Ici naquit Antoine d'Arces, le dernier chevalier errant.

Bien qu'il touche à la Renaissance par la fin de sa vie — il mourut en 1517 —, il appartient tout entier au Moyen Age. « C'est le dernier des anciens preux qui parcouraient le monde, faisant partout des emprises et des pas d'armes pour les belles et pour la gloire. C'était un vrai héros de roman, rempli de galanterie, de bravoure et d'honneur. »

Antoine d'Arces est resté célèbre dans les chroniques de chevalerie sous le nom de « chevalier blanc ». La chevalerie dauphinoise s'appelait elle-même « l'écarlate de la chevalerie française ». Peu après son adoubement, il réunit trois de ses camarades : Aymond de Salvaing de Boissieu, dit Tartarin, Gaspard de Montauban, seigneur d'Aix, et Imbert de Rivoire, seigneur de Romagneu.

« Ah ! çà, chevaliers, leur dit-il, ne vous sentez-vous pas lassés de cette oisiveté qui vous effémine ? Je vous jure, sur ma dague, que je donnerais mon plus beau coursier pour voir les ennemis à portée d'arc ou pour me mesurer avec un adversaire dans un tournoi. »

Aussitôt les « trois mousquetaires » se préparent. Arces revêt une armure blanche et dit adieu à la dame de ses pensées : la jeune et douce Adélaïde de Ferrière. Les voilà partis à travers le monde pour secourir la veuve et l'orphelin. Ils parcourent successivement l'Espagne, le Portugal, l'Angleterre, l'Écosse. A Édimbourg, Antoine d'Arces s'acquiert une telle réputation de courage que le roi Jacques IV le nomme lieutenant général. En 1509, un soir d'avril, il revient en Dauphiné et épouse la damoiselle au cœur fidèle. Mais le lendemain des noces — pleurez, beaux yeux — un cavalier arrive au grand galop.

« Seigneur, le chevalier Bayard vous réclame en Italie. »

Antoine passe les Alpes et, dans l'armée de Louis XII, ferraille héroïquement à la tête d'une poignée de braves. La guerre finie, va-t-il enfin pouvoir se reposer ? Il l'espère. Avec sa femme, il s'embarque pour l'Écosse. Édimbourg les accueille. Enfin la paix, la fortune et le bonheur familial... Las ! le roi Jacques est tué en 1513 à la bataille de Flodden. Quatre ans plus tard, Antoine d'Arces, suspecté à tort d'avoir comploté, est assassiné dans des conditions atroces. Le meurtrier, Sir David Hums, lui coupe la tête, l'attache par les cheveux à l'arçon de sa selle et la rapporte en son château, où il la plante au bout d'une pique.

Le palais de justice

C'est le roi Louis XII qui fit construire le palais de justice de Grenoble, pour y abriter le Parlement de Dauphiné et la cour des comptes.

Curieusement, on décida de bâtir cet édifice à l'emplacement du palais des Dauphins, solide château fort datant du XIIe siècle. Premier exemple d'une longue série de marques d'irrespect des Grenoblois pour les témoignages du passé ! De la vaste demeure médiévale, qui s'appuyait au nord sur le rempart romain et s'étendait largement dans tout le quartier, il ne reste rien aujourd'hui. Rien qu'une grosse tour d'angle, ronde et massive, rue Hector-Berlioz.

Quand Humbert II avait créé son conseil delphinal, il avait voulu le loger convenablement. Ayant acquis un certain nombre de vergers et de maisons, il avait fait agrandir le château de ses ancêtres pour y aménager des salles d'audience. Il avait construit un mur, du côté de l'Isère, et surélevé de cinq bons mètres la tour delphinale.

Sous Louis XI, ces locaux avaient atteint un état d'inquiétante vétusté. La cour des comptes présentait des dangers d'incendie. Par lettres patentes de 1478, le roi décida d'entreprendre et de financer une construction neuve. C'est celle qui vit le jour un quart de siècle plus tard...

Les travaux ordonnés par Louis XII semblent avoir été exécutés entre 1499 et 1511. De cette époque datent la porte d'entrée gauche et la voûte, les deux fenêtres au dessus avec leurs emblèmes et l'encorbellement percé de trois fenêtres à ogives, ornées de fleurons, abside de l'ancienne chapelle. Dans cette partie de l'édifice, on remarque quelques sculptures pleines d'humour : les deux chiens et les deux lions tenant des phylactères évoquent assurément les aboiements et les rugissements des avocats ; les deux chiens se disputant un os font penser à des gens de justice s'invectivant dans le prétoire ; quant aux escargots, tout le monde y reconnaîtra les lenteurs de la justice...

Le 15 février 1539, François Ier ordonna l'agrandissement du palais. Cette décision fut accueillie avec joie par ces messieurs du Parlement, et tout particulièrement par le procureur général Pierre Bucher (1510-1576), qui alliait à l'autorité, au courage et à la culture des dons artistiques exceptionnels. Ce « personnage hors de pair, dont l'activité débordante, dans des domaines très différents, et le caractère passionné ont marqué la vie grenobloise pendant une grande partie du XVIe siècle » participa lui-même à l'élaboration des plans. C'est lui qui dirigea les travaux de l'élégante façade Renaissance, commencée en 1561. C'est lui également qui sculpta, pour partie au moins, les douze bustes des Dauphins qui décoraient l'entrée de la cour des comptes.

Les guerres de Religion interrompirent les travaux, si bien que la toiture définitive ne fut posée que sous Henri IV. Au fronton d'une petite porte, à gauche, sous le passage de la cour des comptes, on grava une inscription : « S.P.B. 1602 ». Cette date marque l'achèvement du palais, tandis que les trois lettres perpétuent, semble-t-il, le souvenir de l'éminent magistrat qui fut aussi un grand artiste : « sculpsit Pierre Bucher ».

Sous le règne de Louis XIV, d'importants travaux furent entrepris à l'intérieur de l'édifice pour orner les salles d'audience.

A la fin du XIXe siècle, enfin, furent exécutés les travaux qui donnèrent au palais son aspect actuel : construction en 1890 de la partie gauche de la façade, dans le style Renaissance ; achèvement en 1894 et 1897 de bâtiments intérieurs et de la façade sur l'Isère.

Le palais de justice de Grenoble, tel que nous le connaissons aujourd'hui, ne conserve donc plus rien du palais primitif. Nulle part on n'y peut retrouver le souvenir des dauphins. C'est la Renaissance qu'on évoque devant la façade et dans la très belle salle de la chambre des comptes, ornée de panneaux sculptés au début du XVIe siècle par l'Allemand Paul Jude. C'est l'aube du règne de Louis XIV, sous les plafonds admirables de la chambre de la grande audience et de la première chambre de délibération, dessinés par Lepeautre et sculptés par Daniel Guillebaud. C'est, dans tout l'édifice, le souvenir des grandes heures du Parlement de Dauphiné...

La prédication de la Réforme

« Existe-t-il des hérétiques dans votre ville ? demande, en 1517, l'inquisiteur Jean Parisot.

— Pas un seul », répond sans hésiter le Conseil consulaire.

Pourtant, les temps sont proches où le protestantisme va se répandre à Grenoble. Son premier propagandiste est un moine cistercien, Pierre de Sébiville, dont les prédications ont eu tant de succès que les consuls lui ont offert une pension pour qu'il consente à se fixer dans la ville et à se faire affilier à l'ordre de Saint-François. Il accepte, mais, bientôt, les querelles dont il est le témoin dans ce couvent l'écœurent complètement. Il épouse les thèses de la Réforme et entre en relations avec Guillaume Farel, originaire de Gap, qui depuis 1522 propage le luthéranisme dans son pays natal. Il se prend d'amitié pour son disciple, Ennemond de Coct. Il correspond avec Zwingle et Œcolampade. Ces derniers envoient bientôt à Grenoble un de leurs orateurs les plus brillants et les plus audacieux, le dominicain Aimé Meigret.

Ce frère prêcheur lyonnais prononce, en public, le 25 avril 1524, puis répète devant le Parlement et fait imprimer un sermon qui a un grand retentissement. Ce précieux texte est un des premiers de la Réforme française. L'auteur y expose d'abord sa théorie de la grâce. Il soutient, comme Luther, que la foi l'emporte sur les œuvres. Il critique l'institution monastique, attaque la pratique du jeûne et de l'abstinence, condamne le célibat ecclésiastique. Il conclut enfin qu'il faut toujours en revenir à l'Écriture : « Quiconque veut dire trop large, si autre chose ne nous faut faire pour être sauvés que ce qui est en l'Évangile, blasphème manifestement contre le fils de Dieu qui est souveraine sapience. »

L'exemple de Meigret pousse Pierre de Sébiville à entrer en lice à son tour, par la parole et par l'écrit. Qu'importe si, au mois d'août suivant, l'évêque le fait enlever de son couvent et jeter en prison ; qu'importe si la menace du bûcher le conduit à abjurer publiquement : il est devenu luthérien, et il le reste. A Grenoble, où la population l'adule, son exemple est contagieux.

Les « idées nouvelles », comme on dit alors, font bientôt de rapides progrès, d'abord dans la jeunesse étudiante et parmi les professeurs de l'université, puis au Parlement de Dauphiné. Les réunions restent pourtant assez discrètes, en raison de l'hostilité de l'évêque Laurent II Alleman. Nous ne sommes pas à Valence, où Mgr Jean de Montluc, « rompu et corrompu », favorise secrètement les protestants, ni à Gap, où le pontife Gabriel de Clermont les soutient ouvertement. Ici, le prélat reste ferme sur la doctrine. Le ministre vaudois Gonin passe-t-il par Grenoble en 1536 ? Il est arrêté, jugé en une parodie de procès, condamné à mort comme luthérien et noyé dans l'Isère, le soir même, pour éviter toute manifestation populaire...

La « victoire » du protestantisme

Mais ce n'est pas ce meurtre, commis à Grenoble par des catholiques, qui déchaîne la violence en Dauphiné. C'est, vingt-sept ans plus tard, un crime commis à Valence par des protestants : dans cette ville, à l'annonce du massacre de Vassy (1er mars 1562), les réformés ont pris les armes. En avril, ils pendent à la façade d'une maison le lieutenant général La Motte-Gondrin et se groupent autour du baron des Adrets.

Celui-ci se trouve bientôt à la tête d'une armée de 8 000 hommes. Un mois et demi va lui suffire pour s'assurer la maîtrise du pays. Début mai, il entre à Lyon, où ses troupes s'acharnent contre les églises : la primatiale Saint-Jean en porte encore les traces. Le 9, il fonce sur Grenoble, où il arrive le 11 dans l'après-midi. Il est accueilli triomphalement par le parti protestant, qui s'agite beaucoup depuis plusieurs semaines, et qui, grâce au compromis réalisé le 2 mai avec le Parlement, est pratiquement maître de la ville. Non contents de briser les statues et les autels dans l'église des Cordeliers, qu'on leur a concédée pour y célébrer leur culte, les huguenots ont multiplié les déprédations. Des Adrets achève la besogne, interdit aux catholiques de célébrer la messe, de sonner les cloches, s'en prend aux couvents, à l'exception de celui de Montfleury, qui abrite des membres de sa famille.

Le 13 mai, il repart. Mais c'est pour revenir le 3 juin et donner le signal de nouvelles scènes de violences : ses hommes s'emparent du trésor de la cathédrale, dont une trahison leur a révélé la cachette. Ils font main basse sur les vases sacrés et les ornements précieux, brisent les châsses de saint Hugues et de saint Vincent, jouent au ballon avec leurs crânes et finalement les livrent au bûcher allumé sur la place Notre-Dame. Le surlendemain, trois lieutenants du baron pillent méthodiquement le monastère de la Grande-Chartreuse. Le 7 juin, lui-même quitte Grenoble.

Une semaine plus tard — le dimanche 14 juin 1562 —, c'est le lieutenant général du Dauphiné, nommé après l'assassinat de La Motte-Gondrin, qui fait son entrée dans la ville. Il se nomme Maugiron. Il est catholique. Les cloches carillonnent joyeusement. Les protestants se font tout petits. A cette nouvelle, des Adrets marche sur Grenoble. Sur sa route, il saccage la riche abbaye de Saint-Antoine, qui, comme la cathédrale Saint-Maurice de Vienne, en conserve aujourd'hui encore les cicatrices. Maugiron s'enfuit. Le baron pénètre sans coup férir dans la cité des dauphins, le 26 juin entre 16 et 17 heures. A partir de ce moment, les protestants s'organisent. En novembre, Sassenage vient mettre le siège devant Grenoble, avec une troupe catholique, mais l'arrivée de renforts huguenots aux ordres de Furmeyer l'oblige à décamper. En mars 1563, Maugiron renouvelle l'opération, avec de l'artillerie cette fois, mais Crussol accourt à la rescousse et délivre la ville où tombaient déjà les boulets des « papistes ».

Grenoble reste donc aux mains des protestants. Le 15 avril, les autorités, dans un souci « démocratique », consultent le peuple par voie de référendum : il répond qu'il veut vivre sous la religion réformée « sans y mêler aucune espèce d'idolâtrie ni superstition, singulièrement la messe, laquelle il déteste sur toutes choses, comme étant la plus grande des idolâtries ». Est-ce conviction profonde ou simple prudence ?

Le 4 décembre 1563, le maréchal de Villevieille peut enfin faire son entrée solennelle dans la ville et y mettre en application l'édit de pacification promulgué par le roi. Pour frapper l'imagination, le maréchal convoque toute la population sur la place publique et « ordonne à tous les députés de la noblesse de s'entrebrasser et oublier toute inimitié, en s'entrepardonnant les courses, brûlements et voleries ».

Le baron des Adrets

Quel homme est-il, ce François de Beaumont, baron des Adrets, seigneur de La Frette, que nous avons vu s'acharner tant et tant contre l'Église catholique ?

Le seul portrait de lui qui soit authentique, c'est la description que nous a donnée de Thou en 1572 : « Un être au regard farouche, avec un nez aquilin et un visage maigre, tout parsemé de taches, couleur de sang noir. »

Comment ce personnage issu d'une très ancienne famille dauphinoise et élevé dans le catholicisme est-il devenu un cruel chef de guerre ? Est-ce par sentiment religieux ? Sûrement pas. Par intérêt ? Il n'a jamais tiré avantage personnel des pillages commis par ses hommes. Par vengeance contre les Guise ? On l'a dit. Par ambition personnelle ? C'est l'explication la plus plausible. A cinquante ans, quand il se jette dans la mêlée, il n'a pas le rang qu'il souhaite. Il n'est que colonel d'une unité de réserve : les légionnaires du Dauphiné.

Quels que soient les mobiles profonds, le résultat est là, qu'aucun historien ne discute : des Adrets a joué un rôle déplorable. Si beaucoup de cruautés sont le fait de ses lieutenants, lui-même ne les en a pas moins tolérées. Par sa faute, directement ou indirectement, que d'exactions, pendant neuf mois, dans tout le Sud-Est : pillages et déprédations à Grenoble, à Lyon, à Valence, à Vienne et dans de nombreuses abbayes ; sanglants massacres et actes de sauvagerie à Saint-Marcellin, à Pierrelatte, à Bollène et surtout à Montbrison. Dans cette dernière ville, le 13 juin 1562, le siège étant terminé, et les huguenots victorieux, trois cents à quatre cents prisonniers sont précipités, du haut d'une tour, dans un énorme brasier. Cette « sauterie », comme on l'a appelée, est restée tristement célèbre dans l'histoire des guerres de Religion. Guerres plus dévastatrices, plus violentes, plus sanglantes, plus cruelles en Dauphiné qu'en beaucoup d'autres provinces.

Mais voici que le baron des Adrets, irrité de la nomination de Soubise au gouvernement de Lyon, décide par vengeance d'abandonner ses coreligionnaires. Les protestants, qui se méfient de lui, l'arrêtent à Romans le 10 janvier 1563, au moment où il va perpétrer sa trahison. On l'incarcère à Valence, puis à Nîmes, où il est mis en jugement. Mais, en mai 1563, la paix d'Amboise, stipulant « le pardon et l'oubli de tout le passé », lui rend sa liberté, « sans absolution ni condamnation ». Il décide de servir désormais la cause catholique, et le fait loyalement et courageusement. La fin de sa vie n'est qu'une longue suite de souffrances et de deuils : sa femme et ses trois fils meurent tour à tour, comme si le châtiment divin s'abattait, avec une fatalité biblique, sur cet homme couvert de sang...

Agrippa d'Aubigné nous rapporte dans ses *Mémoires* le dialogue qu'il eut à Lyon, en 1574, avec le baron vieillissant :

« Pourquoi avez-vous usé de cruautés mal convenables à votre grande valeur ? »

Des Adrets répond que les catholiques ont commencé — ce qui n'est pas contestable — et ajoute :

« Nul ne fait cruauté en les rendant. Au surplus, on ne peut apprendre aux soldats à mettre ensemble l'épée à la main et au chapeau. Quand ils font la guerre avec respect, ils portent le front et le cœur bas. C'est en leur ôtant l'espoir de tout pardon qu'on les entraîne le mieux et le plus loin.

— Pourquoi avez-vous quitté le parti huguenot ?

— Ce n'avait été ni par avarice ni par crainte, mais par vengeance et après l'ingratitude renouvelée que m'ont témoignée les miens.

— Pourquoi rien ne vous a-t-il réussi et succédé, ce parti une fois quitté ?

— Les catholiques n'ont jamais combattu avec la même passion, la même fureur et le même fanatisme que les huguenots. Je ne pouvais me fournir de rênes pour ceux-ci. Ceux-là ont usé mes éperons... »

Usées les rênes, usés les éperons et usé le corps, des Adrets meurt en 1587, à l'âge de soixante-quinze ans.

La « victoire » du catholicisme

A Grenoble, en 1563 et en 1564, la peste encore une fois a fait son apparition. Et, en septembre 1567, la guerre religieuse se rallume en France.

C'est un catholique qui est lieutenant général du Dauphiné : le calme et sage Bertrand de Simiane, baron de Gordes. Il interdit le culte protestant, mais refuse, malgré toutes les pressions, de faire emprisonner les huguenots. Il transforme la ville en camp retranché, pour résister aux agresseurs éventuels. Cependant, il n'a visiblement aucune intention de prendre l'offensive. C'est un pacifique. Quant l'édit de 1568 met fin à cette deuxième guerre, il fait preuve de bienveillance envers les protestants.

Pendant la troisième guerre de Religion (25 avril 1568-8 août 1570), Grenoble demeure paisible. On se borne à envoyer contre Corps une expédition qui échoue après trente-huit jours de siège. « Dans la confusion permanente des opérations militaires, a-t-on noté, la seule constante, c'est l'utilisation par les protestants des places du Haut-Dauphiné, devenu stratégiquement et moralement le bastion régional de la religion " prétendue réformée ". »

Après des années de luttes fratricides, la France va-t-elle enfin retrouver la paix ? Hélas ! non. Le 24 août 1572, le massacre de la Saint-Barthélemy ouvre de façon sanglante la quatrième guerre de Religion.

Quand la nouvelle en arrive à Grenoble, Gordes refuse de croire que le roi de France ait pu ordonner un tel crime. Le 3 septembre, il se rend au Parlement et lui demande l'appui de son autorité, « pour épargner au Dauphiné la honte d'une pareille hécatombe ». Bien qu'il ait obtenu gain de cause, un « furieux désir de vengeance » anime les protestants : une de leurs armées, commandée par Dupuy-Montbrun, marche sur Grenoble, toutes forces réunies, après avoir remporté d'éclatants succès dans les Baronnies. Mais la solidité des remparts et la résolution des habitants impressionnent le huguenot, qui passe son chemin. Il va se tailler une réputation ailleurs, à moindre frais : à Pont-de-Beauvoisin, en enlevant les bagages du roi Henri III retour de Pologne ; au pont d'Oreille, en battant l'armée de Gordes. Mais, quelques jours après cet exploit, Montbrun est fait prisonnier au pont des Blacons. Condamné à mort par le Parlement, il a la tête tranchée, le 12 août 1575, à Grenoble, sur la place du Mal Conseil. On l'appelait ainsi parce qu'on y avait placé le banc du Grand Conseil, dont les membres, à la belle saison, venaient parfois délibérer en plein air. Du Grand Conseil, on fit le Mal Conseil, à la suite d'une émeute populaire, au XIVe siècle...

L'édit de pacification de 1576, ou paix de Beaulieu, laisse aux protestants deux places en Dauphiné : Nyons et Serres. Ainsi se termine ce que l'on peut appeler la deuxième phase des guerres de Religion en Dauphiné : celle qui a été marquée par le duel de Gordes-Montbrun, comme la première le fut par le duel Maugiron-des Adrets. Avec la troisième et dernière phase un personnage nouveau apparaît : l'homme qu'ont choisi les protestants pour succéder à Montbrun : Lesdiguières.

Pour comprendre cette période, rappelons-nous que les souffrances endurées depuis tant d'années font considérer par beaucoup comme insensé et scandaleux l'ordre que le roi Charles IX a donné par lettre à Bertrand de Gordes, certain jour d'octobre 1567, sur les instances de Catherine de Médicis : « Les protestants, vous les taillerez et ferez mettre en pièces, sans en épargner un seul, car tant plus de morts, moins d'ennemis. » Telles sont les instructions que le lieutenant général du Dauphiné, pour son honneur et celui de Grenoble, a refusé d'exécuter...

Le fanatisme meurt, si tant est qu'il ait jamais vraiment habité le cœur des habitants de cette province. Écoutons plutôt la réponse que fait ce pauvre homme nommé Bernard, un soir qu'une patrouille le surprend sur les remparts, au moment où il démolit une palissade :

« C'est pour faire du feu, explique-t-il, car avec tous ces événements y a ben d'la misère à la maison et mes enfants ont froid.

— Espèce de sale religionnaire », lui dit le soldat.

Alors, le pauvre Bernard, en hochant la tête :

« Je suis de la religion quand il est besoin et papiste quand je le crois bon. »

Lesdiguières

Ce qui frappe d'abord chez Lesdiguières, c'est l'énergie. Le beau portrait que conserve de lui le musée de Grenoble nous montre un homme aux traits rudes, avec un menton volontaire, un grand long nez et des yeux sombres qui vous observent calmement. On y lit cette ardeur réfléchie, cette ténacité calculatrice qui appartiennent au caractère dauphinois, mais qui, portées chez celui-ci à leur plein épanouissement, firent qu'il se hissa jusqu'aux sommets.

Pour atteindre son but, Lesdiguières a mis de longues années, suivi souvent des chemins fort sinueux, employé parfois des moyens discutables, effectué bien des marches et bien des contremarches. Voyez-le, pendant des saisons entières, chevauchant à travers le Dauphiné. Que veut-il, ce petit capitaine huguenot, qui est né le 1er avril 1543 à Saint-Bonnet-en-Champsaur? Il veut s'emparer de Grenoble. Pour y parvenir, il lui faudra attendre d'avoir quarante-sept ans.

La première fois qu'il a essayé, à trente-trois ans, il s'est cassé les dents. Et, non seulement à Grenoble, mais à Gap aussi. Il s'est consolé en prenant La Mure, dont il a fait sa forteresse et sa base d'opérations. En 1579, Catherine de Médicis passe trois mois à Grenoble et essaie de négocier avec lui. Il n'accepte même pas de la rencontrer. L'année suivante, le duc de Mayenne, après un siège d'un mois, s'empare de La Mure, « boulevard des protestants en haut Dauphiné ». Lesdiguières se replie, fidèle à son principe : « Assaut de lévrier, défense de sanglier et fuite de loup. »

En 1588, le capitaine fait deux nouvelles tentatives pour s'emparer de Grenoble : elles restent infructueuses. A la fin de l'année suivante, la quatrième entreprise se solde par un sanglant échec. Quand les huguenots se retirent, deux cents des leurs jonchent le terrain.

Il faut attendre encore, attendre deux années interminables. Et voici qu'en novembre 1590 Lesdiguières, pour la cinquième fois, se présente sous les murs de la ville. Des complicités lui livrent le faubourg Saint-Laurent, où il entre par surprise. Il y fait pénétrer, de nuit, ses douze cents hommes. A l'aube, ceux-ci occupent les pentes de la Bastille et bordent la rive gauche de l'Isère.

On se bat furieusement autour du pont. Un duel d'artillerie s'engage. Il va durer trois semaines. Mais Grenoble n'en peut plus : voilà trente ans que durent les guerres de Religion (1562-1590). Les caisses sont vides. La dette communale s'élève à 40 000 livres. Le peuple souffre misère. Les épidémies ont creusé des vides. Ne dit-on pas que la peste de 1586 aurait emporté près des deux tiers des habitants? En vain les ligueurs, soutenus par l'évêque et les confréries, essaient-ils encore de ranimer le courage des assiégés. Les renforts attendus de Lyon n'arrivent pas. Au bout de trois semaines, Grenoble capitule.

Lesdiguières cueille enfin le fruit tant convoité. Dans la ville, ses troupes ne commettent pas une exaction. Lui-même se signale aussitôt par sa modération. L'un de ses premiers actes est d'aller tendre la main à son adversaire le plus acharné : l'archevêque d'Embrun, qui a tenté plusieurs fois de le faire assassiner... Un traité, signé le 22 décembre, assure le libre exercice de la religion catholique et autorise la célébration publique du culte protestant dans le faubourg Très-Cloître. Les guerres de Religion sont vraiment terminées, puisque voici renaître enfin la tolérance...

Le Grand Siècle

L'œuvre de Lesdiguières

La prise de Grenoble par Lesdiguières marque, pour la ville, le tournant du siècle et, pour tout dire, l'aurore de celui qu'on a appelé le Grand. Sous la cuirasse de l'intrépide capitaine huguenot, un homme nouveau apparaît : le lieutenant général du Dauphiné. Au sortir du désordre, il rétablit une bonne administration, une exacte justice et une saine finance. La raison triomphe des passions. « L'honnête homme » partout succède au reître. Il n'est que temps, car écoutez le cri d'alarme lancé par le Parlement : « la désolée province » est parvenue « au période de désespoir ».

Certes, on se bat encore. Lesdiguières, au cours de sa longue carrière, ne cessera jamais de lutter. On le voit mener des combats victorieux contre les Savoyards et les Piémontais : la bataille de Pontcharra en 1591, l' « escalade » du fort Barraux en 1597, et, au soir de sa vie, en 1617, la campagne contre Charles-Emmanuel, en restent les épisodes les plus connus.

On a justement noté que l'extrême mobilité, l'impétuosité dans le corps-à-corps, l'habileté à tendre des traquenards n'expliquent pas, seules, les succès éclatants de celui qu'on a surnommé « le renard des montagnes ». « Le côté utile qu'a retenu l'histoire militaire, c'est le progrès qu'il fit faire à l'artillerie de campagne, jusque-là méprisée : il allégea les canons, les rendit plus maniables, utilisa les arquebusiers à cheval à la place de la vieille gendarmerie (Émile Escallier). »

Mais nous voici sous le règne d'Henri IV et la sage administration de Sully. La France redécouvre les bienfaits de la paix et les vertus de l'ordre. Lesdiguières est de ceux qui savent s'adapter aux situations les plus diverses. Son œuvre d'administrateur ne le cède en rien à son action d'homme de guerre : il est à l'origine d'un certain nombre de grands travaux qui contribuent à protéger ou à embellir Grenoble.

La protéger d'abord. Instruit par l'expérience du siège, il se hâte, dès l'année 1591, de fortifier la Bastille. Il fait construire une petite redoute sur le plateau sommital. De là, deux murs descendent vers l'Isère, en épousant les mouvements du terrain. Ils dessinent des redans et des bastions jusqu'aux deux portes Saint-Laurent (reconstruite en 1614) et de France (construite en 1619).

C'est Lesdiguières qui ordonne, en 1603, les premiers grands travaux de défense contre le Drac. C'est lui qui jette un nouveau pont sur l'Isère, en face du jardin de ville, à l'endroit même où menace ruine l'ouvrage qu'il a enlevé les armes à la main. Il y fait reconstruire une petite chapelle et un nouveau jaquemart, beaucoup plus beau que celui qu'il a canonné... C'est lui qui lance sur le Drac, à Pont-de-Claix, le monumental pont en dos d'âne, qu'on admire encore aujourd'hui : son arche unique, d'une grande hardiesse, a 46 mètres d'ouverture et 16 mètres d'élévation au-dessus du niveau des eaux et passa longtemps pour une des sept merveilles du Dauphiné. C'est lui qui fait réparer les routes rayonnant autour de la ville, installer partout des fontaines publiques, bâtir un édifice spécial pour les écoles (1606), rectifier l'alignement des maisons, blanchir les façades, paver les rues, creuser des égouts en maçonnerie, agrandir la place du Mal-Conseil, qu'il ordonne d'appeler désormais Bon-Conseil.

Mais, contrairement à la légende, ce n'est pas lui qui fait tracer la belle avenue qui relie Grenoble à Pont-de-Claix. Sa réalisation date de la fin du XVIIe siècle. Elle est due à l'initiative du premier président du Parlement, Nicolas de Prunier, seigneur de Saint-André († en 1692). D'où le nom de cours Saint-André.

Lesdiguières sait encourager, par une politique fiscale intelligente, la destruction des taudis et le développement des quartiers neufs. Il poursuit la construction du palais du Parlement et veille personnellement à son embellissement. Il en fait de même pour celui de la Trésorerie, qui devient sa résidence personnelle.

Sans doute est-ce devant la façade classique de cet édifice — hôtel de ville de Grenoble, de 1719 à 1967 — qu'on évoque le mieux le souvenir de Lesdiguières. Au centre du « jardin des fleurs », il s'est fait lui-même représenter sous les traits d'Hercule au repos, appuyé d'une main sur sa massue et portant dans l'autre... ses attributs précieux. « Foi de moi ! je réussirai dans mon entreprise », avait-il déclaré certain jour, « ou je me ferai couper les c... ». L'entreprise ayant échoué, Lesdiguières trouva moins mutilant, pour tenir parole, de commander à Jacob Richier cette étonnante statue qui date de 1620...

En l'espace de quelques années, que de réalisations d'urbanisme ! C'est la première fois qu'on peut employer ce vocable moderne. Pour atteindre ce résultat, Lesdiguières avait souvent besoin de stimuler le zèle du conseil consulaire, effrayé par l'énormité des dépenses et la perspective des charges fiscales qui en découleraient. Heureusement, la faveur d'Henri IV, puis de Louis XIII, lui permit d'obtenir à plusieurs reprises d'importantes subventions du trésor royal. *Nil novi sub sole...*

Lesdiguières se remarie

En 1608, Lesdiguières perd sa femme, Claudine de Bérenger. Il a pour maîtresse Marie Vignon, épouse d'un marchand de soie de Grenoble, Ennemond Matel. C'est une fort jolie personne, « de bonne grâce et d'un esprit accort », qui a pris un grand ascendant sur le vieux maréchal. Elle rêve de se faire épouser. Lui le souhaite ardemment. Mais il y a ce mari, qui est bien gênant...

Un diplomate, le colonel Allard, représentant du duc de Savoie à Grenoble, va se charger d'éliminer le mari, soit sur ordre exprès de l'amant, soit, plus probablement, par désir de s'attirer ses bonnes grâces! Un soir que Matel revient de sa vigne de La Tronche, un estafier du colonel l'attend au détour du chemin et le tue d'un coup d'épée. Un berger, simple témoin de la scène, est soupçonné et arrêté.

Le lendemain, comme on conduit notre homme en prison, menottes aux mains, sur la place Saint-André, il reconnaît l'estafier. On se saisit de ce dernier. Les langues courent. Tout désigne le colonel Allard. Le Parlement crie au scandale et le fait arrêter à son tour.

A cette nouvelle, Lesdiguières quitte brusquement son château de La Verpillière et galope d'une traite jusqu'à Grenoble. Sans prendre le temps de s'arrêter à son logis, il court droit à la prison, fait mettre le meurtrier en liberté. Mais la justice s'émeut : le premier président, le procureur général et plusieurs conseillers se rendent à l'hôtel Lesdiguières et, courageusement, protestent contre cet abus de pouvoir. Leurs remontrances sont fort mal accueillies. Lesdiguières répond par des reproches et des menaces : le colonel, dit-il, appartient à sa maison. Il est inadmissible qu'on l'ait arrêté avant de l'en prévenir. Au reste, rien ne prouve qu'il soit coupable. En tout cas, lui, Lesdiguières, ne doit justification de ses actes qu'au roi lui-même, dont il est sûr d'avoir l'approbation. Puis, se calmant un peu, il consent à ce que l'on remette le coupable en cellule... à condition de lui rendre la liberté aussitôt après. Le Parlement, heureux de pouvoir ainsi concilier son respect de la justice et son désir de ne pas déplaire à un personnage puissant, donne son acquiescement à cette parodie. Le premier président se retire, en fredonnant le refrain d'une vieille chanson : « *Nous verrons, bergère rosette, qui le premier s'en repentira.* » Pendant ces pourparlers, Allard s'est enfui en Savoie, d'où il est chassé quelque temps après. Il se réfugie à Milan, où, nous dit-on, « la justice de Dieu suscita un jeune garçon qui le tua de deux coups de couteau ».

Marie Vignon est donc libre ! C'est à peine si la jeune veuve prend le temps de porter le deuil de son marchand de soie. Les voiles noirs lui pèsent. Bientôt, elle s'installe chez Lesdiguières et le retient dans ses rets. Il lui fait construire une somptueuse demeure : l'hôtel de Franquières (2, rue de Belgrade), dont la façade, avec deux petites ailes en retour, possédait à l'époque un perron et une terrasse donnant sur l'Isère. Le mari comble de présents la femme aimée. Cela ne lui suffit point : elle veut le nom et le titre. Elle fait tant qu'elle réussit à intéresser à sa cause le duc de Savoie et quelques grands de ce monde. De guerre lasse, le vieux capitaine finit par céder. Il est protestant. Elle est catholique. Qu'à cela ne tienne : on va arranger les choses. Ce sera le premier mariage mixte en Dauphiné. Le 16 juillet 1617, au soir, Mgr Guillaume d'Hugues, archevêque d'Embrun, bénit secrètement les deux époux dans la maison du baron de Marcieu.

Lesdiguières a soixante-treize ans.

La conversion de Lesdiguières

Lieutenant général du Dauphiné, maréchal, duc et pair de France, Lesdiguières ambitionne encore deux titres : celui de gouverneur de la province et celui de connétable de France. Le premier, il ne l'obtiendra jamais : il doit se contenter de celui de gouverneur de la Picardie, de l'Artois et du Boulonnais, qu'il cherche vainement à échanger dès qu'il lui échoit, en 1623. Le second titre, il va le gagner au prix de son abjuration.

Car ce que l'on appelle la conversion de Lesdiguières fut d'abord une opération politique, où le trône et l'Église trouvaient leur compte. Pour le Dauphinois, l'affaire n'était pas mauvaise non plus. Au titre de connétable étaient attachées des prérogatives considérables : il était commandant suprême, après le roi, de toutes les armées de France, gardait l'épée royale, qu'il recevait nue, était chargé de régler toutes les affaires de la guerre et prenait rang, dans le protocole, aussitôt après les princes du sang.

Il y eut donc une sorte d'échange — abjuration contre connétablie. Il est assez choquant de penser que l'affaire fut préparée par des négociations, des discussions et des tractations, ou ne manquèrent ni les manœuvres de la part de Lesdiguières, ni les ruses de la part de son concurrent, le duc de Luynes, ni les calculs secrets de la part du roi et des princes de l'Église. Finalement, Luynes a la bonne idée de mourir en 1621. En juillet 1622, Louis XIII signe les lettres de nomination. Et le 24 de ce mois, à Grenoble, en l'église Saint-André, l'archevêque d'Embrun, qui a marié Lesdiguières cinq ans auparavant, reçoit son abjuration au cours d'une cérémonie solennelle, à laquelle assistent les membres du Parlement et toute la noblesse du Dauphiné. Le nouveau connétable a soixante-dix-huit ans !

Les protestants l'accusent aussitôt de s'être converti par sénilité et de n'avoir versé dans la « bigoterie » et le « papisme » que pour satisfaire son ambition. Pour ce qui est de la sénilité, il leur montre qu'il n'y sombre pas, en répliquant vertement, certain jour, aux membres du consistoire : « Si vous avez l'intention de me faire des observations, prenez garde qu'étant entrés par la porte vous ne sortiez par la fenêtre. » L'ambition, elle, a certes joué un rôle déterminant. Mais n'oublions pas que Lesdiguières a été catholique jusqu'à l'âge de trente ans, que ses deux filles viennent de se convertir et que Marie Vignon a poussé son vieil époux vers le confessionnal, un peu comme Mme de Maintenon fera plus tard pour Louis XIV.

D'autres éléments ont joué également : en particulier l'amitié personnelle de Lesdiguières pour le cardinal Ludovisio, devenu pape sous le nom de Grégoire XV. « Lorsque vous aurez été élu pape, je me ferai catholique », lui aurait-il dit, un jour, en plaisantant. Le conclave terminé, le nouveau souverain pontife se hâta de lui envoyer un émissaire, en la personne du R.P. de la Rivière. A partir de 1599, Lesdiguières eut de longs entretiens avec le père jésuite Coton. Puis ce furent, en la collégiale Saint-André, les prédications de François de Sales en 1616, 1617 et 1618, suivies de conversations intimes, discrètes et particulièrement amicales avec le saint évêque. Il est inconcevable que l'abjuration ait été seulement un calcul. Sous prétexte qu'elle a permis de satisfaire l'ambition d'un homme, pourquoi ne pas admettre qu'elle a pu marquer aussi la conversion d'une âme ?

C'est dans la sérénité que le connétable de Lesdiguières, frappé de congestion pulmonaire, s'éteint à Valence, le lundi 28 septembre 1626, vers les huit heures du matin. Il a quatre-vingt-trois ans. Marie Vignon lui survit pendant trente et un ans...

Les successeurs du connétable

Ainsi quitte le monde pour entrer de plain-pied dans l'histoire de France — et un peu dans la légende — François de Bonne, duc de Lesdiguières, dernier connétable du royaume de France.

C'est son gendre, le maréchal de Créqui, qui lui succède comme lieutenant général du Dauphiné. Il a hérité de son autorité, dont il exagère encore l'absolutisme. On le voit notamment s'immiscer dans les élections des consuls et frapper de lourds impôts la population qui regimbe. Il meurt le 17 mars 1638, atteint par un boulet espagnol, sous les murs de Brême.

Son fils, François de Créqui de Bonne, lui succède dans les fonctions de lieutenant général et devient gouverneur du Dauphiné en 1642, à la mort du comte de Soissons. Il donne une grande impulsion aux travaux publics. Mais sous son administration éclatent des émeutes populaires, causées par l'augmentation des impôts. N'a-t-on pas créé, en 1641, une taxe nouvelle de 5 % sur un produit de première nécessité : le sel, et nommé des fonctionnaires spéciaux pour la percevoir : les « regrattiers du sel » ? Les marchandes de sel se soulèvent et, menées par une solide commère, au visage noirci de suie, qui bat le tambour, elles courent au domicile du nouveau regrattier — un certain Corréard —, l'assomment à coups de bâtons et traînent son cadavre jusqu'à l'Isère...

De cette époque date également le procès des Tailles (1634), aboutissement d'une longue lutte qui oppose le tiers état aux privilégiés de la noblesse et du clergé, scandaleusement exemptés d'impôts. Victoire reste au tiers, qui ne sera plus seul désormais à déposer ses écus dans le « sac à phynance ». Victoire chèrement payée : les États généraux sont supprimés par le pouvoir royal.

Le gouverneur François de Créqui de Bonne étant mort en 1677, son fils François-Emmanuel lui succède et conserve le poste jusqu'à son décès, en 1681. Avec lui se termine le règne des Lesdiguières en Dauphiné. « Ils l'avaient trouvé divisé et rebelle, a-t-on écrit ; ils le rendent à Louis XIV pacifié et soumis jusqu'à l'asservissement. Les libertés delphinales ne sont plus qu'un mot et les franchises communales une vaine apparence. A Grenoble, notamment, les ducs de Lesdiguières ont faussé tout le mécanisme des institutions municipales. Leur personnalité apparaît dans tous les actes des agents consulaires. Grâce aux divisions des trois ordres et du tiers état contre lui-même, ils se sont fait successivement abandonner toutes les prérogatives si laborieusement conquises par les Grenoblois du XIIIe siècle et n'ont laissé aux consuls que la puérile vanité de leurs droits de préséance. Il est juste de reconnaître qu'ils ont sagement et utilement usé des pouvoirs que la Ville leur a si facilement cédés, qu'ils l'ont fortifiée, agrandie, embellie, qu'ils y ont favorisé le commerce et vulgarisé le goût des arts (Auguste Prudhomme). »

Saint François de Sales

François est évêque de Genève depuis l'âge de trente-cinq ans. Il a déjà publié son *Introduction à la vie dévote* et son *Traité de l'amour de Dieu*. Sa réputation d'orateur égale et surpasse celle qu'il s'est acquise par la plume. N'a-t-il pas été invité à prêcher le carême à la cour, lui, ce petit évêque de province, venu de son diocèse montagneux ? Les grands du royaume l'honorent de leur amitié. Les duchesses en mal de consolations spirituelles correspondent longuement avec lui. Il a fondé un ordre : la Visitation Sainte-Marie. Bref, à quarante-neuf ans, François de Sales est un homme célèbre.

A la fin de l'année 1615, ou au tout début de l'année 1616, le Parlement de Grenoble lui adresse une lettre d'invitation. Au milieu de ses nombreuses occupations, Son Excellence trouverait-elle le temps de venir prêcher à Grenoble ? L'évêque accueille cette demande avec bonne grâce. Il donne en la collégiale Saint-André l'avent de 1616, le carême et l'avent de 1617, le carême de 1618. Quatre séjours en moins de deux ans.

Pendant ces diverses escales à Grenoble, François ne se contente pas de prêcher. Il passe de longues heures au confessionnal, écoutant et conseillant tous ceux qui se présentent à lui. Il tente de réformer deux monastères des environs, dont la règle s'est fâcheusement relâchée : l'abbaye dominicaine de Montfleury, aujourd'hui collège du Rondeau, et l'abbaye cistercienne des Ayes, près de Crolles. Il gère de loin les affaires de son diocèse et celles de son ordre, ce qui, ajouté à la correspondance avec ses dirigées, lui donne « un monde de lettres à écrire » : souvent quarante à cinquante par jour. S'il est vrai qu'il apprécie le séjour sur les bords de l'Isère, il ne prend guère le temps de se promener et d'admirer le paysage !

Écoutons-le se plaindre gentiment des besognes qui l'accablent et des gens qui l'assaillent sans relâche : la missive est adressée, de Grenoble, aux religieuses de la Visitation d'Annecy :

« Je suis avec un peu plus de monde que quand je suis dans notre séjour ordinaire, auprès de vous, et plus je vois de ce misérable monde, plus il m'est à contrecœur et ne crois pas que j'y pusse vivre, si le service de quelques bonnes âmes en l'avancement de leur salut ne me donnait de l'allégement.

» Mon Dieu, mes chères filles, que je trouve bien plus heureuses les abeilles qui ne sortent de leurs ruches que pour la cueillette du miel et ne sont associées que pour cela, et dont l'empressement est ordonné, et qui ne font, dans leurs maisons et monastères, sinon le mélange odorant du miel et de la cire ! Qu'elles sont bien plus heureuses que ces guêpes et mouches libertines qui, courant si vaguement et plus volontiers aux choses immondes qu'aux choses honnêtes, semblent ne vivre que pour importuner le reste des animaux et leur donner de la peine, en se donnant à elles-mêmes une perpétuelle inquiétude et inutile empressement (*Lettres à des religieuses*, I, 4) ! »

Au cours de ces quatre séjours à Grenoble, François de Sales joue le rôle que l'on sait dans la conversion de Lesdiguières. Il fonde également le quatrième monastère de son ordre : Sainte-Marie-d'en-Haut.

Sainte-Marie-d'en-Haut

Sur la rive droite de l'Isère, acagnardé à la colline de Rabot, un groupe de bâtiments anciens, massifs, isolés, flanqués d'une chapelle que surmonte un tout petit clocher pointu : c'est Sainte-Marie-d'en-Haut.

La première pierre de ce couvent de la Visitation fut posée, le 21 octobre 1619, par l'évêque de Grenoble, en présence de François de Sales et de toutes les personnalités de la cité. La construction

dura jusqu'en 1622. La noblesse dauphinoise, qu'elle fût de robe ou terrienne, souhaitait depuis longtemps la création de ce monastère. Elle
avait littéralement assiégé l'évêque de Genève, jusqu'à ce qu'il y con-
sentît. Cette noblesse, pendant un long siècle et demi, va peupler le couvent, qui, né sous le règne de Louis XIII, se développe et s'enrichit
sous le règne de Louis XIV, pour connaître son apogée au milieu du
XVIIIe siècle : la communauté comprend alors soixante-dix religieuses,
dont une quarantaine de professes.

La Révolution, après avoir chassé les dernières moniales qui refusent de quitter leurs cellules, transforme Sainte-Marie-d'en-Haut en
une prison. Nobles, prêtres et suspects y sont incarcérés en grand
nombre. Sous l'Empire, la bienheureuse Philippine Duchesne réussit à
attirer à Grenoble sainte Sophie Barat et à établir avec elle, dans l'ancienne Visitation, un des premiers couvents de l'ordre enseignant
qu'elle vient de fonder à Amiens : le Sacré-Cœur. Cette expérience est
de courte durée, puisqu'en 1833 les religieuses abandonnent les lieux,
sous la menace d'un éboulement de la montagne. Dix ans plus tard, les
ursulines prennent la relève, font les travaux nécessaires et ouvrent un
pensionnat de jeunes filles. Mais, en 1905, la communauté est expulsée,
par application des lois combistes, et ses pauvres biens mobiliers vendus aux enchères publiques.

Dès lors, Sainte-Marie-d'en-Haut, abandonnée de Dieu, ou du moins
de ses servantes, tombe en décrépitude. Certes, on sauve la chapelle,
cette merveille de l'art baroque à Grenoble, qui est classée monument
historique. Mais la lèpre qui ronge les édifices mal entretenus attaque
peu à peu les bâtiments claustraux. Caserne d'artillerie pendant la
Grande Guerre, ils deviennent ensuite une sorte de phalanstère où s'entassent, dans l'inconfort, des familles pauvres, pour la plupart italiennes.

En 1959, quand nous lançons notre cri d'alarme, beaucoup de Grenoblois doutent qu'on puisse tirer parti de cette vieille bâtisse, dont ils ont
presque oublié les gloires passées. Mais l'ancienne Visitation est toujours là, sur sa colline, comme un reproche et comme une invitation.
Les orages de l'histoire n'ont pas coulé le navire, qui continue, vaille
que vaille, à flotter. Soutenu par les Amis de l'Université, notre appel
est entendu. La municipalité s'emploie à reloger les locataires d'infor-
tune, qui s'entassent dans le monastère. Les Beaux-Arts restaurent la
chapelle avec un goût parfait. Des étudiants en architecture installent
leur atelier dans une partie des bâtiments, et, de leurs mains, dégagent
le cloître et son délicieux jardin. Les toitures sont refaites. On organise
des expositions, des concerts spirituels, des conférences. Peu à peu,
Sainte-Marie-d'en-Haut sort de sa longue catalepsie.

Nous rêvions d'un centre culturel international, sorte de Royaumont,
où soufflerait l'esprit, sur la « colline inspirée » du Dauphiné, face à
l'un des plus beaux paysages de France. Un jour, enfin, la décision est

prise de transplanter en ces lieux le Musée dauphinois. Musée dont les collections, aussi riches que variées, constituent un des trésors français, dans le champ trop longtemps à l'abandon des arts et traditions populaires.

Financés par les Beaux-Arts et la Direction des musées de France, avec le concours de la ville, les travaux de restauration de Sainte-Marie-d'en-Haut commencent en 1966. Le nouveau Musée dauphinois est inauguré par André Malraux, au début de l'année 1968.

Sainte Jeanne de Chantal

La première supérieure de Sainte-Marie-d'en-Haut fut Jeanne-Françoise Frémyot, baronne de Chantal, la grand-mère de Mme de Sévigné. Elle occupa ce poste pendant six semaines seulement, au printemps de l'année 1618, avant même que la petite communauté soit installée sur la colline. En partant, elle confia le supériorat à une femme éminente, Péronne-Marie de Châtel. Mais elle revint à Grenoble en 1622 et en 1624. Car celle qui allait devenir, pour l'Église, sainte Jeanne de Chantal aimait ce monastère dauphinois.

« C'est un vrai lieu pour la tranquillité d'esprit et pour la santé du corps », constatait-elle.

Elle se plaisait à Grenoble, qu'elle appelait « la ville des Grâces divines », peut-être parce qu'une de ces grâces la toucha à Sainte-Marie-d'en-Haut. La scène se déroule en 1622. Jeanne de Chantal arrive de Lyon, où elle a retrouvé François de Sales, au monastère de la Visitation. Elle aurait voulu se confesser à lui, mais elle ne l'a pas fait, soit qu'elle n'en ait pas eu le temps, soit qu'elle ait craint de le déranger. Elle en est quelque peu contrariée. Mais, comme c'est une femme équilibrée, elle écarte le souvenir de cette conversation spirituelle différée. Elle chante intérieurement le psaume *Dominus illuminatio mea*. Telles sont ses dispositions lorsqu'elle sonne au portail de Sainte-Marie-d'en-Haut.

C'est un peu avant Noël. Elle reste au couvent pour les fêtes. Et le 28 décembre... Mais laissons parler la chronique :

« Le jour des Innocents, étant en oraison, où elle recommandait à Dieu notre Bienheureux Père, elle ouït une voix très distincte, qui lui dit : " Il n'est plus. " " Non, dit-elle, mon Dieu, il n'est plus, lui, mais vous êtes en lui ", prenant cette parole " Il n'est plus " pour la perfection de la transformation en Dieu où elle voyait ce saint homme être arrivé, mais en vérité c'était un avertissement qu'il n'était plus en terre ni en l'état en lequel elle le recommandait à Dieu. »

Quelques jours plus tard, en arrivant à Belley, elle apprend la mort du saint. Bouleversée, elle demande le jour et l'heure. Elle constate que François a rendu le dernier soupir au moment même où elle était agenouillée dans le chœur des religieuses, en la chapelle du monastère de Grenoble...

Sainte-Marie-d'en-Bas

Si florissant est au XVIIe siècle le monastère de Sainte-Marie-d'en-Haut qu'en l'année 1666 il donne naissance à une seconde Visitation grenobloise. Elle s'établit rue Très-Cloître, non loin de la cathédrale, et prend le nom de Sainte-Marie-d'en-Bas.

Ce couvent subsiste jusqu'en 1793, date à laquelle, les religieuses expulsées, on transforme leurs cellules en magasin d'habillement pour l'armée des Alpes. Sous l'Empire, on fait de la chapelle un dépôt de matériel et, des bâtiments conventuels, une fabrique de munitions. Arsenal pendant près d'un siècle, Sainte-Marie-d'en-Bas devient une halle aux grains en 1902. Pas pour longtemps. En 1907, la municipalité décide d'y créer le Musée dauphinois.

Depuis l'année 1863, l'Académie delphinale réclame à cor et à cri cette réalisation. Plusieurs fois, déjà, les édiles en ont discuté. Mais il faut attendre qu'Hippolyte Muller tire la sonnette d'alarme : « Hâtons-nous de créer un musée destiné à recueillir et conserver les reliques industrielles et artistiques de notre pays... »

Né à Gap, en 1865, d'un père professeur de musique, Muller a quitté l'école à quatorze ans et, sans autre bagage, est entré comme apprenti chez un bijoutier. Pour se dégourdir les jambes, à une époque où les tramways de banlieue n'existaient pas, il parcourt, le dimanche, les coteaux et les montagnes. Un jour, il découvre un gisement préhistorique aux Balmes, près de Fontaine. Il fouille, il se passionne. Sa vocation est née : il a dix-sept ans.

Mais l'étude de la préhistoire ne fait pas souvent vivre son homme. Muller, pendant six ans, vogue de ville en ville et s'essaie à mille métiers ; on le trouve successivement à Chambéry, donnant une impulsion nouvelle à la fabrication des cœurs de Savoie et s'évadant parfois vers les cités lacustres du lac du Bourget, à Grenoble de nouveau, à Lyon, en Avignon, après une descente du Rhône en bateau, à Marseille, vendant des pipes en terre, à Alger travaillant chez un bijoutier.

En 1888, dans sa vingt-troisième année, il revient à Grenoble et finit par obtenir le calme poste de bibliothécaire de l'École de médecine. La matérielle est assurée. Il se marie et consacre tous ses temps libres à sa passion : la préhistoire. Les combles de l'école se remplissent bientôt d'une quantité prodigieuse de poteries, de tessons, de silex, de vases, de fibules, de monnaies, que le nouveau bibliothécaire arrache au sous-sol de sa province. De cet amas de précieux débris va naître le Musée dauphinois.

A ce musée, on peut dire qu'Hippolyte Muller a consacré toute son existence, de 1907 à 1933, date de sa mort. C'est lui qui y a entassé les trouvailles faites à l'occasion de ses innombrables fouilles, qui y a réuni les trésors d'art populaire glanés dans toute la région, qui a bricolé de ses doigts les vitrines et les cimaises, qui a fait connaître les richesses préhistoriques et folkloriques du Dauphiné par plus de trois cent cinquante plaquettes, communications et articles, par plus de cent cinquante conférences, par des cours à la faculté des lettres.

Quel plus bel exemple d'une existence entièrement vouée à une idée : faire connaître et aimer le passé d'une province ? S'il vous advient de visiter le Musée dauphinois, vous arrêtant devant une hache de silex ou une coiffe paysanne, ayez une pensée pour Hippolyte Muller, cet étonnant autodidacte, et répétez-vous son aveu émouvant : « Ceux qui, comme moi, n'ont que leurs yeux et leurs mains pour toute science... »

Le mouvement religieux au XVIIe siècle

Mais Sainte-Marie-d'en-Haut et Sainte-Marie-d'en-Bas ne sont pas les seuls couvents à se fonder à Grenoble à cette époque. La « Réforme catholique » provoque dans la ville une étonnante floraison d'ordres religieux : conséquence locale d'un mouvement de renouveau s'étendant à toute la France.

« Les soixante premières années du XVIIe siècle, a-t-on justement souligné, marquent pour l'Église un temps fort, une époque d'une beauté, d'une fécondité rares, aussi riche certainement que les plus grands moments de la chrétienté médiévale, une ère de jeunesse, d'éclatant renouveau (Daniel-Rops). »

En ce « grand siècle des âmes », on voit partout surgir les cloîtres en la capitale dauphinoise : les récollets en 1608, les capucins en 1610, les ursulines en 1611, les carmes de Lyon en 1618, les jésuites en 1623, les bernardines en 1625, les carmélites en 1630, les augustins en 1632, les religieuses de l'Annonciade en 1638, celles du Verbe Incarné en 1643, les minimes de la Plaine en 1646, les religieuses de Saint-Joseph en 1666.

C'est l'époque où naissent deux confréries célèbres : la Propagation de la foi (1647) et la « Congrégation ». C'est l'époque où les monastères abondent aux environs de Grenoble : Montfleury, Les Ayes, près de Crolles, Saint-Robert, Saint-Martin-de-Miséré, Chalais ; l'époque où l'abbaye de Saint-Antoine et celle de Léoncel connaissent l'opulence et la célébrité, sans parler d'innombrables prieurés.

C'est l'époque où dom Le Masson prend en main les destinées de la Grande-Chartreuse. Il donne à l'ordre une impulsion nouvelle, et, après l'incendie de 1676, fait sortir de terre en douze ans, à l'endroit où se retira Bruno, l'austère et noble ensemble de bâtiments que nous admirons aujourd'hui. Ce moine de génie mérite une place d'élection parmi les grands du Grand Siècle : sa remarquable intelligence, sa vaste culture, sa richesse intérieure, trouvant sa source dans la contemplation, lui valurent un immense rayonnement spirituel. Mais, en même temps, son sens du réel ; son habileté à conduire les hommes, sa compétence en affaires lui permirent de mener à bien une féconde action réformatrice.

Ce siècle est aussi, à Grenoble, celui où les jésuites, nouveaux venus, se querellent avec les jacobins qui, depuis 1280, possèdent un couvent place du Mal-Conseil et, depuis 1606, un collège. Il faut attendre le 9 juillet 1652 pour que Louis XIV autorise définitivement les fils de saint Ignace à ouvrir un établissement d'enseignement dont le lycée Stendhal occupe aujourd'hui les bâtiments. L'un des premiers recteurs fut le R.P. François de la Chaise, qui ne resta à Grenoble que dix jours seulement! Assez cependant pour constater que le collège « luttait contre l'hostilité publique comme une garnison assiégée ». Ce jésuite devint ensuite le provincial de son ordre à Lyon, puis le confesseur de Louis XIV. Il fit construire, aux portes de Paris, le château de Montlouis. De ce fastueux domaine, la Révolution devait faire un cimetière, qu'on baptisa le Père-Lachaise.

Le collège des jésuites de Grenoble fut agrandi en 1660. On construisit une chapelle en 1664, qui fut dotée d'une façade monumentale en 1705. Mais, au XVIIIe siècle, les jésuites eurent maille à partir avec l'évêque Ennemond de Montmartin, et, en 1763, un arrêt du Parlement prononça leur dissolution.

Le XVIIe siècle enfin est celui de l'évêque Pierre Scarron, qui demeura cinquante ans sur le trône épiscopal de Grenoble et qui disait à ceux qui le blâmaient de sa grande générosité :

« Quand mes revenus ne suffiront plus pour faire l'aumône, que l'on vende toute ma vaisselle d'argent et qu'on engage jusqu'à ma crosse et mon calice; car Jésus-Christ se tiendra autant honoré de ce que j'emploierai au soulagement des pauvres que de ce que j'emploierai au service des autels. »

Le cardinal Le Camus

Le 5 janvier 1671, un homme de trente-neuf ans devient évêque de Grenoble : c'est l'aumônier de la cour, Étienne Le Camus. Il a mené quelque temps, à Versailles, la vie d'un abbé mondain, mais s'est bientôt « converti ». Au contact de l'abbé de Rancé, il a découvert les vertus de l'ascèse et de la contemplation.

A peine arrivé en Dauphiné, il acquiert une réputation d' « ermite en violet ». Il se lève à 2 heures du matin pour réciter l'office. Sa chambre est aussi nue qu'une cellule. Son lit se compose d'une simple paillasse, avec un seul drap et une seule couverture. Il porte sur la peau des chaînes et un cilice. Il consomme volontairement des mets exécrables.

Sans attendre, Le Camus s'attelle à la double tâche qui va absorber son épiscopat de trente-cinq années : lutter contre l'influence exagérée du clergé régulier; relever le clergé séculier en veillant soigneusement à son instruction et à sa moralité. Ses moyens d'action ? La fondation de séminaires, la création de « petites écoles » pour les enfants, des lettres pastorales contenant des instructions précises, des retraites de prêtres à l'évêché même, des conférences et des prédications, enfin d'incessantes « tournées d'inspection » à travers le diocèse.

Quel spectacle découvre Le Camus, lors de ses premières visites pastorales ! En maints endroits des curés ignares ou des vieillards débiles qui se laissent vivre doucement. Ici ou là, des prêtres qui s'enivrent, qui courent le jupon et même qui se livrent à la rapine ! « De trois cents curés, conclut l'évêque, il n'y en a pas dix qui ne sont pas corrompus. » Se rendant compte de l'énormité de la tâche à accomplir, il avoue à un correspondant : « Sur mes rochers... je ne trouve que dissolution et ignorance. »

Mais cette tâche, il veut l'accomplir, et il va parvenir à ses fins. « Il apparaît dans l'histoire, a-t-on dit, comme un des plus courageux de ces évêques réformateurs qui, à force d'énergie, réussirent à sortir l'Église de France de ses ornières (Louis Bassette). »

Le 8 septembre 1686, à une heure avancée de la nuit, un courrier du Vatican arrive au palais épiscopal, et, s'introduisant, dit la légende, jusque dans la chambre où Le Camus est endormi, il pose sur sa tête la calotte de cardinal que le pape vient de lui accorder. Innocent XI, en effet, a été frappé par les grandes qualités de Monseigneur de Grenoble. C'est la seule bonne explication, et non point celle de la brigue qui aurait permis à un évêque ambitieux et riche d'enlever de haute lutte le chapeau cardinalice. Le Camus était trop noble pour ces bassesses.

Voyez-le, par exemple, dans l'affaire de la Régale, s'opposer au souverain avec une énergie qui le desservira longtemps auprès de Louis XIV. Voyez-le, en 1685, dire tout net qu'il n'approuve pas la révocation de l'édit de Nantes. Voyez-le, enfin, cultiver l'amitié des jansénistes, aussi longtemps qu'on peut voir en eux les tenants d'une religion plus sévère et plus pure, mais se détacher d'eux prudemment, dès lors qu'ils deviennent des insoumis et bientôt des hérétiques. Ce sont là les traits d'un grand prélat, modéré dans ses jugements, indépendant dans son attitude. Aussi ne nous étonnons pas que son renom ait largement dépassé les limites du diocèse de Grenoble.

En août 1707, mal remis d'une maladie et très fatigué encore, il part pour Chambéry. Au Touvet, sa litière se renverse. Il tombe en syncope. On veut le ramener en son palais. « Non, proteste-t-il, un évêque est un soldat. Laissez-moi mourir sur le champ de bataille. » Il visite, comme prévu, les monastères savoyards et rentre à Grenoble, demi-mort. Le 12 septembre, après onze jours d'une agonie lucide, il expire en répétant : « Que votre volonté soit faite. »

Nicolas Fouquet, intendant du Dauphiné

1644. L'intendant du Dauphiné se nomme Nicolas Fouquet.

C'est ce Fouquet qui va devenir surintendant des Finances, amasser une fortune considérable aux dépens du trésor royal, se faire construire le somptueux château de Vaux-le-Vicomte, y attirer artistes et écrivains, envers qui il se comporte en mécène, et dilapider des sommes astronomiques, jusqu'au jour où Colbert décide d'y mettre le holà ! Arrêté en 1661, condamné après un simulacre de procès, le grand argentier déchu termine ses jours sur la paille de la forteresse de Pignerol.

Mais, pour l'heure, Nicolas Fouquet n'a pas encore tout à fait trente ans. Il est le premier des intendants nommés par Louis XIV en Dauphiné. Il touche mille livres d'appointement par mois et réside place du Breuil. Son titre, « intendant de justice, police et finances », n'est pas seulement fort ronflant, ses pouvoirs sont très vastes. Il a le droit, notamment, de réviser toutes les impositions établies dans la province depuis 1630.

A peine arrivé de quatre mois, il manifeste cet esprit d'indépendance qui le mènera à sa perte : il quitte Grenoble, sans prévenir, pour se rendre, semble-t-il, chez son frère l'évêque d'Agde. Résultat, on révoque le jeune intendant, qui a quelque mal à rétablir une carrière compromise. Mais il possède des amis puissants et n'hésite devant aucune intervention ni, quand il le faut, aucune intrigue.

On ne voit plus Fouquet reparaître en Dauphiné, sauf une fois, le 7 janvier 1665. Il traverse la ville, escorté par d'Artagnan et ses mousquetaires. Il gagne son cachot piémontais... Mais qui prête attention dans la ville au passage de la petite troupe en armes ? Et qui se souvient encore à Grenoble que Nicolas Fouquet y représenta le roi ? O ingratitude humaine ! Il avait pourtant bonne réputation, ce jeune intendant du Dauphiné, si l'on en croit une pièce de vers latins composée par le poète normand Halley.

« Lorsque la déesse de la Justice t'eut chargé, en Dauphiné, de prononcer le droit et de veiller sur le trésor public, elle montra aussitôt à la renommée et à la reconnaissance des peuples combien était constant ton souci de refréner les convoitises des puissants, de relever le courage des affligés, de répartir équitablement les charges publiques, comme aussi de ne soumettre qu'au moindre dommage ton troupeau, lorsque tu fus obligé de le tondre. Les voisins des lieux qu'arrosent l'Isère et le Drac envièrent leurs rives de bénéficier de ton zèle de justicier. »

Dans ces vers idylliques, il faut faire la part de la courtisanerie.

Deux grands serviteurs de la royauté

Parce qu'ils sont nés en Dauphiné, deux grands personnages du XVIIe siècle méritent qu'on leur réserve, ici, une place.

Le premier est Abel Servien, qui voit le jour en 1593, à Biviers (Isère) dans une famille de bourgeoisie de robe et qui devient lui-même, de 1616 à 1624, procureur général du Parlement de Grenoble. A cette date, il entre au service de Richelieu, dont il sera l'un des fidèles collaborateurs : le cardinal, qui a toute confiance en Servien, lui confie d'importantes missions, entre 1624 et 1636 : il est successivement intendant de police et de justice en Guyenne, secrétaire d'État à la Guerre, négociateur de la paix de Cherasco, plénipotentiaire au congrès de Munster, enfin surintendant des Finances. Après la mort du grand cardinal, Mazarin garde auprès de lui ce haut fonctionnaire si précieux. Faut-il débroussailler un dossier épineux, rédiger l'une de ces dépêches diplomatiques où le moindre mot compte, mettre en forme les décisions du pouvoir ? C'est au Dauphinois que l'on s'adresse. La paix de Westphalie, signée en 1648, on peut dire que c'est lui qui l'a préparée et négociée au congrès de Munster. Voilà sans doute le plus beau titre de gloire de ce « grand commis », qui meurt à Meudon en 1659.

Hugues de Lionne, le neveu d'Abel Servien, est né, lui aussi, en Dauphiné, dans une famille de parlementaires, originaire de Saint-André-en-Royans. Il a dix-neuf ans seulement quand son oncle l'appelle auprès de lui à Paris. Désormais, il lie sa carrière à la sienne et sert Richelieu puis Mazarin et Louis XIV.

Pendant la Fronde, Lionne joue un rôle important : c'est lui qui signe l'ordre d'arrestation du prince de Condé, du prince de Conti et du duc de Longueville. Mais bientôt la reine se sépare de ceux qu'on appelle les « sous-ministres », au nombre desquels le Dauphinois, qui doit s'exiler en Normandie, où le cardinal de Retz lui offre l'hospitalité.

Cette éclipse passée, il est nommé ambassadeur à Rome (1655-1656), où il contribue à l'élection d'Alexandre VII. Il part ensuite pour Madrid, où il commence à jeter les bases de la paix des Pyrénées. Mais, auparavant, il concourt à l'élaboration de la ligue du Rhin (Mayence, 1658). Grâce à lui, « une chaîne ininterrompue d'États entre dans la clientèle de la France ». En 1659, lors de la signature de la paix des Pyrénées, il est ministre d'État. Deux ans plus tard, Mazarin, avant de mourir, le désigne à Louis XIV pour diriger à sa place la politique étrangère de la France. Pendant dix années, Lionne occupe cette charge, qu'il estime « la plus belle du royaume ». Il y fait de bonne besogne : rachat de Dunkerque et Mardyck en 1662 ; isolement progressif de l'Espagne par la constitution de ligues avec les Provinces-Unies, la Suède, le Danemark, les cantons suisses ; rapprochement avec l'Électeur de Brandebourg ; préparation de la guerre contre la Hollande... La mort surprend Lionne en plein travail, en 1671.

Quelle unité dans cette vie ! Le service exclusif de l'État ; des méthodes de travail à la Colbert : ordre, calme et précision ; des idées directrices solides comme le granit : isoler l'Espagne, maintenir l'amitié avec l'Italie, multiplier les liens avec les pays germaniques.

« Pas un de mes sujets, a écrit Louis XIV dans ses Mémoires, n'avait été plus souvent employé que lui aux négociations étrangères ni avec plus de succès. Il connaissait les différentes cours d'Europe, parlait, écrivait facilement plusieurs langues, avait des belles-lettres, l'esprit aisé, souple et adroit, propre à cette sorte de traités avec les étrangers. »

Le premier « maire » de Grenoble

Les Grenoblois étaient fiers de leurs franchises communales, qui, depuis le xiiie siècle, leur permettaient de désigner eux-mêmes leurs administrateurs. Cette façon de faire, parfaitement démocratique en vérité, fut abolie à la fin du xviie siècle, par une décision brutale et sans appel de la monarchie absolue.

Déjà, en juillet 1690, la charge d'avocat de la ville, qu'exerçait depuis vingt ans l'excellent Nicolas Chorier, avait été érigée en office, sous le nom de « conseiller procureur du roi près l'hôtel de ville ». Par ce moyen, on faisait du premier responsable municipal un fonctionnaire d'autorité et un agent du pouvoir central — formule qui heurte profondément nos conceptions de la vie communale. En août 1692, un édit transforme ces fonctions d'administrateur en charges vénales. Qui paiera la somme convenable pourra désormais devenir consul, conseiller assesseur, receveur ou péréquateur des tailles. Un commerçant, Jean Liousse, ouvre largement sa bourse et se retrouve ainsi maire de Grenoble. On l'installe, le 4 décembre 1692, dans cette charge qu'il va conserver jusqu'en 1704.

A cette époque, l'hôtel de ville n'a pas encore d'existence fixe. Depuis les chartes coutumières du xiiie siècle, les Grenoblois ont adopté différents lieux de réunion pour délibérer sur les affaires de la cité. Jusqu'à la fin du xive siècle, ils se sont assemblés dans le réfectoire des cordeliers, dont le couvent s'élevait à l'emplacement actuel de la place de Bérulle. En 1389, les consuls décident, avec l'autorisation des seigneurs, de construire la tour de l'Isle qui s'élève toujours en bordure du quai Jongkind. Elle est achevée en 1391 et sert d'hôtel de ville pendant deux siècles. Une des dernières réunions s'y tient le 2 janvier 1591, jour où les consuls se concertent avant de prêter serment à Henri IV. Mais, bientôt, il leur faut vite quitter les lieux, que Lesdiguières transforme en tour de défense englobée dans les fortifications de cette nouvelle citadelle. Et voilà que les consuls, emportant avec eux les archives municipales, émigrent de maison en maison : on les voit s'installer successivement rue du Bœuf, rue Pailleray, place des Tilleuls et enfin place Grenette. Ils s'y trouvent encore en 1719.

Un jour de cette année-là, ils apprennent que les Villeroy, héritiers de la dernière duchesse de Lesdiguières, ont l'intention de vendre l'hôtel du Connétable, si agréablement situé dans le Jardin de ville. Ils décident aussitôt de se porter acquéreurs. Le deuxième consul, Parconnet, est envoyé à Paris pour négocier l'affaire. Le contrat de vente est signé au palais des Tuileries, le 5 août 1719, pour le prix de 150 000 livres, dont la moitié comptant.

D'heureuses opérations immobilières permettent de réduire à moins de 20 000 livres le débours réel de la ville : c'est presque une « opération blanche ». Néanmoins, l'installation des édiles dans le luxueux hôtel de Lesdiguières provoque de très vives critiques. On accuse les consuls d'avoir « acheté ce vaste palais dans la pensée de s'y ménager des appartements pour eux et leurs familles ». Pour couper court à ces malveillantes interprétations, le conseil, sur la proposition des consuls, décide qu'à l'avenir le concierge de l'hôtel de ville y sera seul logé...

Le XVIIIe siècle

Grenoble bien malheureuse

Au début du XVIIIe siècle, Grenoble est encore une toute petite ville : 22 622 habitants en 1726. Jusqu'ici la croissance démographique de la capitale du Dauphiné a été extrêmement lente : 4 000 habitants en 1350, 4 500 en 1383, 10 000 au XVe siècle et au XVIe siècle, 14 000 en 1642, 22 800 en 1685.

Le siècle de Louis XV ne construit à Grenoble aucun de ces édifices civils qui font, aujourd'hui encore, le charme de la place Stanislas, à Nancy, ou des allées de Tourny, à Bordeaux. C'est à la fin de 1769 seulement que la cité delphinale possède un théâtre permanent. Encore n'a-t-il rien de luxueux : il s'agit d'un ancien jeu de paume qu'on a aménagé. Toujours ce sens de l'économie et cette habitude du rafistolage, dont on pourrait citer bien d'autres exemples...

Grenoble demeure une cité sans grand essor, qui vivote, depuis des siècles, sous la menace permanente des inondations.

L'une des plus terribles a lieu en septembre 1733. A la fin de l'été, des pluies diluviennes tombent, pendant trois jours, sur la Savoie et sur le Dauphiné. La Romanche, le Drac et l'Isère grossissent d'inquiétante façon. La crue atteint bientôt 5,57 mètres au-dessus de l'étiage. Brusquement, dans la nuit du 14 au 15 septembre, c'est la catastrophe : l'eau envahit Grenoble. Elle pénètre à flots bouillonnants, du côté de la porte Très-Cloître et dans le quartier Saint-Laurent. Elle noie boutiques, échoppes et rez-de-chaussée. L'inondation dure trente heures et cause d'importants dégâts dans la ville : plusieurs immeubles s'écroulent, un pont nouvellement construit est emporté, des brèches sont ouvertes dans les fortifications. Quand enfin l'eau se retire, c'est pour laisser partout une couche de limon noirâtre.

On comprend alors le gémissement du poète Blanc la Goutte, dans son célèbre *Grenoblo malhérou* :

Qui pourra habiter cette ville puante,
Cimentée dans trois pieds d'une bourbe gluante,
Plus noire que goudron, plus sale que punaise,
Infectant les maisons et qui nous jaunit tout ?

Ce poème, en patois dauphinois, connut aussitôt un grand succès. En 1864, Diodore Rahoult l'illustra admirablement et l'édita avec la collaboration du graveur Étienne Dardelet. Ce livre, préfacé par George Sand, était devenu introuvable. Il a été réédité en 1966, avec élégance et fidélité, permettant ainsi à tous ceux qui aiment le vieux Grenoble de retrouver le plus merveilleux album d'images qui ait jamais été consacré à leur ville.

Mais Grenoble, une fois de plus, nettoie ses rues, relève ses ruines, reconstruit ses digues. Il semble que sa destinée consiste à suivre le conseil donné par Alfred de Vigny aux hommes de l'époque romantique :

Fais énergiquement ta longue et lourde tâche
Dans la voie où le sort a voulu t'appeler.

Il faut effectivement aux Grenoblois des réserves d'énergie peu communes pour dominer un sort qui semble si contraire à leur pauvre ville...

Timide essor économique

Ces Grenoblois du début du XVIIIe siècle, qui sont-ils ? Tout un peuple d'artisans et de commerçants, besogneux, gagne-petit, vivant avec frugalité. Une bourgeoisie qui commence à peine à se développer. Une noblesse terrienne ou de robe, qui tient une grande place : les Grammont, les Vaulx, les Dolomieu, les Saint-André, les Tencin, les Marcieu, les Varse, les Gratet, les Vidaud, les Simiane, les Viennois, les Langon, les Vachon, les Bayanne, les Montcarra, les Rochechinard, les Barral, les La Garde, les Jomaron, les Piolenc, et l'on en passe. Enfin un clergé nombreux, riche et puissant.

Veut-on avoir une idée de la place, non seulement morale mais matérielle, que tient l'Église dans la ville ? Un état de 1725 nous en donne une idée. « Sur 1 359 maisons recensées, les propriétés ecclésiastiques et les maisons conventuelles en constituent plus du quart : 131 maisons dans le quartier de la place Notre-Dame sont possédées par des communautés religieuses, le chapitre de Notre-Dame en a pour sa part 25, les jacobins, 15, le chapitre Saint-André, 10. »

Telle est la situation dans la petite ville, défavorisée par la nature, malmenée par l'histoire et maltraitée par les eaux. Cependant, un timide essor économique commence à se manifester, à partir du XVIIIe siècle, en dépit de la stagnation démographique.

Les communications se sont améliorées : un service de voitures publiques et de messageries, créé en 1625, relie Lyon à Grenoble dans des conditions satisfaisantes; les transports lourds continuent à emprunter l'Isère, malaisément navigable, de Montmélian au Rhône. Si le volume des exportations grenobloises est encore très faible, certaines corporations commencent à se faire connaître, au-delà des remparts de la cité, par la qualité de leurs fabrications : les orfèvres, les imprimeurs, d'autres encore comme les gantiers dont nous allons parler plus longuement.

L'industrie métallurgique s'est développée, depuis que les chartreux — car ce sont eux — ont été les premiers maîtres de forges. Il existe, dans toute la région, de petits hauts fourneaux alimentant des forges à martinet. On en trouve notamment à Allevard et à Rives, où sont fabriquées des lames d'épée fort réputées.

L'industrie textile a pris racine dans la région de Voiron : les toiles de chanvre qu'on y tisse sont célèbres pour leur finesse et leur solidité. Il s'en vend jusqu'à la foire de Beaucaire.

Mais pour Grenoble, la grande foire, ce n'est ni celle-là, ni non plus celle qui se tient chaque année dans l'étroit espace biscornu de la place Grenette. C'est la foire de Beaucroissant, dont l'existence est attestée dès le début du XIII⁰ siècle, et dont l'origine est sans doute plus ancienne encore, puisqu'elle se confond avec l'histoire du pèlerinage à la Vierge de Parménie. Sur cette colline dauphinoise (732 m), où les Romains avaient très probablement installé un poste de guet — peut-être même créé un *oppidum* — et où les évêques de Grenoble semblent avoir séjourné à plusieurs reprises, durant le haut Moyen Age, se dressait une petite chapelle. Elle fut confiée au XII⁰ siècle aux chanoines réguliers de Saint-Augustin et devint un prieuré fortifié. Chaque année, le 14 septembre, les évêques venaient y célébrer la fête de la Sainte-Croix. Ce pèlerinage « prit date définitive dans l'histoire du Dauphiné » l'année qui suivit la célèbre inondation de 1219, quand Pierre de Seyssins se rendit à Parménie, à la tête de toute la population, pour remercier la Vierge d'avoir sauvé Grenoble.

« Le lendemain, nous dit-on, sur le passage des pèlerins, au bas de la montagne, à l'entrée de Beaucroissant, se tenait un marché. Dans la suite des temps, le nombre de marchands, curieux et saltimbanques, devint de plus en plus important, ce qui fut à l'origine de la célèbre foire de Beaucroissant, l'une des plus anciennes et des plus pittoresques de France. »

Fière de sa longue histoire, et comme autrefois bruyante, colorée, truculente, « la Beaucroissant » vit toujours.

Les grandes liqueurs dauphinoises

En l'an 1720, un Grenoblois nommé Teisseire invente une liqueur de cerise qui lui vaut la célébrité : le ratafia. La recette s'en est conservée inchangée jusqu'à nos jours. La voici, telle que nous l'avons recueillie de la bouche des successeurs du liquoriste du XVIIIe siècle :

« Il faut des cerises fraîches du jour, ces petites cerises noires de Saint-Ismier, de Saint-Marcellin ou de Saint-Lattier, mûres à point, mais n'ayant pas encore commencé à subir un début de fermentation ; on les broie, on les fait cuire dans des bassines de cuivre. Le mélange est pressé. Le jus est alors alcoolisé et mis en foudre, où il subit deux décantations successives. Au bout d'un an, on y ajoute une macération de fleurs d'oranger à l'alcool et de sucre roux de canne. »

Le ratafia de Teisseire connaît aussitôt un grand succès. Tout le monde en veut goûter. De bouche en bouche, la réputation s'étend. Les flacons sont bientôt expédiés dans toute la France, en Italie, en Allemagne.

De nos jours, on fabrique toujours, chez Teisseire, du ratafia et, à côté de vingt sortes de sirops, une grande variété de liqueurs : cassis, verveine, camomille, « Grand Ferrand » — et ce « génépi » à la saveur si particulière, due à une plante récoltée au-dessus de deux mille mètres d'altitude.

Mais, avant même que Teisseire invente son ratafia, il y avait eu Barthélemy Rocher. Il était né en 1677 dans une famille bourgeoise de Pierrelatte (Drôme) et, orphelin très jeune, avait été confié à un oncle, chanoine du chapitre de la collégiale Saint-Ruf, à La Côte-Saint-André. Sous cette pieuse direction, il fit de savantes études et s'intéressa tout particulièrement à la botanique. Il commença la fabrication d'élixirs végétaux, dont les premiers consommateurs furent les malades de l'hospice du pays. Leurs souffrances s'en trouvèrent soulagées. Il eut alors l'idée de sucrer ses préparations pour en dissimuler l'amertume, et le médicament devint friandise savoureuse. En 1705, à la fin du règne de Louis XIV, il estima que ses recettes étaient suffisamment au point et il créa une petite usine. « Détail curieux, nous révèlent les archives de l'entreprise, les premiers " représentants " de Barthélemy Rocher furent les religieuses ursulines de Vienne, qui virent là un moyen d'améliorer les faibles ressources de leur communauté. »

L'usine de La Côte-Saint-André produisit bientôt des liqueurs dont la réputation gagna Paris, puis l'Europe et le monde. Transformée, agrandie, constamment perfectionnée, elle a conservé ses belles caves voûtées. On n'y fabrique plus, comme à la fin du XIXe siècle, ces liqueurs aux noms évocateurs : « lait de vieillesse », « crème de pucelle », « parfait amour », « petit-lait d'Henri IV », « liqueur des braves ». Mais on y produit toujours le célèbre cherry-Rocher. On y fait aussi le guignolet, les cerises à l'eau-de-vie, le génépi des Alpes et — dernier venu — le cherry-whisky. On y utilise des machines ultramodernes, dont une qui sert à couper les queues de cerises et qui traite plus d'un million de fruits par jour. On s'y efforce enfin de donner raison, aujourd'hui comme hier, à Brillat-Savarin, qui écrivait dans sa

Physiologie du goût : « Les meilleures liqueurs de France se fabriquent à La Côte-Saint-André. »

« *Et ego, plus ego* », dit la compagnie française de la Grande-Chartreuse, qui fait remonter à l'année 1605 l'origine de son célèbre élixir végétal. La recette en fut donnée aux chartreux de Paris par François-Annibal d'Estrées, maréchal de France, compagnon du roi Henri IV. Ce manuscrit est précieusement conservé, aujourd'hui encore, au monastère de la Grande-Chartreuse. Un heureux concours de circonstances a permis qu'il subsiste. Pendant la Révolution française, en effet, ce document échappa aux mains des chartreux. En 1810, il échoua à Paris, dans un bureau du ministère de l'Intérieur, chargé des remèdes secrets. Le ministre, le comte de Montalivet, l'examina, le jugea incompréhensible, et le rendit, après avoir apposé dessus la mention « refusé » et un cachet rouge qui y figurent toujours...

En effet, la recette de l'élixir était si compliquée que les chartreux eux-mêmes l'avaient longtemps négligée. C'est en 1735 seulement que le frère Jérôme Maubec, profès de la chartreuse de la Vergne, dans le Var, avait réussi à la mettre au point, avant de mourir à la Grande-Chartreuse en 1762. Ainsi naquit l'élixir, ce cordial, tonique et digestif, qui titre 71°, puis l'incomparable liqueur verte, surnommée « liqueur de santé », qui titre 55°. La liqueur jaune, baptisée « reine des liqueurs » et titrant 43°, fut élaborée en 1838, après le retour des chartreux.

De la combinaison de la jaune et de la verte, les gourmets tirent des plaisirs renouvelés. Un vieux prêtre dauphinois nous a expliqué, un jour, la subtilité de ces dosages : toute jaune, c'est la « moniale » ; deux tiers de jaune, un tiers de verte, la « canoniale » ; moitié jaune, moitié verte, l' « épiscopale » ; deux tiers de verte, un tiers de jaune, la « cardinale » ; toute verte, la « papale »...

Les liqueurs furent d'abord préparées dans la pharmacie du monastère. C'est à dos de mulet que le frère Charles allait les vendre à Grenoble et à Chambéry. La qualité des produits provoqua bientôt un tel afflux de demandes que les chartreux durent construire une distillerie à Fourvoirie, près de Saint-Laurent-du-Pont. Ils y restèrent de 1860 à 1903, époque à laquelle les lois combistes les obligèrent à s'exiler à Tarragone, en Espagne. Quand ils revinrent, ils s'installèrent d'abord à Marseille, puis de nouveau à Fourvoirie, jusqu'au terrible glissement de terrain de 1935. L'usine de Voiron, où la liqueur est fabriquée maintenant, date de 1936. Mais les vieux foudres, en bois de chênes de Russie et de Hongrie, d'une valeur inestimable, ont pu être récupérés dans les décombres de Fourvoirie.

Actuellement, la chartreuse est connue dans le monde entier, où 60 pour 100 de la production est exportée. Les principaux pays consommateurs sont, par ordre : les États-Unis, la Suède, l'Allemagne et la Grande-Bretagne.

Dans la préparation de la liqueur entrent, avec d'excellentes eaux-de-vie, cent trente plantes, cueillies pour la plupart par les moines dans les montagnes de Chartreuse. Mais le secret de la fabrication, confié à quatre frères, est toujours aussi jalousement gardé. Mille fois on a essayé de copier la chartreuse. Jamais on n'y est parvenu. On a même vu un ambitieux entrer dans l'ordre des chartreux, pour tenter de s'emparer du fameux secret. Ce fut en vain !...

La gastronomie

Le Dauphiné n'est pas seulement un pays de liqueurs — à ces trois marques célèbres, il faudrait en ajouter au moins une dizaine d'autres —, c'est un pays de gastronomie.

Le plat le plus célèbre est évidemment le « gratin dauphinois », nourriture de pauvres à l'origine, qu'on a modifiée et remodifiée, jusqu'à en faire une préparation délicieuse, dont il existe plus de vingt variantes. Les seuls ingrédients constitutifs du vrai gratin dauphinois sont les pommes de terre — d'autant meilleures qu'elles sont plus finement émincées — le lait ou, mieux, la crème et la gousse d'ail. Certains ajoutent, à la fin de la cuisson, des œufs battus ou du fromage râpé. Ce n'est point fidélité à la tradition.

Mais, à côté du gratin de pommes de terre, que de recettes dauphinoises savoureuses, dont beaucoup, malheureusement, tombent en désuétude : la « marmite de Lesdiguières », sorte de pot-au-feu de Gargantua ; la « tourte muroise », mélange de viandes marinées, cuites dans une croûte ; les « broquetons », sorte de quenelles de pommes de terre ; le « murson », ce saucisson de Matheysine, parfumé au cumin et servi chaud ! Et toutes les viandes cuisinées avec les délicieux champignons de montagne : chanterelles, trompettes-de-mort, mousserons, petits gris, morilles. N'oublions pas enfin les gâteaux aux noix et les célèbres noix fourrées.

En revanche, le Dauphiné n'est pas un pays de vins : celui qu'on récolte sur les coteaux du Grésivaudan ne peut pas se targuer d'appartenir à la famille des grands crus français. Ce n'est pas non plus un pays de bière, quoique la première brasserie ait été créée à Grenoble, en 1754, par le Flamand Frédéric Eisemann. « La bière qu'il fabrique, note l'intendant de la Porte, est légère et peu chargée. »

Les origines de la ganterie grenobloise

Le premier gantier grenoblois, c'est peut-être cet artisan qui figure sur une liste datant de 1328 et qui travaille, nous dit-on, pour le dauphin. Les origines de la ganterie n'en demeurent pas moins assez obscures.

On sait mieux les raisons qui donnèrent naissance à cette industrie : les chèvres et chevreaux de la montagne dauphinoise, infiniment plus

5. L'un des premiers plans de Grenob?
6. Le pont du Jacquemar?

GRENOBLE

S.te Clere

L'Eglise nostre Dame

Porte Creestastre

S. Everesle

Porte nostre Dame

Les Iacobins ruinez

Les Cordeliers

La maison du Pont

Place des Cordeliers

La tour de S.

LA RIVIERE

Place du Bali de mal seil

Le Palais

Place de S. Andr̄

S. Andr̄

La tour du pont

Porte de S. Laurent

DE L'ISERE.

6. *Le pont du Jacquemart.*

nombreux qu'aujourd'hui, fournissaient la matière première ; les gants — articles légers et relativement coûteux — pouvaient supporter des frais de transport élevés ; enfin leur fabrication n'exigeait aucun moteur. « La ganterie s'adaptait ainsi fort bien aux conditions que le milieu géographique impose aux industries grenobloises. Elle s'établit donc solidement dans la ville et y prospéra, avec les travaux annexes de la chamoiserie et de la mégisserie, déjà installées depuis longtemps (Raoul Blanchard). »

On vit alors se créer d'étranges petits métiers, tel celui de ramasseur de crottes de chien, car ce « produit » avait une valeur irremplaçable pour le traitement des peaux... A ces petits métiers, un pharmacien grenoblois, Maurice Boissieux († en 1966) a consacré une pittoresque étude illustrée, demeurée inédite.

Le premier essor industriel de la ganterie date du XVIIᵉ siècle. En 1606, Matthieu Robert, bourgeois de Grenoble, obtient, sans doute grâce à la protection de Lesdiguières, le titre de « gantier et parfumeur du roi ». En 1620, un gantier devient consul. C'est l'époque où la profession commence à se défendre contre l'installation d'artisans étrangers à la ville. L'époque où le poète Scarron, dans son *Virgile travesti*, attribue aux Carthaginois l'invention

... des gants de chien
Et même des gants de Grenoble.

La révocation de l'édit de Nantes a des conséquences heureuses pour le Dauphiné. En entraînant l'expulsion des protestants, cette mesure désorganise les ateliers de Grasse, la principale rivale de Grenoble. Au commencement du XVIIIᵉ siècle, il y a dans la ville douze maîtres gantiers occupant 310 ouvriers et fabriquant 15 000 douzaines de gants par an. En 1754, le nombre des fabriques a doublé. En 1775, la production s'élève à 100 000 douzaines. A la veille de la Révolution, les gantiers donnent du travail à plus de 8 000 personnes, soit le tiers de la population de Grenoble. La mégisserie, de son côté, occupe plus de 200 ouvriers et fait venir les peaux non seulement des environs immédiats, mais de tout le Sud-Est et même du Vivarais et du Comtat Venaissin. Les 64 maîtres gantiers grenoblois produisent, en 1787, 160 000 douzaines de gants, qu'ils vendent non seulement en France, mais en Allemagne, en Suisse, en Savoie, en Piémont. A cette époque commence la conquête de marchés extérieurs — Angleterre, Espagne, Russie et États-Unis — qui vont devenir des débouchés traditionnels de la ganterie grenobloise.

Mais cette prospérité subit déjà la menace de la concurrence, à l'extérieur comme à l'intérieur : en France, les fabriques de gants de Blois et de Vendôme partent à l'assaut de Paris, où leurs produits sont vendus à moindre prix que ceux de Grenoble ; au-dehors, les pays étrangers augmentent les droits de douane sur les gants, en même temps qu'ils diminuent les droits sur les peaux.

7. *La porte de France.*
8. *La porte Saint-Laurent.*

Aucune industrie dauphinoise de l'époque n'est plus sensible que celle-ci à la conjoncture internationale. Que le monde vive sous les lois du libre échange, Grenoble prospère ; les frontières viennent-elles à se fermer, c'est le marasme sur les bords de l'Isère...

Pendant la plus grande partie du xviiie siècle, la ganterie grenobloise connaît une ascension en dents de scie. Mais, somme toute, elle progresse. Enfin, avec la Révolution et l'Empire, les débouchés se ferment : c'est la crise...

Les Hache, ébénistes

Les Hache attendent encore qu'on leur rende pleinement justice ; ils devraient occuper une place de choix dans l'histoire du mobilier au xviiie siècle, à côté de Migeon, qui œuvra pour la Pompadour, de Cressent et d'Œben, élève de Boulle, qui meublèrent le Louvre, de Riesener, qui porta à sa perfection le bureau Louis XV, de Georges Jacob, qui enchantait Marie-Antoinette, de Delannoy, qui enthousiasmait la Du Barry.

Ils furent quatre, à Grenoble, ces Hache qui surent travailler avec beaucoup d'habileté et de goût les nobles chênes et les vieux noyers du Dauphiné. Le premier ébéniste de la lignée ouvrit son échoppe à la fin du xviie siècle. Le dernier mourut en 1831. Les armoires, les secrétaires et surtout les commodes que ces artisans ont fabriqués pendant un demi-siècle sont très recherchés aujourd'hui. Nous avons retrouvé une curieuse lettre circulaire dans laquelle Jean-François Hache explique tout ce qu'il vend ou fabrique. Ce document éclaire de façon pittoresque la vie d'un marchand du xviiie siècle et les conceptions publicitaires de l'époque. En voici des extraits :

« A Grenoble, place Claveyson, avril 1778.

» Nouveau magasin de fer et planches de bois sec de toutes qualités, à vendre chez Hache, marchand clincailler *(sic)* et ébéniste de Monseigneur le duc d'Orléans.

» Il fait et vend toutes sortes d'ouvrages d'ébénisterie et menuiserie, en bureaux, secrétaires, commodes, bibliothèques, encoignures, tables à écrire, coffrets, nécessaires, pupitres, trictracs, tables à jeu, toilettes, chiffonnières, écritoires et autres ouvrages de goût propres à faire des présents agréables et utiles. [...]

» Buffets et armoires de toutes façons, bois de lits avec leurs ferrures, bidets de propreté et à seringues, tables de nuit et chaises de commodité, écrans, chauffe-pieds, tables à manger. [...]

» Les véritables limes, scies et autres outils d'Allemagne et d'Angleterre [...], clous à vis et à écrous, ressorts et mouvements de sonnettes, serrures à secret [...], réverbères d'appartement [...], moulins à poivre [...], jeux de loto, cavagnol, domino et autres [...], colle forte et à bouche, peaux de chien, noir d'ébène. [...]

» Outre les fers qu'il tient en magasin, il fait fabriquer toutes les espèces qu'on lui demande, même qualité que ceux de Chartreuse pour tonneaux, bâtiments, voitures, outil de labourage. [...]

» Il a actuellement, de hasard [...], quatre colonnes en marbre de dix pieds huit pouces et plusieurs débris de croisées, portes et lambris, dont il fera bonne composition... »

Voilà un artisan éclectique !

Les faïences de La Tronche

En 1735, un maître faïencier arrive à Grenoble. Il se nomme Édouard Roux et vient du plus célèbre centre de poterie de la région : Moustiers-Sainte-Marie. Bientôt, nanti d'une autorisation en bonne et due forme, accordée par le tout-puissant Parlement, notre homme construit un four, dans le faubourg Très-Cloître, sur le terrain des Carmes. Pour monter son affaire, il s'est associé avec le marchand faïencier Antoine Rey-Compte, originaire du Doubs, établi à Grenoble dès avant 1718. L'entreprise prospère, puisqu'elle embauche, au bout d'un an, un peintre renommé en Haute-Provence, Jean-Baptiste Chaix. Peu après, d'autres « terrailleurs », comme on disait alors, s'installent rue Saint-Laurent. Ainsi naît ce qu'on a appelé l' « art de Très-Cloître », « préoccupé surtout de distinction et de retenue », caractérisé par « une stylisation et un modernisme graphique rappelant à la fois l'Orient et l'art contemporain (Dominique Jalabert) ».

Mais, vers le milieu du siècle, un concurrent redoutable arrive de Nevers : c'est Claude Potié, au nom prédestiné. Il rachète, en 1755, une fabrique de faïence blanche, fondée sept ans plus tôt, au lieu-dit « le plaisir de La Tronche », par Joseph Perret, qui a fait de mauvaises affaires.

Potié et ses descendants créent ces faïences de La Tronche dont la renommée s'étend à toute la région. Plats et assiettes séduisent par la finesse de la pâte et la richesse des coloris. Les motifs décoratifs sont généralement empruntés à la flore ou au bestiaire. Le style reste un peu rustique. Pour savoureux qu'il soit, cet art n'atteint pas la perfection des fabriques de Strasbourg, de Lunéville, de Moustiers, ni surtout de Marseille et de Rouen. Néanmoins, ces faïences se vendent bien. Près de chez les Potié, un autre artisan s'installe : le Dauphinois Pêcheur.

Les techniques de fabrication de La Tronche nous sont connues : le pétrissage de la terre se faisait avec les pieds. Le jour de la cuisson était jour de fête familiale. Chaque fournée demandait « quatre cents fagots et une toise cube de gros bois », soit un peu plus de sept mètres cubes. Le premier temps de la cuisson exigeait douze heures et le second dix heures. Au milieu du XVIIIᵉ siècle, on faisait entre dix-huit et vingt-quatre fournées par an. Il y eut jusqu'à vingt-huit ouvriers employés aux faïenceries.

Cette prospérité dura un siècle environ. Puis ce furent le déclin, la

mort et l'oubli presque total. Aujourd'hui, ce n'est certes plus à La
Tronche qu'on peut évoquer le souvenir des artistes du XVIIIe siècle. La
maison des petites sœurs des pauvres a remplacé le four détruit. Les
faïences elles-mêmes sont devenues rares, qu'on ne trouve plus que
chez quelques collectionneurs avertis et au Musée dauphinois. On y
voit notamment deux poêles magnifiques, qui peuvent rivaliser avec les
plus beaux de France.

Vaucanson, père de l'automation

Il est des vocations précoces. Celle de Jacques de Vaucanson, le père
de l'automation, se manifeste dès sa plus tendre enfance. Jacques, qui
est né à Grenoble le 24 février 1709, a pour mère une femme austère et
dévote. Point d'autre distraction pour le petit garçon, quand il a pâli
toute la semaine sur son *De Viris* au collège des jésuites, que d'accom-
pagner sa maman « dans un couvent, chez deux dames d'un zèle égal
au sien pour les exercices de religion ». L'enfant, qui s'ennuie ferme,
observe, à travers la cloison, une pendule située dans la pièce voisine.
Il cherche à comprendre comment peuvent être faites et fonctionner les
pièces qu'il ne voit pas. Il exerce si bien ses facultés précoces de
réflexion et d'imagination qu'il finit par découvrir le mécanisme de
l'échappement. Bientôt, il fabrique chez lui une pendule en bois qui
marque l'heure avec exactitude.

Sa mère — la sainte femme! — lui permet d'aménager une chapelle
dans un coin de sa chambre : il construit un merveilleux petit théâtre
animé, où des angelots agitent leurs ailes, tandis que des prêtres en
miniature font des génuflexions. A Lyon, où le hasard le conduit
quelques années plus tard, il imagine une machine hydraulique pour
fournir de l'eau à la ville. A Paris enfin, il tombe en arrêt, aux Tuileries,
devant une statue de Coysevox représentant un faune jouant de la flûte.
Jacques rêve de faire naître de ses mains un faune tout semblable, et
qui jouerait vraiment de la flûte. Mais son oncle s'oppose à ce projet.

« Tu t'es suffisamment amusé comme ça. Il est temps de préparer
ton avenir et de penser aux choses sérieuses. »

Ce brave homme est loin d'imaginer que, pour son neveu, les
« choses sérieuses », ce sont justement les automates. Après avoir
voyagé pendant trois ans, Jacques de Vaucanson revient à Paris vers
1738 et refuse plusieurs places avantageuses, pour se consacrer à la
mécanique de précision. Étant tombé malade, il profite de ce repos
forcé pour construire enfin son joueur de flûte : l'étonnant personnage
joue douze airs différents. Ses doigts bougent. Ses lèvres avancent et
reculent, s'écartent ou se rapprochent, en augmentant ou diminuant la
force du souffle.

Peu après, Vaucanson construit un deuxième automate, un Provençal, qui joue à la fois du tambourin et du galoubet. En 1741, il réalise

son chef-d'œuvre : deux canards qui barbotent, nagent, vont chercher du grain, le saisissent dans l'auge. Ce grain est trituré dans l'estomac, passe dans l'intestin, ressort par l'anus.

A la cour de France, on ne parle plus que du « génial » Vaucanson. Sa réputation dépasse les frontières. Frédéric II lui propose de venir travailler en Prusse : il refuse. Le cardinal Fleury le nomme inspecteur des manufactures de soie. Il perfectionne les métiers à filer et à tisser, inventant successivement un tour à dévider automatique, un moulin à faire l'organsin et un métier à tisser d'un type tout nouveau. Ces perfectionnements donnent une vive impulsion à cette industrie.

Malgré ses fonctions administratives, Vaucanson continue à se passionner pour les automates. En accord avec Louis XVI, qui s'intéresse au projet, il imagine de construire un homme grandeur nature à l'intérieur duquel s'opérera tout le mécanisme de la circulation sanguine. Mais l'exécution des ordres tarde tant que l'inventeur abandonne son idée, qui ne sera reprise et réalisée... qu'au XXe siècle.

Pour la représentation de la *Cléopâtre* de Marmontel, Vaucanson fabrique un serpent qui, au moment où la reine d'Égypte l'appuie sur son sein, siffle et tente de mordre... Mais son grand projet, c'est la réalisation d'une machine qu'il a inventée pour créer une chaîne sans fin. Il presse les ouvriers qui fabriquent les pièces :

« Dépêchez-vous : je ne vivrai peut-être pas assez longtemps pour expliquer mon idée en entier. »

Effectivement, Jacques de Vaucanson meurt le 21 novembre 1782.

Par testament, il a fait don de ses machines et de ses automates à la reine Marie-Antoinette. Elle veut les laisser à l'Académie des sciences, dont Vaucanson avait été élu membre en 1746, mais les intendants du commerce interviennent. Ils réclament celles qui intéressent les manufactures. Contestations, chicanes, et, hélas ! dispersion des collections. Seules quelques pièces peuvent être rassemblées en 1798 : elles constituent le premier fonds du Conservatoire des arts et métiers.

Telle fut la vie de l'homme dont Voltaire a écrit :

Le hardi Vaucanson, rival de Prométhée,
Semblait, de la nature imitant les ressorts,
Prendre le feu des cieux pour animer les corps.

A Grenoble, le nom de Vaucanson a été donné à un lycée technique. Mais, partout en France, dans les usines modernes, où il n'est question que d'automation, qui se souvient du petit Grenoblois qui raffolait des automates ? C'est lui pourtant qui, en créant le premier tour à charioter et la première perceuse, a ouvert la voie à toute l'industrie moderne des machines-outils. Mais Jacques de Vaucanson, précurseur de génie, est un grand oublié.

Pour le connaître enfin, il a fallu attendre 1967, année où André Doyon et Lucien Liaigre ont publié une minutieuse étude intitulée

Jacques Vaucanson, mathématicien de génie. Ce monumental ouvrage met l'inventeur à la place qu'il mérite dans l'histoire des techniques : celle des grands inspirés.

Saint Jean-Baptiste de la Salle

Au 40 de la vieille rue Saint-Laurent, une plaque à peine visible au-dessus de la porte : « Dans cette maison, saint Jean-Baptiste de la Salle, fondateur des frères des Écoles chrétiennes, organisateur de l'enseignement primaire en France, fit l'école en 1713. »

Le saint homme est arrivé à Grenoble, au début du mois d'août, après une longue et pénible odyssée. De ce Champenois, qui est né à Reims, en 1651, on a dit, non sans raison, qu'il était « l'instituteur des instituteurs ». Il a fondé en effet, en 1680, la première congrégation religieuse vouée exclusivement à l'éducation et à l'instruction des enfants pauvres. Ce faisant, il a suscité d'innombrables oppositions : sa famille ne l'a pas compris, le clergé lui a fait grise mine, les enseignants de l'époque lui ont tourné casaque et voici que son Institut lui-même lui crée maintenant des soucis.

Croyant être la cause des difficultés qui assaillent son ordre, Jean-Baptiste de la Salle a quitté Paris. Voyant partout des persécutions, il a connu une douloureuse « nuit de l'âme ». Il a vécu successivement à Avignon, à Mende, à Marseille. Là, les épreuves ont recommencé : une fois encore, on l'a accusé d'être un « chef impitoyable », imposant à ses frères « un régime de vie inhumain ». Il s'est senti « envahi par les ténèbres intérieures ». Il a envisagé de se retirer. Il a passé la soixantaine, et cela fait trente-cinq ans qu'il lutte. Il n'en peut plus. Mais une retraite à la Sainte-Baume le convainc de la nécessité de poursuivre sa mission.

Quand il atteint les rives de l'Isère, il aspire à l'oraison, au silence, à la retraite. Il trouve une « fervente communauté », qui « fait marcher à merveille les écoles de Saint-Laurent, de Saint-Hugues et de l'hôpital général ». Jusqu'en février 1714, il réside dans une petite chambre, chez les frères de Saint-Laurent. Tout le temps qu'il ne consacre pas aux exercices spirituels avec la communauté, ou à la correspondance, il le passe en prière, le plus souvent à genoux.

Pendant cette période, il fait une retraite à la Grande-Chartreuse, taisant son nom pour être sûr de passer inaperçu et de ne s'attirer aucun égard particulier.

Ayant dû envoyer en mission le frère supérieur de Grenoble, pour savoir où en sont les affaires de l'ordre à Paris, il fait l'école à sa place. « La population, qui le vénère, le voit conduire les enfants à la messe, comme le plus humble de ses frères. Une terrible crise de rhumatismes l'ayant frappé, il donne à tous l'exemple d'une inaltérable sérénité dans la souffrance. Il manque mourir. » On lui applique une étrange thérapeutique : on le place sur deux chaises, on met des braises en dessous et on le rôtit comme sur un gril, dans la fumée suffocante de branches de genévrier.

Il guérit et va prendre quelques jours de convalescence à Parménie, dans la maison qui a été fondée avec l'autorisation du cardinal Le Camus par une pauvre bergère de la région, Louise Hours, dite sœur Louise. Cette sainte femme a restauré la petite église et elle organise des retraites spirituelles, que prêche l'abbé Yse de Saléon. Ce dernier s'étant absenté, Jean-Baptiste de la Salle le remplace pendant quelque temps.

Sœur Louise, âme d'élite et cœur mystique, en même temps que femme de tête, réconforte son hôte, dissipe ses derniers doutes.

« Il est évident, lui dit-elle, que le Seigneur veut que vous retourniez à Paris et que vous vous y rendiez à vos frères, d'abord que M. Saléon aura repris ses fonctions de directeur de cette maison et qu'il vous aura remercié que vous les ayiez exercées si dignement en son absence. Je vous conseille de ne pas hésiter d'accomplir la volonté de Dieu. »

La bulle *Unigenitus* promulguée en septembre 1713 apporte à Jean-Baptiste un grand réconfort spirituel. Il y puisera les arguments qui lui permettront d'indiquer à ses frères l'attitude à adopter vis-à-vis des jansénistes qui le poursuivent avec acharnement. Toutefois, il se gardera toujours de les attaquer en public.

Le 1ᵉʳ avril 1714, les nuages se déchirent. Les religieux de Paris lui demandent de revenir parmi eux, pour reprendre sa place de supérieur général.

« Je veux obéir à mes frères », dit-il immédiatement à ceux de Grenoble.

Il part presque aussitôt, s'arrête quelques jours à Parménie, fait un détour par la Provence et prend la route de Paris, où il arrive le 10 août 1714. Bien qu'il n'ait plus que cinq ans à vivre, il peut consolider son œuvre, en lui donnant sa forme définitive et son règlement complet. « N'est-il pas paradoxal que cela soit dû à une pauvre bergère, qui n'avait reçu, elle, aucune éducation et ne savait même pas lire ? »

Mandrin, légendes et réalité

Non loin de la gare supérieure du téléférique, une grotte porte encore le nom de « Caverne de Mandrin ». On en trouverait cent, en Dauphiné, de ces lieux auxquels l'imagination populaire a associé le souvenir du contrebandier. Car, s'il est dans la région un personnage qui donna naissance à de nombreuses légendes, c'est bien celui-ci.

Commençons donc par réduire le roman à sa réalité historique : « Un brave paysan, que des revers de fortune et la malchance ont jeté dans le désespoir, se fait contrebandier, comme d'autres se faisaient corsaires ou faux-monnayeurs. Son énergie, son courage et son intelligence lui font accomplir des exploits incroyables, sans d'autre but que de ramasser de l'argent sans peine ; il en vient à terroriser des provinces entières avec une poignée d'hommes, mais cela ne dure que quelques mois et il finit martyrisé sur la roue (Edmond Esmonin). »

Mandrin, qui naquit, le 11 février 1725, à Saint-Étienne-de-Saint-Geoirs, où sa maison existe encore, aurait dû, comme son père, un commerçant aisé, vendre des bestiaux. C'est bien ce qu'il fit d'abord. Mais, à dix-huit ans, il se retrouva orphelin. Pourquoi, soudain, cette conduite dévoyée ? Pour trois raisons précises : Mandrin a accepté de transporter à Nice des marchandises pour l'armée. Les mules ont crevé et l'intendance a refusé de le dédommager : il a subi un préjudice financier considérable. A quelque temps de là, une rixe l'a opposé à une bande de jeunes gens. Il y a eu deux morts. Enfin, son frère, condamné comme faux-monnayeur, a été pendu sur la place Grenette, en 1753.

Ainsi naît, de circonstances fortuites, sa « vocation » de contrebandier. Il travaille d'abord sous les ordres de Belissard, puis bientôt s'installe « à son compte ». Sa bande comprend une centaine d'hommes, qu'on appelle les « mandrins ». Ils possèdent chacun un cheval, un fusil et trois à six pistolets. Des mulets transportent les marchandises qui ont passé en contrebande les frontières de la Savoie : surtout du sel, de la toile d'indienne, des mousselines, de la flanelle, du tabac et de l'horlogerie.

Ces « marcandiers » audacieux et qui ne craignent pas de faire le coup de feu pour forcer leur chemin opèrent dans toute la région du Sud-Est, pendant l'année 1754. Mais les intendants réagissent. Ils traquent l'astucieux contrebandier et finissent par le capturer dans un château savoyard, celui de Rochefort en Novalaise, dans la nuit du 10 au 11 mai 1755.

Le 26 mai suivant, à Valence, place des Clercs, devant le chevet de la cathédrale, la courte carrière de Mandrin s'achève tragiquement sur la roue. Le bourreau lui brise les quatre membres, au moyen d'une barre de fer, puis, comme il respire encore, la colonne vertébrale...

Dolomieu, père des Dolomites

Une armoire vitrée. Ce n'est qu'une armoire vitrée. Mais on la conserve avec soin, à l'Institut de géologie de Grenoble, et on y tient énormément : non seulement parce que c'est un très beau meuble en marqueterie de l'ébéniste Hache, mais parce que ce meuble renfermait les collections minéralogiques de Dolomieu.

Dieudonné-Sylvain-Guy-Tancrède, dit Déodat, de Gratet de Dolomieu, qui naquit à Dolomieu (Isère) le 23 juin 1750, est de ces hommes qui, vers la fin du XVIIIe siècle, ont « constitué la science de la Terre, en un corps de doctrine » et imposé le vocable même de « géologie ». Deux autres précurseurs aux vues prophétiques méritent également qu'on cite au moins leur nom : le Genevois Horace-Benedict de Saussure (1740-1799), qui, deux ans après le guide Jacques Balmat, gravit le mont Blanc en 1788 ; le Savoyard Louis Rendu (1789-1859), qui fut évêque d'Annecy et qu'on peut considérer comme l'ancêtre de la glaciologie. Les travaux de ces trois hommes ont ouvert la voie à ceux qui, au XIXe siècle, allaient créer l'Institut de géologie de Grenoble, et le rendre célèbre dans le monde entier.

Particulièrement intéressante est la vie de Dolomieu, ce gaillard de près de deux mètres, qui mériterait une place dans l'empyrée préromantique : amour partagé pour la belle Mlle Thyrion, mariage impossible, voyages aventureux, démêlés avec l'ordre de Malte, dont il est chevalier, activité débordante, enthousiasme de tous les instants, travail acharné, marches et contremarches dans les Alpes, marteau de géologue à la main, voilà cette existence dont le récit détaillé constituerait un étonnant roman d'aventures. Qu'on songe au duel de Gaète, où Dolomieu, à peine âgé de vingt ans, tue son adversaire ; qu'on songe aux vingt et un mois de captivité à Messine, au retour de l'expédition d'Égypte, le navire ayant été jeté à la côte ; qu'on songe à cette perpétuelle agitation d'un tempérament volcanique.

« A moins de voyager dans un ballon et de traverser la vague des airs, écrivait-il, on ne peut pas faire plus de chemin que moi et en moins de temps. Me voici à Marseille ; dans huit jours je serai à Paris et, il y a huit jours, j'étais à Rome. Il est vrai que je cours jour et nuit et, en venant de Rome avec le courrier, j'ai été neuf jours sans dormir, donc soixante-quatre heures continuellement à cheval dans les montagnes de Gênes. »

Mais quelle contribution ce Dauphinois apporte à la science de la terre ! C'est lui qui démontre définitivement que les coulées basaltiques sont des traces anciennes de l'activité volcanique ; c'est lui qui, le premier, étudie sérieusement les volcans et les tremblements de terre ; c'est lui qui met en évidence la nature particulière (carbonate double de chaux et de magnésie) des roches de ces montagnes auxquelles on donnera son nom : les Dolomites ; c'est lui qui ouvre la voie aux théories modernes sur la formation des Alpes, en « montrant l'importance des chevauchements et des refoulements qui ont agité la chaîne au moment des plissements de l'époque tertiaire (Léon Moret) ».

En 1801, âgé de cinquante et un ans, Dolomieu meurt épuisé par sa vie aventureuse, couvert d'honneurs, mais sans avoir pu donner toute la mesure de son génie...

Gentil-Bernard, le poète de la Pompadour

« C'est étrange, disait Mme de Pompadour, qu'il me soit né, dans la même saison, deux amoureux de qualité : un roi et un poète. »

Le roi, c'était Louis XV, comme chacun sait. Le poète, c'était Pierre-

Joseph Bernard, que Voltaire surnomma Gentil-Bernard, et qui naquit à Grenoble, le 25 août 1708. De ce « beau garçon, d'une stature magnifique, demi-souriant, demi-rêveur » on a pu écrire :

« Il fut jusqu'au bout l'Anacréon français, ne se plaisant qu'au bruit des verres et des chansons, aimant l'odorante fumée du vin de Champagne, mais pas du tout celle de la gloire. Il faisait des vers pour servir ses amours, mais rien de plus. Il avait en horreur les imprimeurs et les libraires. On eut beau faire, il ne consentit jamais à faire un petit volume de ses petits vers (Arsène Houssaye). »

Qu'a-t-il fait de sa vie ? Rien. Il a aimé. Il a été aimé. Il a chanté l'amour en vers délicieux et trop oubliés.

Au jardin des roses captives,
Celle dont mon cœur est blessé
Est dans un buisson hérissé
Qui retient ses feuilles plaintives.
Attends, ma belle prisonnière, [...]
Je franchirai cette barrière,
Et, comme le tendre zéphyr,
Ranimé dès l'aube naissante,
Mon souffle ira t'épanouir.

La faveur de Mme de Pompadour — et peut-être même les faveurs ! — fait de lui le bibliothécaire du château de Choisy. S'il ne pénètre guère au royaume des livres — « Qu'irai-je faire de bon parmi tous ces morts ? » —, il transforme la charmante maisonnette qu'il occupe en une sorte de Parnasse. Tout ce qui écrit et rime, tout ce qui écrivaille et rimaille, se donne rendez-vous chez lui, qui multiplie les petites odes anacréontiques, les épîtres galantes, les fantaisies licencieuses et les débordements amoureux. Mais, toujours, il regrette son premier amour : cette petite paysanne dauphinoise qui s'appelait Claudine,

Dont les cheveux bouclés à l'aventure
Flottaient au vent sous un chapeau de fleurs.

Claudine, « la fille de l'aurore », « la fleur des prés » qui, « à l'heure des amours », s'était passée « du curé et du notaire », Gentil-Bernard, jusqu'à son dernier jour de lucidité, l'appelle en ses vers énamourés.

Mais, un matin de l'an 1770, il se réveille tout déraisonnant et, pendant cinq longues années, il vit comme « un fantôme errant » que « ses amis pleureront tout vivant ». Jusqu'au jour où la mort fige éternellement « ce sourire si doux qui, pendant cinquante ans, s'est arrêté sur toutes les jolies bouches ».

Mme de Tencin et son frère le cardinal

Tencin, agréable bourgade du Grésivaudan, face à la dent de Crolles : un beau château endormi, une ravissante petite place, une humble église, et des souvenirs... Souvenirs d'une famille qui, au XVIIIe siècle, a donné à la France un salon littéraire et un chapeau rouge. Est-il besoin de rappeler comme il fut célèbre, ce salon que tint à Paris Claudine-Alexandrine Guérin de Tencin (1682-1749), « la Ninon de son siècle ». Fontenelle, Montesquieu, Marivaux, Marmontel, Helvétius et bien d'autres en furent les habitués. « Mes bêtes, ma ménagerie », disait-elle férocement en parlant d'eux. Ne dit-on pas qu'elle s'amusait à les faire courir à quatre pattes ?

Louis XV n'aimait pas cette « nonne défroquée » qui, prétendait-il, lui « faisait venir la chair de poule », car Claudine-Alexandrine, fille d'un président à mortier du Parlement de Grenoble, avait pris le voile, en sa jeunesse, au monastère des dominicaines de Montfleury. Fort peu faite pour la clôture, elle quitta le Dauphiné pour la maison des chanoinesses de Neuville, près de Lyon. Cette seconde expérience fut aussi peu concluante que la première. Visiblement, il n'y avait pas en cette femme l'ombre d'une vocation... sauf pour la dissipation. Elle parvint à se faire relever de ses vœux par Rome, en 1715, et s'installa à Paris, où elle fit carrière dans la galanterie.

Ses biographes se sont employés à dresser la liste de ses amants, qui est longue et s'achève tragiquement. De sa liaison avec le chevalier Destouches, elle eut un enfant, qu'elle abandonna sur les marches de Saint-Jean-le-Rond, et qu'elle ne reconnut jamais : ce fils devait être le célèbre d'Alembert. Elle fut la maîtresse de Philippe d'Orléans, à qui elle présenta le financier Law, dont elle contribua à faire la fortune. Elle se lia enfin au conseiller de la Fresnaye qui, en 1726, se suicida chez elle d'un coup de pistolet en plein cœur. Auparavant, il avait écrit une lettre, dans laquelle il révélait les scandaleuses relations de sa maîtresse avec Fontenelle et avec son propre neveu d'Argental, l'accusant d'avoir voulu faire assassiner M. de Nocé et lui reprochant amèrement de l'avoir, par ses intrigues, réduit lui-même à la misère et à la mort.

Cette fois, la coupe était pleine. On arrêta Mme de Tencin, et, trois mois durant, on la garda à la Bastille. Quand elle sortit, elle était complètement guérie de la galanterie ! Elle ne s'occupa plus désormais que de politique et de littérature.

L'une de ses ambitions consistait à assurer une brillante position à son frère Pierre, son aîné de trois ans. Il était né comme elle, à Grenoble, le 22 août 1679, et avait été successivement abbé de Vézelay, archidiacre et grand vicaire de Sens. Elle réussit à faire admettre au cardinal Dubois que personne d'autre que ce frère n'était capable d'obtenir l'abjuration de Law : ce qui advint en 1719. Mais le but véritable était manqué : Claudine-Alexandrine voulait que son protégé devienne premier ministre. Elle n'y parvint pas. Mgr de Tencin refusa l'évêché de Grenoble, pour se consacrer à la direction de la banque de la rue Quincampoix. Il occupa le siège archiépiscopal d'Embrun, en 1724, et se signala par sa vigueur contre les jansénistes. Il eut notamment à présider en 1727 un concile provincial, qui condamna l'évêque de Senez, Soanen, pour refus d'obéissance à la bulle *Unigenitus*. L'archevêque d'Embrun fut nommé cardinal en 1739, archevêque de Lyon en 1740 et devint ministre d'État en 1742, sous les ordres du cardinal Fleury. Mais quand ce dernier mourut l'année suivante, Tencin se heurta de nouveau au barrage de Louis XV. Il finit par se lasser et se retira dans son diocèse, où il mourut en 1758.

Mably

Tout au début du siècle, le 14 mars 1709, au 13 de la Grand-Rue, était né un petit garçon qui devait jouer un rôle essentiel dans l'évolution des idées en France au XVIIIe siècle : Gabriel Bonnot de Mably.

Il vécut peu à Grenoble puisque, très jeune, ses parents l'envoyèrent étudier chez les jésuites de Lyon et au séminaire de Saint-Sulpice. Mais il possédait en lui certains traits de caractère des Dauphinois : en particulier cette rigueur d'esprit, cette fermeté d'âme, cette obstination à défendre ce qu'il tenait pour juste, cette passion de la liberté, qui le rendirent insupportable aux yeux de certains de ses contemporains et contribuèrent à assurer sa réputation posthume. Il n'est pas sûr cependant qu'on lui ait fait, à ce jour, la place qu'il méritait.

De sa vie, il y a peu de chose à retenir. Après avoir reçu le sous-diaconat, il abandonne la carrière ecclésiastique. Il s'attache au cardinal de Tencin, son parent, quand il devient ministre d'État, mais finit par rompre avec lui : il n'a pu supporter que son protecteur annule un mariage mixte. C'est, dit-il, un manque de tolérance. Mably est pourtant mal venu de faire ces reproches, car il est lui-même d'une telle intransigeance dans toutes ses opinions qu'on peut bien parler de sa propre intolérance. Il méprise le monde des courtisans, des diplomates, des prélats, à tel point qu'il finit par se retirer chez lui et se consacrer entièrement à l'étude.

Il vit pauvrement au milieu de ses livres, avec un seul domestique, sans chercher à tirer le moindre profit de ce qu'il écrit. Si l'on s'étonne de cette attitude :

« Ce sont les hommes de mérite, répond-il, qui logent dans les greniers. Dans les palais habitent les sots. »

Un jour qu'un ministre demande à le voir :

« Non, lui fait-il dire. Je le rencontrerai lorsqu'il ne sera plus en place. »

Ce sont des réponses qui vous donnent la réputation de posséder un « caractère romain », mais non pas celles qui vous procurent des amis ! Il est vrai que Mably professe dans ses œuvres une admiration sans bornes pour les grands hommes de Rome, d'Athènes et de Sparte. Écrire leur éloge et celui de leurs intitutions, c'est pour lui un moyen de critiquer le régime. Il en prévoit la chute. Il l'annonce, en même temps qu'il s'affiche comme un ennemi du despotisme. A la rigueur, il accepterait une monarchie héréditaire, s'il était sûr que le monarque n'eût qu'une « ombre d'autorité ». Socialement parlant, il va beaucoup plus loin puisqu'il envisage d'abolir la propriété foncière et la propriété privée des biens de production. Aussi certains ont-ils cru trouver en lui un précurseur du socialisme, voire même du communisme. Mais le même théoricien audacieux craignait la « multitude dégradée » et concluait que « la pure démocratie, gouvernement excellent avec de bonnes mœurs, serait détestable avec les nôtres ».

Sur sa tombe, à la veille de la Révolution, en 1785, ses amis ont écrit en latin : « Il a vengé la dignité de l'homme. Il a découvert aux peuples les causes des révolutions, annoncé celles dont ils sont menacés, indiqué les moyens de les prévenir. Il ne prodigua ni son estime ni son amitié. Dans la médiocrité de sa fortune, il a constamment dédaigné les richesses, les honneurs, toutes les places, comme des entraves à la liberté. »

Condillac

Étienne Bonnot de Condillac, le frère cadet de Mably, eut une réputation beaucoup plus grande que lui, bien que son influence profonde ait sans doute été moindre. Sur la maison de la Grand-Rue à Grenoble, où il est né le 30 septembre 1714, il a droit à une plaque. Mais on a oublié le nom de l'aîné !

A douze ans, il avait la vue basse et la complexion délicate. Il ne savait pas encore lire.

« Ne désespérez pas d'Étienne, répétait le précepteur à ses parents. Il fera bien, croyez-moi. »

Condillac n'aimait que ce brave homme de curé qui lui enseignait le rudiment. Il n'était content que dans son appartement. Il détestait sortir et jouer. On le voyait aller, rapportent des contemporains, « grave, sévère, sans aigreur, digne et réservé, donnant son avis avec une modeste assurance ».

Un jour, le précepteur emmène Étienne à la Grande-Chartreuse. Il assiste à l'office, revient bouleversé et décide de se faire prêtre. Il le devient et s'aperçoit, mais un peu tard, qu'il n'a pas la vocation. Une seule fois dans sa vie, il célèbre la messe. Jamais il n'exerce quelque ministère que ce soit. Mais il conserve la bienséance. Sa vie est celle d'un homme d'études, discret, casanier et tant soit peu misanthrope. Quand il ne s'occupe pas du fils du duc de Parme, dont on lui a confié l'éducation, il écrit ou il lit. Revenu d'Italie à Paris en 1767, il se voit proposer, en 1771, le préceptorat des trois enfants du dauphin, qui seront Louis XVI, Louis XVIII et Charles X. Il refuse. De même refuse-t-il de paraître à l'Académie française, où il a été élu, et où il siège une fois seulement.

Sur la fin de sa vie, alarmé par les désordres de Paris et les scandales de la cour, il se retire chez sa nièce, Mme de Sainte-Foi, à Flux, près de Beaugency. Il y meurt, dans la nuit du 2 au 3 août 1780, laissant une œuvre importante dont plusieurs volumes seront réédités de multiples fois : en particulier le *Traité des Sensations* (1754) et surtout *La Logique ou les premiers développements de l'art de penser* (1780), qui, pendant longtemps, servira de manuel dans les lycées.

Jean-Jacques Rousseau herborise...

1768. Voici venir à Grenoble « un pauvre homme aigri, se croyant traqué, incapable de se fixer, souffrant de sa vessie et de son cerveau inquiet (J.-J. Chevalier) ». Il se fait appeler Renou. Mais tout le monde dans la ville a reconnu l'auteur de *La Nouvelle Héloïse*, ce roman dont le succès fut aussi grand que la lecture en est ennuyeuse.

A soixante-cinq ans passés, Jean-Jacques Rousseau n'a plus qu'une seule passion : herboriser. Et le voilà parti dans la campagne grenobloise, son bonnet d'Arménien sur la tête, un bâton au poing, une boîte en fer-blanc au côté.

Cet « amusement », écrit-il, « l'absorbe » et lui « ôte même le temps de rêver ».

« Je m'y livre avec un engouement qui tient de l'extravagance et qui me fait rire moi-même quand j'y réfléchis ; mais je ne m'y livre pas moins parce que, dans la situation où me voilà, je n'ai plus d'autre règle de conduite que de suivre en tout mon penchant, sans contrainte. Je ne peux rien à mon sort, je n'ai que des inclinations innocentes ; et tous les jugements des hommes étant désormais nuls pour moi, la sagesse même veut qu'en ce qui reste à ma portée je fasse tout ce qui me flatte, soit en public, soit à part moi, sans autre règle que ma fantaisie et sans autre mesure que le peu de force qui m'est resté. Me voilà donc à mon foin pour toute nourriture et à la botanique pour toute occupation *(Les Rêveries du promeneur solitaire)*.

» Fuyant les hommes, cherchant la solitude, n'imaginant plus, pensant encore moins », voilà notre Jean-Jacques qui court la campagne, « sans guide, sans livres, sans jardin, sans herbier », commençant « à bon compte par le mouron, le cerfeuil, la bourrache et le séneçon... »

Il a souvent pour compagnon de promenade l'avocat Bovier, « non pas qu'il aimât ni sût la botanique, mais parce que, s'étant fait mon garde de la manche, il se faisait, autant que la chose était possible, une loi de ne pas me quitter d'un pas ».

« Un jour, raconte Rousseau, nous nous promenions le long de l'Isère, dans un lieu tout plein de saules épineux. Je vis sur les arbrisseaux des fruits mûrs ; j'eus la curiosité d'en goûter et, leur trouvant une petite acidité très agréable, je me mis à manger de ces grains pour me rafraîchir ; le sieur Bovier se tenait à côté de moi, sans m'imiter et sans rien dire. Un de ses amis survint qui, me voyant picorer ces grains, me dit : " Eh! monsieur, que faites-vous là ? Ignorez-vous que ce fruit empoisonne ! — Ce fruit empoisonne ! m'écriai-je tout surpris. — Sans doute, reprit-il, et tout le monde sait si bien cela, que personne dans le pays ne s'avise d'en goûter ! " Je regardais le sieur Bovier et je lui dis : " Pourquoi donc ne m'avertissiez-vous pas ? — Ah! monsieur, reprit-il d'un ton respectueux, je n'osais pas prendre cette liberté. " Je me mis à rire de cette humilité dauphinoise, en discontinuant néanmoins ma petite collation. J'étais persuadé, comme je le suis encore, que toute production naturelle agréable au goût ne peut être nuisible au corps, ou ne l'est du moins que par son excès. Cependant, j'avoue que je m'écoutai un peu, tout le reste de la journée, mais j'en fus quitte pour un peu d'inquiétude ; je soupai très bien, dormis mieux et me levai, le matin, en parfaite santé, après avoir avalé la veille quinze ou vingt grains de ce terrible Hippophaé, qui empoisonne à très petite dose, à ce que tout ce monde me dit à Grenoble le lendemain. »

Pendant son séjour en Dauphiné, l'auteur de l'*Émile* habite rue des Vieux-Jésuites, aujourd'hui rue Jean-Jacques-Rousseau. Un soir, sous ses fenêtres, on vient donner la sérénade. Tout un petit orchestre joue de bout en bout *Le Devin du village*, dont Rousseau a composé les paroles et la musique. Quand il paraît à la fenêtre pour remercier, une ovation chaleureuse monte de la rue, où la foule s'est attroupée. Qui donc a eu l'idée de cette aubade ? Le docteur Gagnon, grand-père de Stendhal.

L'artilleur Choderlos de Laclos

Vers la même époque, un autre grand écrivain fait un séjour prolongé à Grenoble. C'est un long et maigre personnage, aux épaules étroites, au regard sévère. Il est capitaine d'artillerie. Il se nomme Choderlos de Laclos.

Né à Amiens, en 1741, ce fils de bourgeois modestes n'a pas eu jusqu'ici beaucoup de chance. Il a choisi la carrière des armes pour s'illustrer : en 1763, le traité de Paris instaure la paix en France pour trente ans. Il a voulu voler au secours des insurgés d'Amérique en 1773 : on l'a envoyé en garnison à l'île de Ré ! Alors il a décidé « de faire un ouvrage qui retentît encore sur la terre quand [il] y aurait passé ».

Tel ne sera pas le cas des petits vers légers qu'il écrit pendant son séjour à Grenoble et adresse en 1769 à l'*Almanach des muses*. Mais, dans le même temps, il observe la société dauphinoise. Reçu dans les salons, il dissèque le monde brillant, « avec la précision sèche d'un clinicien ». Il prend des notes. Un jour, enfin, il amalgame ses souvenirs, ses imaginations et peut-être ses rancœurs. Ainsi naît, en 1782, cet âpre chef-d'œuvre de la littérature psychologique, qui prend le contre-pied de la « sentimentalité prédicante » de Rousseau : *Les Liaisons dangereuses*.

De là à dire que la perverse marquise de Merteuil, le cynique comte de Valmont, la vertueuse présidente de Tournel, l'aimable Cécile de Volanges et le beau chevalier Danceny sont les portraits de cinq Grenoblois que Laclos a réellement connus, il n'y a qu'un pas — et certains l'ont franchi. La vérité est probablement plus complexe, un personnage de roman ayant rarement une seule origine et un seul modèle. Quant à la vanité et au désir sexuel, qui sont en définitive, selon l'expression d'André Malraux, les seules « cartes dans ce jeu qui n'a que deux couleurs », qui oserait affirmer que ces passions ne sont pas de toutes les époques et de toutes les villes ?

Il reste que le spectacle de la société grenobloise a incontestablement inspiré le capitaine Choderlos de Laclos, avant qu'il entre au service du duc d'Orléans en 1788, se fasse remarquer pendant la Révolution au sein du club des Jacobins, devienne chef d'état-major de l'armée des Pyrénées en 1792, gouverneur général des Établissements français de l'Inde en 1793, invente le boulet creux, ancêtre de nos obus, connaisse à deux reprises la prison en raison de ses sympathies politiques, se retrouve secrétaire général des Hypothèques après la Révolution et meure en 1800, au siège de Tarente, sous l'uniforme de général d'artillerie.

Les origines de la presse grenobloise

A Grenoble, la presse est née dans les dernières années du XVIIIᵉ siècle. Le premier journal que nous connaissions est *La Gazette de Grenoble*, dont le numéro 1 fut imprimé le 10 janvier 1697, soixante-six ans après une autre « gazette », celle du docteur Théophraste Renaudot, médecin de Louis XIII et père du journalisme en France. Cet hebdomadaire dauphinois vécut un an seulement.

Il faut attendre la fin du XVIIIᵉ siècle pour voir naître un véritable journal. Le 6 mai 1774, la veuve Giroud, imprimeur et libraire, crée *Les Affiches, annonces et avis divers du Dauphiné*. Cet hebdomadaire lance une formule qui, perfectionnée au XXᵉ siècle, assurera le succès de la presse de province : consacrer une large place à la chronique locale et régionale.

On peut lire dans le premier numéro l' « éditorial » que voici :

« Les événements ou les révolutions des nations étrangères nous intéressent ; nous cherchons à connaître ce qui se passe dans les provinces qui nous environnent, nous vous instruisons dans les gazettes ou les journaux qui contiennent ces relations historiques : comment se peut-il que nous ignorions encore ce qui se passe autour de nous ?

» Cette considération nous a fait imaginer, à l'exemple des autres provinces du royaume, une feuille hebdomadaire toute relative à nous. L'empressement que le public montre pour les unes a fait penser qu'il accueillerait le projet de celle-ci en proportion de l'intérêt plus direct et plus relatif qu'il y trouvera. C'est ainsi qu'on rapprochera en quelque sorte les hommes et les espaces d'une même province.

» ... Tout citoyen pourra faire part de ses observations sur des choses intéressantes ou curieuses, et nous nous hâterons de les publier. Les dissensions qui agitent le barreau, les causes d'éclat qui s'y plaident, la jurisprudence qui se fixe et s'établit sur des points controversés, les règlements qui tiennent à l'ordre public ; la médecine, le commerce, les manufactures, l'agriculture et les découvertes qui tendront à augmenter la perfection ou à faire connaître les méthodes vicieuses qui nous tiennent encore sous le joug de l'habitude ; les arts, les sciences, tout ce qui peut être d'une utilité générale ne sera pas négligé. Beaucoup d'hommes solitaires ou retirés à la campagne, ou placés aux extrémités de la province, reviendront en quelque sorte dans le centre et connaîtront l'histoire du pays. »

Le numéro vaut 3 sols. L'abonnement, 6 livres à Grenoble ; 7 livres 10 sols en province. Ce journal devient, sous la Révolution, *Les Affiches de la ci-devant province du Dauphiné*. Le fils Giroud, royaliste et farouche opposant à la Révolution, y publie des récits tellement affolants des émeutes parisiennes que la feuille est finalement interdite en 1792.

En décembre 1789 est né un journal « de gauche » : *La Vedette des Alpes ou La Sentinelle de la liberté*. C'est l'organe de la société des Amis de la Constitution. Il vit jusqu'en février 1790, époque à laquelle il est remplacé par *Le Courrier patriotique du département de l'Isère, des Alpes et du Mont-Blanc*. Ce « journal patriotique », comme on l'appelle encore, va subsister jusqu'en 1798.

La fin du XVIIIᵉ siècle voit naître à Grenoble la doyenne de ses sociétés savantes : l'Académie delphinale. Fondée en 1772, elle est autorisée par lettres patentes au mois de mars 1789. Le salon de cette noble dame comprend soixante fauteuils, vingt de plus que l'Académie française !

La Révolution et l'Empire

Une étrange fièvre

En ce début du mois de mai 1788, que se passe-t-il donc à Grenoble ? Une « étrange fièvre » saisit la petite ville aux rues étroites. Pourquoi cette inquiétude, cette agitation, cette effervescence qui semblent travailler toute la population ? Parce que le Parlement de Dauphiné est gravement menacé.

Comprend-on ce que cela signifie ? Le Parlement, a noté un historien sagace, c'est à la fois « une cour souveraine de justice, un tribunal extraordinairement puissant : la puissance de la robe, avec tous ces gens de palais, avocats, procureurs, clercs de procureurs, greffiers, huissiers, clercs d'huissiers, « petite robe » ou « basse robe », gravitant autour des grandes robes parlementaires, conseillers ou présidents, qui siègent sur les fleurs de lys — avec tout ce peuple de commerçants, de fournisseurs qui vivent de la magistrature et de la basoche, ainsi que des plaideurs obligés par leurs procès de séjourner à Grenoble. Sans oublier que messieurs du Parlement, qui sont nobles, grands propriétaires et seigneurs féodaux, tiennent par là sous leur dépendance une foule de fermiers, de métayers, de paysans. Aux champs comme à la ville, on les respecte, on les redoute, on a besoin d'eux (Jean-Jacques Chevallier). »

Le Parlement ? Sait-on qu'il représente, avec les familles, près de quatre mille personnes dans une ville qui n'en compte pas tout à fait vingt-cinq mille ? Grenoble, on peut le dire, vit de son Parlement. Toute atteinte à celui-ci est un coup porté non seulement au renom, mais à la prospérité de la cité.

Or voici qu'en ce mois de mai 1788 le Parlement de Dauphiné, comme tous les Parlements du royaume, s'aperçoit que son règne pourrait bien prendre fin. Il y a bientôt trois cents ans que se poursuit, pardessus la tête du peuple, le dialogue, vif ou feutré, des parlements et de la monarchie française. « Le roi ou ses ministres veulent ; les Parlements ne veulent pas. Le roi et ses ministres font une loi, un édit ; les Parlements répondent par des « remontrances », ils refusent d'inscrire sur leurs registres, « d'enregistrer » la loi, l'édit royal. Le roi cède ou ne cède pas ; et, s'il ne cède pas, il tient un lit de justice, ou il fait enregistrer de force, avec la troupe. Tout cela dans un déluge de paroles, de phrases pompeusement menaçantes, où le pouvoir parlementaire et le pouvoir royal s'accusent réciproquement de mille méfaits, de mille trahisons envers la nation, tandis que « bourgeois et petites gens écoutent et prennent note » ! Les Parlements, qui ont joué un si grand rôle dans l'histoire de la nation française et qui ont rendu tant de services éminents, sont devenus des freins, après avoir été des moteurs. Ils ont atteint le triste résultat de « faire échouer les plus utiles réformes, parce qu'elles allaient à l'encontre de leurs privilèges de classe ». Ils contribuent à « immobiliser la monarchie ».

En 1771, sur l'ordre de Louis XV, le chancelier Maupeou a porté le fer dans la plaie : d'une part, il a retiré aux Parlements tous leurs pouvoirs politiques ; d'autre part, il a divisé leurs trop vastes ressorts en de nouvelles cours, appelées « conseils supérieurs ». Malheureusement, quelques années plus tard, Louis XVI, par faiblesse, a tout compromis et tout gâché.

La journée des Tuiles

Mais les difficultés s'aggravent. Le trésor est à sec. Louis XVI finit par accepter les projets de Loménie de Brienne, son principal ministre, et de Lamoignon, son garde des Sceaux.

On va « casser les reins des Parlements, les mutiler, leur enlever le plus d'attributions qu'on pourra (non seulement le droit d'enregistrement, mais une bonne part des causes civiles et criminelles), pour cela créer de nouveaux tribunaux, une Cour plénière, de grands bailliages ». Ce sont là les édits de mai. Ceux que ces messieurs du Parlement appellent « les scandaleux édits de mai ».

Aussitôt la colère gronde, en Béarn, en Bretagne, en Dauphiné. Et c'est à Grenoble que l'orage éclate. Comme d'habitude, le gouverneur général du Dauphiné est absent. Son Altesse Sérénissime Louis-Philippe-Joseph d'Orléans, premier prince du sang et cousin du roi de France, préfère vivre à Paris. L'autorité royale est représentée par le duc de Clermont-Tonnerre, lieutenant général des armées, commandant en chef de la province. Le 9 mai, il se heurte à l'opposition farouche du Parlement, qui refuse d'enregistrer les édits et réclame la convocation des États généraux.

Le 10, Clermont-Tonnerre, accompagné de l'intendant Caze de la Bove, fait procéder *manu militari* à l'enregistrement des édits. La troupe garde toutes les issues du palais, où les magistrats sont enfermés. Puis le palais est vidé et verrouillé ; le Parlement, mis en vacances avec interdiction de siéger. A l'hôtel de ville, le corps municipal tient séance pour élever une protestation vigoureuse.

Le 20 mai, les parlementaires se réunissent chez leur premier président, le marquis Albert de Bérulle. Bien qu'il n'ait que trente-deux ans, ayant hérité la charge de son père, il jouit d'un grand prestige. C'est un bel homme, « le plus élégant seigneur de la ville », dit-on. Il habite un fort bel hôtel particulier, au 6 de la rue Voltaire, que Stendhal va baptiser le « faubourg Saint-Germain » de Grenoble. Dans un des salons, les magistrats bafoués rédigent un arrêt, déclarant illégales les mesures qui viennent d'être prises. Ils assortissent leur texte de quelques phrases au vitriol et adressent le tout à Brienne. Ce dernier n'hésite pas un instant. Le 30 mai, il ordonne à Clermont-Tonnerre d'exiler sur leurs terres les rebelles du Parlement. Le 7 juin au matin, le duc leur fait remettre les lettres de cachet...

C'est samedi, jour de marché. Il y a foule. La chaleur est torride. Les nouvelles courent. Les esprits s'énervent. Vers midi, sur un mot d'ordre, semble-t-il, les boutiques ferment. Les ganteries cessent le travail. Tout le monde descend dans la rue. Malgré les efforts du régiment de Royal-Marine, qui a reçu l'ordre de ne pas tirer, la foule grossit d'heure en heure. Renforcée par les paysans des environs, qu'ameute le tocsin, elle est décidée à s'opposer au départ des parlementaires. On coupe les traits des chevaux déjà attelés. On décharge les malles. On conduit les voitures dans la cour du premier président. On bloque l'entrée. On ferme les portes de la ville. On les cloue même. On baisse les herses. On assiège l'hôtel du duc de Clermont-Tonnerre.

Soudain, du haut des toits, Grenoblois et Grenobloises, qui ne sont pas les dernières, commencent à jeter des tuiles sur les soldats, qui tentent de dégager les rues. Il y a des blessés légers. Ce n'est rien encore, car voici plus grave. Place Grenette, un sous-officier du Royal-Marine, à la tête d'une patrouille de quatre hommes, est assailli par la foule. Il se voit cerné, se croit perdu, fait ouvrir le feu. Un civil est tué sur le coup. Plusieurs autres grièvement blessés. Parmi eux, un garçon de douze ans qui a la cuisse brisée et meurt dans la soirée. Cet incident dramatique exacerbe la fureur du peuple, qui envahit l'hôtel de Clermont-Tonnerre et le met à sac : « glaces, meubles, trumeaux, rideaux, caves, vitres, portes, fenêtres, tout est cassé, brisé, jeté », raconte un témoin. A 5 heures du soir, le duc capitule devant l'émeute. Il ordonne aux troupes de rentrer dans leurs quartiers et suspend l'exécution de l'édit.

Dès que la foule apprend cette nouvelle, elle court au domicile des parlementaires. Elle prie les dix présidents à mortier de revêtir leur robe rouge écarlate aux ornements d'hermine. Elle les entraîne dans les rues, avec les cinquante-cinq conseillers, les trois avocats généraux et le procureur général, aux cris de « Vive le Parlement ! ». Toutes les cloches carillonnent joyeusement. Elle jette aux magistrats « des fleurs et des roses ». Elle les mène dans la Grand-Chambre, où elle les contraint à tenir séance. Elle allume un feu de joie sur la place Saint-André. Elle danse tout autour en criant : « Vive, vive à jamais notre Parlement ! Que Dieu conserve le roi et que le diable emporte Brienne et Lamoignon ! »

Au soir de ce qu'on appelle bientôt la « journée des Tuiles », tout s'achève en chansons. Mais le premier sang de la Révolution française vient de couler sur le pavé...

L'assemblée de l'hôtel de ville

Une semaine plus tard, le 14 juin 1788, une assemblée « extraordinaire et mémorable » se tient dans la salle des séances de l'hôtel de ville. But de la réunion : délibérer sur les graves événements qui agitent la cité, la province et le royaume. Le conseil général de la ville n'a cure des interdictions lancées par Clermont-Tonnerre. Les magistrats municipaux ont même invité à siéger avec eux les représentants des trois ordres : noblesse, clergé, tiers état.

Sur les 10 heures du matin, cent deux personnes se trouvent réunies : les officiers municipaux — trois consuls échevins sur quatre —, des gentilshommes, des chanoines, des curés, et des notables du tiers. Parmi eux, des avocats au nombre de dix-sept, des procureurs, des notaires, des médecins, des négociants. Mounier est là et son père le marchand drapier ; Barnave lui aussi est présent ; et, bien sûr, le docteur Gagnon, grand-père de Stendhal.

L'assemblée affirme solennellement son désir de « concourir par son zèle et ses lumières aux nouvelles supplications et représentations qu'il est urgent d'adresser à Sa Majesté pour obtenir de sa justice la conservation des privilèges de la province, le rétablissement de l'ordre ancien et pourvoir aux besoins des habitants que les circonstances ont réduits à l'indigence. »

Après avoir délibéré, les cent deux arrêtent à l'unanimité le texte d'une résolution qui :

1° supplie Sa Majesté « de vouloir bien retirer les nouveaux édits, rendre à la province ses magistrats et les réintégrer dans la plénitude de leurs fonctions » ;

2° réclame la convocation des États particuliers de la province où les membres du tiers état seront désignés « par voie d'élection libre » et siégeront en nombre égal à celui des deux autres ordres réunis ;

3° réclame la convocation des États généraux du royaume, « à l'effet de remédier aux maux de la nation » ;

4° « tient pour traîtres à la Patrie et infâmes » ceux qui pourraient siéger dans les nouveaux tribunaux créés par le roi ;

5° ouvre une souscription « pour subvenir aux beoins des citoyens que les circonstances présentes réduisent à l'indigence » ;

6° invite les autres villes et bourgs du Dauphiné à envoyer des délégués à Grenoble pour assister à une nouvelle assemblée. Là, on délibérera « sur les droits et intérêts de la province ».

Une question fondamentale est posée au cours de cette réunion : comment le tiers état sera-t-il représenté à ces États du Dauphiné ? Aura-t-il comme autrefois le même nombre de délégués que la noblesse et le clergé, alors qu'il représente l'énorme majorité de la nation ? Un gentilhomme, nous dit Mounier, « incapable de mendier la popularité, mais cédant au mouvement de son cœur », s'écrie :

« Bien entendu, les députés du tiers seront en nombre égal avec ceux des deux autres ordres réunis. »

Cette suggestion est aussitôt adoptée dans un élan de « concorde fraternelle ». La noblesse et le clergé viennent de sceller leur destin.

D'ordre du Conseil royal, le 10 juillet suivant, la page du registre des délibérations où figure le texte capital du 14 juin est arrachée par des argousins. Mais, entre-temps, il a été imprimé et envoyé dans toute la province, où il a suscité partout « une émotion inexprimable ». A cet appel, toutes les villes du Dauphiné répondent avec enthousiasme qu'elles sont prêtes à envoyer des « députés » à Grenoble. Toutes, à l'exception d'Orange, de Gap, de Valence et de Vienne, c'est-à-dire des quatre cités qui prennent un peu ombrage du prestige de Grenoble.

Le 2 juillet, nouvelle réunion du conseil général. Deux cent quatre personnes y assistent. On décide que l'assemblée provinciale se tiendra le 21 juillet au couvent des minimes de la Plaine, où est enterré Bayard.

Les femmes de Grenoble écrivent à Louis XVI

Que dit le peuple ? Que pense le peuple ?

Le peuple est malheureux. Certaines années, au moment de la soudure, les paysans sont réduits à se nourrir d'un pain « où il entre, avec du blé noir, jusqu'à des glands et des coquilles de noix moulues ». Parfois, la disette est plus sévère encore : on doit se contenter de grains et d'herbages. En ville, les affaires ne sont pas brillantes. Tout le monde se plaint, ce ne sont que protestations, doléances, représentations, à l'adresse des autorités provinciales, du gouvernement, du roi lui-même.

Les écoliers du collège Royal-Dauphin de Grenoble ne sont pas en reste, qui écrivent une supplique commençant par ces mots : « Nous sommes dans un âge tendre encore, mais nous devons un jour être citoyens. »

Plus émouvante est cette lettre que les femmes de la ville envoient au roi Louis XVI, le 24 juin 1788 :

« Sire,

» Vous croyez que vous pouvez à votre gré culbuter, renverser, exiler la forme du tout, ne laisser à la nation que le fantôme de son ancienne constitution, et, après avoir imposé le silence au sexe défenseur, vous moquer du sexe faible, que l'on croit toujours content, pourvu qu'on lui laisse ses pompons, ses plaisirs et sa coquetterie : vous vous abusez, Sire.

» L'histoire vous apprendra que, dans tous les siècles, l'esprit des femmes a toujours influé sur l'esprit national ; ce sont les circonstances qui en développent l'énergie ; la crise présente a produit cet effet ; il n'en est pas une d'entre nous qui ne brûle de ce feu patriotique, prête aux plus grands sacrifices, aux plus grands efforts ; vous avez beau vouloir nous faire peur par les marques de la puissance, par la force ; vos soldats, vos baïonnettes, vos fusils, vos canons et vos bombes ne nous feront pas reculer d'un pas. Nous leur opposerons le front du courage, sous le costume léger d'un casque de gaze et jusqu'au dernier soupir, nos vœux, nos cœurs, vous redemanderont nos magistrats, nos privilèges et le rétablissement des conditions auxquelles la nation s'est donnée à ces lois, dont le maintien seul peut assurer leur gloire et leur bonheur.

» Voilà, Sire, les réclamations que mettent aux pieds de Votre Majesté ses sujettes fidèles ; elles ne sont pas à dédaigner, vos sujettes ! Nous osons vous le dire : il pourrait arriver, dans la continuation de vos projets, que nous ne voulussions plus donner de citoyens à l'État ; nous nous y prêterions de bonne grâce, sous un gouvernement sage et heureux ; mais, pour donner l'existence à des êtres qui seraient dévoués au despotisme et à l'esclavage, il n'est aucune tentative qui en vienne à bout.

» Nous sommes de Votre Majesté, Sire, les très humbles et très fidèles sujettes, mais intrépides.

» Signé : Toutes les femmes de votre province de Dauphiné. »

Les voilà, les héritières de Philis de la Charce, cette Jeanne Hachette dauphinoise, qui, venue de ses Baronnies natales, rassembla une poignée d'hommes à la fin du XVIIe siècle, les conduisit au col de Cabre et obligea l'armée du duc de Savoie à battre en retraite. Ô femmes courageuses du Dauphiné dont on ne parle jamais...

L'assemblée de Vizille

A la suite de la journée des Tuiles, le gouvernement a limogé Clermont-Tonnerre, qu'il jugeait trop mou. Il est vrai qu'il était Dauphinois, donc tenu à des ménagements. Sans doute aussi avait-il quelque sympathie pour les idées défendues par le Parlement.

On envoie à Grenoble l'homme réputé le plus ferme et le plus violent de l'armée française : le maréchal de Vaux. Celui-ci, malgré ses quatre-vingts ans, arrive en piaffant, décidé à mater les Dauphinois, parlant de donner un « coup de balai » et déclarant en montrant ses soldats : « J'ai dix mille verrous pour fermer votre hôtel de ville. »

Mais ce foudre de guerre, qui n'est point un sot, s'aperçoit bien vite qu'il ne peut s'opposer à la réunion des États du Dauphiné sans provoquer une épreuve de force. Dans l'état de surexcitation des esprits, c'est risquer de graves et sanglants désordres. Il se borne donc à interdire que la réunion ait lieu dans la ville de Grenoble.

Un industriel dauphinois, Claude Perier, met à la disposition des délégués son château de Vizille, qu'il a récemment acheté aux Villeroy, héritiers des ducs de Lesdiguières. C'est une somptueuse demeure, construite au commencement du XVIIᵉ siècle par Pierre La Cuisse et Guillaume Le Moine. Cette offre arrange tout. On l'accueille avec empressement.

« Le 21 juillet 1788, dès la pointe du jour, raconte un contemporain, la route ombragée de noyers, qui conduisait de Grenoble à Vizille par Eybens, fut couverte de députés, qui se pressaient sur leurs pas. C'était une belle journée d'été; la plus touchante harmonie réunissait les esprits et les cœurs dans une seule pensée. Quelques détachements d'infanterie et de dragons, l'arme au poing, placés en vedette à égale distance, paraissaient moins un sujet d'effroi qu'une sorte d'hommage rendu à ce renouvellement solennel des grands comices du Dauphiné. »

La séance s'ouvre à 8 heures du matin, dans la grande salle du Jeu de paume, aujourd'hui disparue, à la suite d'un incendie, en 1865 : elle était située en bordure de la terrasse actuelle, côté jardin.

Cinq cent quarante délégués sont présents : cinquante-cinq ecclésiastiques, mais aucun prélat; cent soixante-cinq nobles, mais les plus grands noms sont absents; trois cent vingt-cinq députés du tiers état, mais représentant surtout la cité delphinale et les bourgades du Grésivaudan. Cette assemblée, qui est destinée avant tout à défendre les intérêts du Parlement de Grenoble, a été « préfabriquée » par des Grenoblois. Elle est donc principalement composée de Grenoblois qui en seront « l'âme et la boussole ».

Le comte de Morges, président de la noblesse, est élu président de séance. Joseph Mounier, juge royal à Grenoble, est désigné comme secrétaire. Astucieusement, ce dernier a préparé un projet : il va servir de base de discussion à l'assemblée, qui tient une seule séance, de 8 heures du matin jusqu'à 3 heures du matin. Cette discussion de dix-neuf heures aboutit au vote d'une résolution, dont voici les passages essentiels :

L'assemblée affirme d'abord :

— que « la prospérité de la patrie est le bien de tous; lorsqu'elle est dans un danger évident, tous sont tenus de la secourir »;

— qu' « une assemblée ne peut être qualifiée d'illicite, quand elle n'a d'autre but que le salut de l'État, le soutien du trône et la gloire de Sa Majesté »;

— que « les gouvernements furent établis pour protéger la liberté des personnes » ;

— que « c'est un devoir pour les trois ordres de prendre la défense de ceux que le zèle pour la patrie a dévoués aux persécutions des ministres et de ceux qu'ils pourraient opprimer à l'avenir ».

L'assemblée arrête ensuite un certain nombre de résolutions :

1° « Les trois ordres protestent expressément contre les nouveaux édits, enregistrés militairement, le 10 mai dernier, au Parlement de Grenoble, déclarent qu'ils ne peuvent lier leur obéissance, parce que leur enregistrement est illégal et qu'il renverse la Constitution du royaume » ;

2° « De très respectueuses représentations seront adressées à Sa Majesté pour la supplier de retirer les nouveaux édits ; de rétablir le Parlement de Dauphiné et les autres tribunaux, dans toutes les fonctions qui leur étaient auparavant attribuées ; de convoquer les États généraux du royaume ; de convoquer aussi les États de cette province » ;

3° « Les trois ordres tiennent pour infâmes et traîtres à la patrie tous ceux qui ont accepté ou qui pourraient accepter, à l'avenir, des fonctions en exécution des nouveaux édits » ;

4° « Les trois ordres de la Province, empressés de donner à tous les Français un exemple d'union et d'attachement à la monarchie, prêts à tous les sacrifices que pourraient exiger la sûreté et la gloire du trône, n'octroient les impôts par dons gratuits ou autrement que lorsque les représentants en auront délibéré dans les États généraux du royaume » ;

5° « Dans les États de la province, les députés du tiers état seront en nombre égal à ceux des deux premiers ordres réunis : toutes les places y seront électives et les corvées seront remplacées par une imposition sur les trois ordres, conformément à la transaction de 1554 » ;

6° « Les trois ordres du Dauphiné ne sépareront jamais leur cause de celle des autres provinces et, en soutenant leurs droits particuliers, n'abandonneront pas ceux de la nation. »

De Romans à Versailles

L'aube va poindre quand l'assemblée se sépare. Des flambeaux éclairent la cour du château de Vizille. Les groupes se dispersent. Au revoir, amis. A bientôt...

Les Dauphinois ne pensent pas si bien dire. Douze jours plus tard, le 2 août 1788, le roi cède : il convoque à Romans les États de la province. Six jours s'écoulent encore et il annonce, le 8 août, la nouvelle tant espérée : les États généraux du royaume se réuniront à Versailles le 1er mai 1789.

A Romans, les Dauphinois vont avoir tout le loisir de préparer cette réunion historique. C'est ce qu'ils entreprennent avec entrain, dès la première session, entre le 10 et le 28 septembre 1788. Tout de suite, ils montrent qu'ils entendent agir à leur guise : ils récusent le président de l'assemblée, Mgr Le Franc de Pompignan, archevêque de Vienne, qui a été désigné par le roi. L'affaire s'arrange cependant, car le prélat, sentant le vent, s'associe à la protestation de l'assemblée. Du coup, on l'applaudit et on le prie de s'asseoir dans le fauteuil présidentiel !

Tandis que se déroule cette première session, on enterre à Grenoble le vieux maréchal de Vaux. Rarement cortège funèbre aura sur son parcours fait couler si peu de larmes. Les cierges ne sont pas éteints de trois jours que le courrier de Paris apporte une bonne nouvelle : Louis XVI vient de se séparer de son garde des Sceaux, Lamoignon, le « complice » de Brienne. Les femmes embrassent le messager et le portent en triomphe dans la ville illuminée.

Autre enterrement, le 8 octobre : celui de l'évêque de Grenoble, Mgr Hay de Bonteville. Et chacun se pose des questions. Suivant la coutume, le corps du prélat a été exposé sur un lit de parade dans la cathédrale. Mais personne n'a pu voir le visage, qu'un voile dissimulait. Étrange précaution ! Veut-on cacher quelque secret ?

Peu à peu, la vérité filtre. L'avant-veille, Mgr de Bonteville, retiré en son château d'Herbeys, s'est enfermé dans son cabinet. Pendant tout le jour, il a brûlé des papiers et encore des papiers. Puis « il chargea son fusil à trois balles, se mit le canon dans la bouche et ensuite poussa le catillon avec une baguette. Le coup partit et lui emporta tout le crâne et une partie de la joue gauche ».

L'évêque, dit-on, avait « joué le double jeu et, tout en donnant des gages au parti du Parlement, renseigné en secret le ministère Brienne : il était menacé de voir publiée la correspondance secrète qui dévoilerait tout ».

Changement de décor, le 12 octobre. Le « chef bien-aimé » du Parlement, M. de Bérulle, rentre d'exil. Un cortège triomphal se forme qui, par Rives, Moirans, Voreppe, Le Fontanil et Saint-Martin-le-Vinoux, accompagne le premier président jusqu'à son hôtel particulier, au balcon duquel il doit rester jusqu'à 9 heures du soir, pour répondre aux acclamations de la foule.

A Romans, les États du Dauphiné tiennent une deuxième session fort brève, entre le 2 et le 8 novembre. La troisième commence le 1er décembre pour s'achever à la mi-janvier 1789. De toutes parts, à travers la France, on s'adresse à Mounier, secrétaire de l'assemblée, pour lui demander ses conseils. Le Dauphiné est devenu, suivant l'expression de Barnave, « l'avocat consultant de toutes les provinces ».

Quand, le 5 mai 1789, à Versailles, la délégation du Dauphiné entre dans la salle des Menus Plaisirs, toute l'assemblée se lève et applaudit longuement « la grande province », « berceau de la Révolution ».

Mounier

Ce Jean-Joseph Mounier qui, depuis un an, a tenu le premier rôle sur la scène et joué les machinistes dans les coulisses, est un homme de trente ans. Mais il est si sérieux, si concentré, si sévère, qu'on lui en donnerait vingt de plus.

Il est né en 1758, dans une famille aisée de négociants en soieries et draperies. Une anecdote, que rapporte Stendhal, peint le caractère rigide de Jean-Joseph dès son adolescence. Un jour qu'il aide ses parents au magasin, une cliente lui fait déplier une pièce de drap.

« Combien ? demande-t-elle.

— Vingt-sept livres l'aune, répond le commis occasionnel.

— Eh bien, jeune homme, je vous en donnerai vingt-cinq. »

Mounier, sans un mot, replie la pièce et la remet sur le rayonnage.

« Attendez donc, reprend la cliente interloquée. Je vous en donnerais bien vingt-cinq livres dix sous.

— Madame, répond Mounier d'un air pincé, un honnête homme n'a que son mot... »

L'éducation de cet enfant « rêveur, intelligent, sensible et réservé » a été confié d'abord à son oncle l'abbé Priez, curé de Rives, puis aux ecclésiastiques du collège de Grenoble. Son père a tenté de l'intéresser au commerce. Mais quelques incidents comme celui qu'on vient de dire lui ont montré que son fils ne réussira jamais auprès de la clientèle.

Jean-Joseph est attiré par les sciences physiques et par la botanique. Finalement, à dix-huit ans, sur les conseils du docteur Gagnon, il décide d'aller étudier le droit à l'université d'Orange et, à vingt et un ans, il s'inscrit comme avocat au barreau de Grenoble. En 1783, il est nommé juge royal en la cour commune de Grenoble, fonctions subalternes où il se taille, nous dit-on, « une réputation par son équité et sa conscience ».

Tout jeune encore, il a créé un cercle où l'on discute à perte de vue de toutes sortes de questions : scientifiques, littéraires, mais surtout politiques. L'éloquence du jeune Mounier, la sagacité de ses jugements, un procès gagné avec éclat à Turin, les amitiés nouées avec de nombreuses personnalités britanniques contribuent à établir son renom. L'affaire de Vizille le consacre. Les États de Romans le portent au pinacle.

Ses idées politiques, il les résume à cette époque — mai 1789 — dans un petit ouvrage : *Considérations sur le gouvernement et principalement sur celui qui convient à la France.* Il souhaite une monarchie représentative analogue à celle de la Grande-Bretagne. Il prône un système bicamériste avec sanction royale (droit de veto), droit pour le souverain de convoquer, proroger et dissoudre l'Assemblée nationale. Tout cela est très modéré. Mais la Révolution française n'écoutera pas les modérés...

Fin mai, Mounier s'installe à Paris avec sa femme, née Philippine

Borel, ses deux filles et son fils âgé de cinq ans. Le 13 juin, les délégués des communes, en l'absence des représentants des deux ordres, se constituent en Assemblée nationale.

« Nous sommes, affirme Mounier, l'assemblée légitime des représentants de la majeure partie de la nation, agissant en l'absence de la minorité dûment invitée. »

Le 23 juin, cette Assemblée se réunit à Versailles dans la salle du Jeu de paume. A l'instigation du Grenoblois, tous les députés jurent de ne point se séparer avant d'avoir doté la France d'une Constitution. Qui ne connaît le tableau de David représentant cette scène historique entrée dans l'histoire sous le nom de « serment du Jeu de paume » ? En juillet, Mounier obtient la création d'un « comité de constitution » dont il est aussitôt nommé rapporteur. Le 13 juillet, Necker ayant été renvoyé, Mounier déclare :

« Messieurs, n'oublions pas que le roi est maître absolu du choix de ses ministres et que les Assemblées doivent se borner à présenter des vœux par voie de prière humble et soumise. »

Une violente discussion l'oppose à Mirabeau, qui l'accuse de toujours soutenir le roi contre son peuple. Mounier réussit à faire prévaloir son point de vue légaliste et modéré, que l'Assemblée adopte. Mais pour la première fois les deux thèses se sont affrontées publiquement : celle de la monarchie constitutionnelle et celle de la République. Elles sont irréconciliables. Entre ceux qui veulent sauver le gouvernement du roi et ceux qui veulent imposer le gouvernement du peuple, le conflit est inévitable.

D'ailleurs, les événements se précipitent. Après le 14 juillet, Mounier proteste contre les arrestations arbitraires qui ont suivi la prise de la Bastille. Dans la nuit du 4 août, au cours de la folle séance où sont abolis les privilèges, il défend avec énergie, mais en vain, le droit de propriété. Le 10 août, devant le désordre croissant, il fait adopter une formule de serment qui oblige les troupes à obéir à toute réquisition des magistrats civils. Peu après, malgré une « lutte surhumaine », il est battu, dans le débat constitutionnel. Il quitte la salle, épuisé, crachant le sang, après avoir crié cet avertissement :

« Holà ! vous préparez à la France une abominable anarchie. Elle attendait de nous tant de libertés sérieuses et durables. »

Le 12 septembre, il démissionne du comité constitutionnel. Il n'en est pas moins nommé président de l'Assemblée, le 28. Mais déjà le temps des modérés est révolu. De tous côtés, il est l'objet de menaces. A deux reprises, le 5 et le 6 octobre, il échappe à un attentat. Il renvoie sa famille à Grenoble et lui-même, après avoir conseillé au roi un programme de salut public, se réfugie en Dauphiné. Il veut essayer d'éclairer ses concitoyens.

« Le Dauphiné a appelé les Français à établir la liberté. Il faut qu'il les appelle aujourd'hui à défendre la royauté. »

Mais de nouvelles menaces planent. Alors, avec son beau-père, il passe en Savoie sous le nom de Duverger. Le 22 mai 1790, il retrouve les siens à Chambéry. Les Mounier prennent le chemin de l'exil. Cette épreuve va durer onze ans : Genève, Berne, l'Angleterre, l'Italie, Erfurt, Weimar voient ce grand homme que les assemblées ont adulé devenir précepteur pour gagner sa vie.

Il ne revient à Grenoble que le 1er octobre 1801, pour recevoir du nouveau maître de la France la préfecture d'Ille-et-Vilaine, bientôt un fauteuil de sénateur et un titre de conseiller d'État. Mais, miné par les épreuves, rongé par une maladie de foie, il meurt, en 1806, à l'âge de quarante-sept ans.

Barnave

« Barnave n'a pas laissé, dans l'histoire de la Révolution, la trace éclatante d'un Mirabeau, d'un Danton ou d'un La Fayette, ni le sillon terrible et sombre, mais si profond, d'un Robespierre, a écrit son biographe, Jean-Jacques Chevallier. L'opinion commune lui affecte plutôt une place modeste parmi les seconds rôles, après les Saint-Just, Barère ou Camille Desmoulins. Cependant, peu de destins furent plus dramatiques que le sien, peu d'hommes de la Révolution furent aussi représentatifs. »

Né à Grenoble en 1761, dans une famille de la bourgeoisie aisée, Antoine Barnave, comme Mounier, se fait inscrire au barreau. En 1788, il jouit déjà d'une assez jolie renommée. Au moment des États généraux, il se jette avec passion dans la lutte politique et devient « un des artisans les plus convaincus et ardents de la Révolution dauphinoise ». Remarquable orateur, il mérite le nom de « héros parlementaire » : il jouit, aux dépens de Mirabeau et de La Fayette, d'une popularité inouïe, d'une autorité étonnante sur la Constituante, puis sur la Législative, d'une influence dominatrice sur le club des Jacobins. Il a vingt-huit ans : il est au sommet de sa carrière.

Après la fuite de la famille royale et son arrestation à Varennes, commence, pour Barnave, la période de déclin. Il essaie de s'opposer à la mise en jugement du roi et des siens. Mal lui en prend : Brissot et Robespierre le prennent pour cible, et c'est la chute rapide sur le versant de l'impopularité.

A partir de cette époque, des liens étranges se nouent entre le jeune avocat révolutionnaire et les deux malheureux en qui s'incarne la vieille monarchie : Louis XVI et Marie-Antoinette. Une correspondance s'établit, mystérieuse et pathétique. Barnave voudrait essayer de sauver la royauté menacée. Il défend de toute son énergie l'idée d'une monarchie constitutionnelle. Mais l'insurrection populaire du 10 août 1792 sonne le glas du trône.

Barnave se réfugie en Dauphiné. Le 19 août, entre 3 et 4 heures du matin, la police vient l'arrêter dans sa propriété de Saint-Égrève, une grande demeure, bien assise, sans beaucoup de grâce, sinon sans quelque noblesse. « Toute une troupe, trois officiers dont un capitaine de gendarmerie, une cinquantaine d'hommes s'agitent dans l'obscurité. De pâles lumières s'allument. La scène a l'aspect lugubre des choses qui se passent avant l'aube entre des gens mal réveillés. [...] Perquisition en présence de l'officier municipal de Saint-Égrève, saisie des papiers et apposition des scellés. »

L'arrestation a été effectuée en vertu d'un décret de la Législative en date du 15 août. On a découvert la correspondance du « sieur Barnave » avec la reine : l'affaire fait scandale, l'opinion s'enflamme. Pour les uns, c'est une simple intrigue amoureuse ; aux yeux des autres, une sombre machination politique.

Le jeune avocat, incarcéré d'abord à la prison de Grenoble, est transféré au fort Barraux : il y reste treize mois. Le 28 novembre 1793, il comparaît à Paris devant le Tribunal révolutionnaire, qui le condamne à mort. Le lendemain matin, sa tête tombe sur l'échafaud, six semaines après celle de Marie-Antoinette.

Antoine Barnave avait trente-deux ans. Mais, un jour, nous l'avons retrouvé, tout vivant, dans un manuscrit de la bibliothèque de Grenoble, encore inédit : ce sont des notes jetées sur dix-sept feuilles de papier, sous le titre : *Considération sur les affaires de France.* Le canevas d'un discours, sans doute : l'écriture est rapide. Dans les phrases inachevées et les mots abrégés, on sent la passion, l'enthousiasme, l'espérance de celui qui tient la plume.

« Un peuple amolli, un peuple soumis depuis des siècles au despotisme ministériel ne peut jamais avoir qu'un moment pour se régénérer. S'il ne profite de l'instant où l'enthousiasme lui donne un caractère, où les vertus de son prince et les nécessités de l'État soumettent le despotisme à la justice, il ne le retrouvera jamais.

» Chez le peuple libre et naissant, on peut espérer que les hommes perfectionnent les lois. Chez un peuple esclave et amolli, il faut se hâter de faire des lois capables de régénérer les hommes. Il faut, profitant de ces grandes lumières qui sont quelquefois le contrepoids de la corruption des peuples vieillis, se hâter de donner des chaînes à ses propres faiblesses et de créer des lois dont la force puisse nous contraindre, jusqu'au moment où les mœurs qu'elles auront créées viendront les secourir. »

La conclusion de ce texte serait digne de figurer dans les anthologies :

« Une multitude de causes diverses peuvent fonder les États : la force conquérante, la fronde qui détruit la superstition, la sagesse qui use ou abuse de son empire, la faiblesse qui cherche à se prémunir par la réunion ont, tour à tour, donné aux sociétés humaines des lois et des constitutions diverses.

» Mais deux principes ont surnagé, principes imprescriptibles, inaltérables et qui tiennent à la nature immortelle des choses : il n'est aucun gouvernement légitime s'il n'est fondé sur le bien de tous ; il n'est aucune souveraineté primitive que la souveraineté du peuple. »

Le Dauphiné démembré

11 novembre 1789 : l'Assemblée nationale a pris la décision de rayer les vieilles provinces de la carte de France et, sur leurs territoires morcelés, de créer des départements : ainsi pourra-t-on mieux assurer la toute-puissance de la Révolution centralisatrice. Le 17 décembre, une protestation véhémente, rédigée par Mounier, est partie de Grenoble à destination de la capitale.

« Un des plus dangereux effets que pourrait produire la faiblesse du département, c'est que la ville de Paris acquerrait une prépondérance dont rien n'arrêterait le progrès. »

Quelle prophétie ! Et comme elle s'est réalisée !

Mais les protestations des Dauphinois restent sans effet, comme celles des habitants de toutes les autres provinces du ci-devant royaume. L'Assemblée, ayant pris une décision irrévocable, se hâte de mettre au point le projet de découpage administratif du territoire. Elle décide de partager l'ancienne province en trois départements : Isère, Drôme et Hautes-Alpes.

Aussitôt, c'est un tollé. Vienne et Montélimar refusent de se laisser départementaliser. Gap, Embrun et Briançon veulent rester liés à Grenoble. On se bat, en paroles, pour le contrôle d'un débouché sur le Rhône ou d'une position dite « stratégique » comme « la tête » des vallées de la Romanche et de la Durance. Finalement, après discussions, les trois départements prennent leur forme bizarre et arbitraire : celle qui n'a pas varié depuis et qui a fait dire aux historiens de cette période :

« L'actuel département de l'Isère est un non-sens géographique. Mais, de ce bizarre assemblage, l'on ne saurait rendre responsable le parti de ceux qui le constituèrent ; la cause véritable en est l'impossibilité évidente de satisfaire simultanément tous les égoïsmes locaux et toutes les ambitions de clocher (Marcel Blanchard). »

En 1790, le département de l'Isère a trouvé ses frontières. Il lui reste à se donner une capitale ! Il semble aller de soi que cette capitale doit être Grenoble, cœur de l'ancienne province et foyer de la Révolution. Mais, les 7, 8 et 9 juillet, d'âpres débats ont lieu au sein de la nouvelle Assemblée consultative départementale. Grenoble, qui ne possède pas la majorité et qui, depuis longtemps, suscite des jalousies, n'arrive pas à faire prévaloir son point de vue. On décide que les sessions auront lieu, par roulement, dans diverses villes de l'Isère, Moirans et Voreppe se déclarant prêtes à accueillir le siège du Directoire départemental.

9. *La journée des Tuiles*
10. *Le château de Vizille*

Mais finalement Grenoble parvient à l'emporter de justesse par 286 voix contre 268.

Les Grenoblois ont eu chaud!...

Bilan de la Révolution

Ainsi, à l'été 1790, Grenoble gagne une administration départementale en échange du gouverneur du Dauphiné, du lieutenant général et de l'intendant qu'elle a perdus.

Si l'on tente de dresser un bilan, on s'aperçoit « qu'aucune ville peut-être ne fit à la liberté naissante de plus cruels sacrifices ». Sait-on qu'elle faillit y perdre son nom ? A Paris, quelques révolutionnaires, particulièrement acharnés et sectaires, s'avisèrent que ce nom de Grenoble, à cause de ses deux dernières syllabes..., sentait le ci-devant. Faute de pouvoir guillotiner la ville, ils imaginèrent de faire tomber sous le couperet sa désinence. Désormais, on l'appellerait Grelibre. Mais cette innovation n'eut aucun succès !

Pourtant, Grenoble est bel et bien amputée. Elle a dû abandonner son titre de capitale du Dauphiné pour ne gouverner désormais qu'un département trois fois plus petit que l'ancienne province. Un modeste tribunal de district s'installe au palais, en lieu et place des grands corps judiciaires de l'Ancien Régime : ce Parlement pour la défense duquel on a tant lutté, cette cour des Comptes, ce bureau des Finances, cette Élection avec ses officiers royaux chargés de prélever la taille, toutes ces juridictions qui attiraient chaque année une foule de plaideurs. On voit partir, les unes après les autres, toutes les grandes familles dont la vie opulente alimentait l'artisanat et le commerce de la ville.

La situation économique, qui n'était pas bonne, devient franchement catastrophique. On en a eu un exemple avec l'industrie du gant. A ces soucis, la guerre aux frontières ajoute une angoisse. La conquête par le peuple de la liberté, de l'égalité et de la fraternité, les grandes fêtes patriotiques, comme celle de la Fédération, les articles des journaux « engagés », les discours enflammés des sociétés populaires, telle la « Société des amis de la Constitution », ne parviennent pas à faire oublier que beaucoup d'entreprises connaissent le marasme et de nombreuses familles, la misère.

Bilan administratif mauvais. Bilan économique déplorable. Comment caractériser le bilan de la lutte antireligieuse ? Ici, il faut introduire bien des nuances. Pendant des années, Grenoble eut la réputation d'être « la ville aux mains vierges de sang ». En fait, la guillotine, dressée sur la place Grenette, ne fonctionne qu'une seule fois : pour décapiter, le 26 juin 1794, deux pauvres prêtres réfractaires : Ravanaz et Guillabert. De la fenêtre du salon de son grand-père, un petit garçon regarde la scène avec curiosité : Henri Beyle, qui deviendra Stendhal. Se souvenant que, vingt ans plus tôt, au même endroit, on a exécuté

11. 12. Quand Grenoble était un port fluvial.

deux ministres protestants, il dit à son confesseur, l'abbé Dumolard :
« Le Parlement condamna les deux premiers pour leur religion. Le tribunal criminel vient de condamner ceux-ci pour avoir trahi la patrie. »

Dans la ville, toutes les églises ont été désaffectées et les cloches enlevées. Saint-Louis sert d'entrepôt de cuirs. Chez les Carmes, on fabrique des poignées de sabres. Notre-Dame est devenu le temple de la déesse Raison. A Saint-Laurent, on forge des baïonnettes. Dans les cellules des moniales, chassées de Sainte-Marie-d'en-Haut, s'entassent les suspects, nobles et religieux. A certaine époque, ils sont jusqu'à cent trente-huit. On a jeté là, parmi d'autres, le père de Stendhal, Chérubin Beyle, l'évêque constitutionnel Mgr Henri Raymond et... celui qui l'a dénoncé, l'étrange Pierre-Coriande Chépy, mi-prédicateur des doctrines nouvelles, mi-espion au service du ministre des Affaires étrangères.

Sans doute la lutte antireligieuse a-t-elle été, à Grenoble, aussi vive qu'ailleurs et la déchristianisation poussée d'une façon aussi systématique. Mais la violence et le sang ont été presque totalement bannis. On le doit essentiellement à « un maître peigneur illettré, mais intelligent et énergique, doué d'une éloquence imagée » : Joseph Chanrion. Officier municipal élu en 1790, juge de paix en 1791, membre de l'administration départementale en 1792, président de la « société des Cardinaux », il exerça constamment une influence modératrice. C'est lui, notamment, qui obtint de Robespierre qu'on ne crée pas à Grenoble de comité révolutionnaire.

Kellermann et l'armée des Alpes

Kellermann, le vainqueur de Valmy, arrive à Grenoble le 4 février 1793. La Convention vient de nommer ce Strasbourgeois général en chef de l'armée des Alpes. Il s'occupe aussitôt de mettre la ville en état de défense, car les remparts de Lesdiguières ne lui plaisent guère.

Un siècle plus tôt, ils ne donnaient déjà pas satisfaction à Vauban. Effectuant une tournée d'inspection en septembre 1692, il déclarait : « Ils sont trop bas, mal fondés et très faibles. Ils n'ont pas de contreforts. Leur épaisseur est insuffisante. Les fossés sont insignifiants. » Bref, ils n'auraient pas résisté au canon, même de faible calibre. Quant aux effectifs, il les décrivait plaisamment : « Un vigneron, qui en est gouverneur... avec douze vaches, huit chèvres, une cavale et une bourrique pour toute garnison ! » Vauban avait donné aussitôt des instructions pour améliorer l'enceinte de la ville et les fortifications de la Bastille. Mais seule une petite partie des travaux fut exécutée.

Kellermann perfectionne le système de fortifications et lève des troupes : il forme un corps d'élite de six cents hommes qu'il baptise « les chasseurs des Alpes ». A la fin mai, Kellermann, dont l'état-major est installé à Lyon, quitte la ville, où des troubles graves ont éclaté, et revient à Grenoble, d'où il mène le siège de Lyon avec quelque mollesse : il répugne à faire couler le sang en un combat fratricide.

« Ce n'est pas ici, affirme-t-il aux autorités parisiennes, que vous prendrez Lyon : c'est à la frontière. » On sourit en haut lieu. Mais cette prophétie s'accomplit. Kellermann part combattre l'étranger dans les montagnes et parvient à bouter les troupes autrichiennes hors de la Tarentaise, de la Maurienne et du Faucigny. Au lendemain de cette victoire, Lyon capitule. Non sans une lutte farouche, suivie d'une répression impitoyable, qu'Édouard Herriot a l'une et l'autre décrites dans son beau livre *Lyon n'est plus*.

Du court passage de Kellermann à Grenoble, on a conservé un souvenir précieux : c'est son « règlement militaire pour l'armée des Alpes ». Le préambule est écrit dans ce noble style qu'affectionnaient les officiers de la Révolution.

« Les représentants de la Nation n'ont confié un grand pouvoir aux généraux que pour le salut de l'armée et pour l'intérêt de la liberté qu'ils sont chargés de défendre.

» Mais, quand il s'agit du salut de la République, quand une négligence peut être aussi nuisible que le serait une intervention coupable, il n'est point de faute légère : le châtiment doit prévenir toute action qui tendrait à compromettre l'intérêt général sans examiner autre chose que son effet et ses conséquences. »

On ne badine pas avec la discipline à l'armée des Alpes. Témoin cet article VIII :

« La rébellion est une véritable désertion à la Constitution. Elle est plus dangereuse que la désertion ordinaire par ses conséquences et elle exige une rigueur inflexible. »

Témoin aussi cet article IX :

« Tout militaire convaincu d'avoir fomenté des querelles entre des militaires sera traité comme un lâche et chassé par jugement de la Cour martiale. »

L'aventure du sergent Bernadotte

Emportés par les grands événements qui viennent de bouleverser la France, nous n'avons pas prêté attention à un personnage qui est arrivé à Grenoble peu avant la Révolution.

C'est un simple sergent, qui porte l'uniforme blanc à parements bleu ciel du régiment d'infanterie Royal-Marine. Il est « grand, élancé, de tournure très martiale, très chevaleresque : figure d'aigle au nez fortement busqué (tout à fait la marque, dira-t-on plus tard, du Grand Condé, chevelure épaisse et noire, teint mat, yeux hardis et intelligents, dont toutes les traditions orales diront, par la suite, qu'ils savaient joliment bien regarder les femmes en face ». Il n'est pas Dauphinois, mais Béarnais. Il est né à Pau. Il se nomme Charles Jean-Baptiste Bernadotte.

Au lieu de faire son droit, pour devenir procureur comme son père, il s'est engagé à dix-sept ans, par goût de l'aventure. Celle des armes, les autres aussi... En garnison à Grenoble, le beau sergent a vingt-quatre ans. Quand il n'est pas de service, il fait la cour aux filles, qui se laissent prendre au sourire de ses yeux noirs et aux vers de mirliton qu'il tourne joliment. L'une des belles succombe.

Sur les registres paroissiaux de l'église Saint-Louis nous lisons que, « le 5 août 1789, a été baptisée Olympe Louise Catherine Bernadotte, fille naturelle de Catherine Lamour et du nommé Bernadotte, sergent au régiment Royal-Marine ». L'enfant ne vit que vingt-huit jours.

Quel avenir a-t-il, ce beau sergent ? Aucun. Seuls les fils de la noblesse ont droit aux épaulettes d'officier. Mais la Révolution éclate. Bernadotte se retrouve sous-lieutenant. Il est colonel en 1792, général de division en 1793. Il a trente ans. L'année suivante, il se couvre de gloire à Fleurus, suit Jourdan en Allemagne, Bonaparte en Italie, court à Vienne, où le voilà ambassadeur, revient prendre le commandement de l'armée du Rhin, se retrouve ministre de la Guerre en 1799. Tout cela en l'espace de dix années. Il est au pinacle. Est-ce lui, est-ce Bonaparte, qui va jouer le premier rôle dans le régime qui se décompose ? Cet affrontement a été décrit par Alexandre Dumas dans *Les Compagnons de Jéhu*. Ce n'est qu'un roman. Mais quel roman, pour qui veut palpiter au souffle de brumaire !

Le Corse l'emporte. Mais Bernadotte n'y perd rien. Quelques années plus tard, jeune maréchal couvert de lauriers, il accepte sa désignation comme prince héritier par les États de Suède. A la mort du souverain, en 1818, il devient roi de Suède et de Norvège sous le nom de Charles XIV, fondant une dynastie qui règne toujours à Stockholm.

Deux papes à Grenoble

Mais quel est donc ce cortège de voitures et ce déploiement de troupes ? Nous sommes le 6 juillet 1799. Un vieillard épuisé arrive à Grenoble : le pape Pie VI.

Rome est tombée aux mains du général Berthier, le 29 janvier de l'année précédente. Sur l'ordre du Directoire, le souverain pontife a été transféré d'abord à Sienne. De là, en mars 1799, on l'a emmené à Modène, puis, en avril, successivement à Parme, à Plaisance, à Alexandrie, à Casale, à Turin, à Suse, à Oulx. Pendant la fin du printemps et le début de l'été, il a traversé le Dauphiné par Briançon, Saint-Crépin, Savines, Gap, Corps, La Mure et Vizille.

C'est un octogénaire gravement malade, presque mourant, qu'on traîne ainsi le long des routes alpines. Une lettre du « commissaire du pouvoir exécutif » ne laisse aucun doute sur l'état du voyageur :

« Je dois vous prévenir que le pape étant paralysé de la moitié du corps, il a constamment besoin de quelques domestiques, de manière que trois lits doivent être préparés dans sa chambre, l'un pour lui, les deux autres pour ceux de ses gens destinés à le secourir dans ses besoins. [...] Il est inutile de vous recommander d'avoir pour le vieillard les égards dus à son âge et à ses infirmités, en empêchant néanmoins toute communication avec lui, qui ne serait pas nécessaire et notamment avec les personnes suspectes. »

Cependant, comme c'est le pape « qui fait en entier la dépense du voyage », on se soucie de le bien nourrir : il faut se procurer, lisons-nous dans une autre lettre, une bouteille d'excellent vin et surtout une paire de belles truites.

Pie VI, dès son arrivée à Grenoble, est conduit jusqu'au vaste hôtel particulier que possède, près de la citadelle, la présidente de Vaux. Il y demeure les 7, 8 et 9 juillet. Le docteur Duchadoz, qui examine le malade le lendemain de son arrivée, le trouve si affaissé qu'il craint pendant quelques heures un transport au cerveau. Mais ses craintes se dissipent.

Il faut croire que la garde, aux portes de l'hôtel particulier, a reçu des consignes d'indulgence, ou que la baronne de Vaux est bien rusée, car plusieurs personnes réussissent à parvenir jusqu'au pape : de pieuses femmes, des catholiques ferventes, quelques officiers de l'armée républicaine et même « des prêtres assermentés mais repentants ». Ces visites bouleversent le vieillard. Il n'y a qu'une seule personne que, malgré des démarches pressantes, il refuse obstinément de recevoir : c'est l'évêque constitutionnel, Mgr Raymond.

Dans la matinée du 9 juillet, le pape et son escorte quittent Grenoble discrètement. Par Tullins, Saint-Marcellin, Romans, ils arrivent à Valence, où l'infortuné voyageur, au terme d'une odyssée qui a duré dix-huit mois, s'éteint doucement, le 29 août, à 1 h 20 du matin.

Dix ans plus tard, le 21 juillet 1809, vers les six heures de relevée, un autre pape arrive à Grenoble : Pie VII, qui a été arraché à son palais du Vatican par le général Radet.

Une première fois, en 1804, ce souverain pontife a traversé les Alpes : c'est quand Napoléon l'a mandé à Paris pour son sacre et, « avec une précipitation aussi indécente pour sa dignité que nuisible pour sa santé, [...] l'a fait galoper de Rome à Paris, comme un aumônier que son maître appelle pour dire sa messe ». Mais, lors de ce voyage, Pie VII est passé par Chambéry, Pont-de-Beauvoisin et Bourgoin.

En 1809, il séjourne à Grenoble du 21 juillet au 2 août. Fourier, le préfet mathématicien, se trouvant à Paris, on installe le pontife à l'hôtel de la Préfecture. Chaque soir, la foule se presse aux grilles du jardin, pour voir le Saint-Père et recevoir sa bénédiction. Bientôt, il accorde plusieurs audiences publiques. Une fois ou l'autre, on l'autorise même à sortir. Il se promène sur la terrasse du jardin de ville. Comme on pouvait s'y attendre, le sort de l'illustre captif émeut une partie de la population. Elle s'étonne puis s'indigne de cette détention arbitraire. Les autorités s'émeuvent. Finalement, Napoléon décide d'éloigner Pie VII. Il l'exile à Savone, où il restera prisonnier jusqu'en 1812.

Le retour de l'île d'Elbe

L'Empire, ses fastes et ses gloires; son œuvre administrative, la plus grande de toutes, la plus durable aussi : Grenoble admire...

Le roulement des tambours, les bulletins de victoire : Grenoble frémit d'orgueil, mais s'émeut de tout ce sang versé d'une extrémité à l'autre de l'Europe...

Les adieux de Fontainebleau, le départ pour l'île d'Elbe : Grenoble pleure, car, au fond, elle est napoléonienne...

Et puis, un jour, la grande nouvelle : l'Empereur a débarqué à Golfe-Juan. L'Empereur arrive. Alors, Grenoble explose de joie.

L'histoire a été mille fois racontée de la fameúse « rencontre » du 7 mars 1815 en bordure du grand lac de Laffrey. Voici le récit d'un témoin oculaire :

« Le bataillon du 5e de ligne était en bataille dans la prairie et au travers de la route, sa droite appuyée à la montagne, immédiatement derrière l'église de Laffrey, et sa gauche au ruisseau : deux pelotons étaient restés sous les armes dans le village.

» Bientôt parut sur la route le peloton des chasseurs de l'Empereur : je dis peloton, car ils étaient à peine une centaine. Arrivés à l'entrée de la prairie, ils se rangèrent en bataille en même temps sur la route que les chasseurs venaient de démasquer.

» A peine ce mouvement fut-il achevé, que l'on vit les chasseurs mettre la crosse de leurs fusils sous leurs bras, et s'avancer ainsi, le bout du fusil en terre et au petit pas, sur le bataillon. Dans ce moment, nous aperçûmes un jeune officier en uniforme d'aide de camp et monté sur un excellent cheval, qui paraissait se donner beaucoup de mouvement; il commandait à haute voix de faire feu et cherchait à se faire obéir; mais quelques-uns des cavaliers de Bonaparte s'élancèrent sur lui, il n'eut que le temps de tourner bride et de lancer son cheval au galop. Les cavaliers agitaient leurs sabres et criaient de toutes leurs forces : '' Vive l'Empereur! '' Les paysans répétaient le même cri avec non moins d'enthousiasme.

» Cependant les soldats gardaient encore le silence; dans cet intervalle, les chasseurs continuaient leur mouvement; ils vinrent s'arrêter à une quinzaine de pas du bataillon; leur centre s'ouvrit, et nous vîmes s'avancer alors un homme sur la figure duquel on ne pouvait se méprendre. Certain d'être reconnu, Napoléon dit aux soldats, comme on nous le rapporta l'instant d'après : '' Soldats, voilà votre Empereur; qui est-ce qui veut lui tirer dessus ? '' De nouveaux cris de '' Vive l'Empereur! '' partirent alors du milieu du bataillon; répétés, ils s'étendirent sur les deux ailes, et les soldats tendirent la main aux chasseurs. »

En souvenir de cette scène, la pâture, en bordure du lac, sera un jour baptisée « la prairie de la rencontre ». On y placera, en 1929, la belle statue équestre de l'Empereur, œuvre du sculpteur Emmanuel Frémier (1824-1910), installée d'abord devant la préfecture de l'Isère, puis envoyée à la casse et retrouvée par miracle, à Paris, au dépôt des marbres, en mille morceaux...

... A l'heure où ces événements se produisent sur la rive du grand lac de Laffrey, le colonel du 7e de ligne, Charles Labédoyère, sort de Grenoble, à la tête de son régiment, tambours battant, drapeaux déployés et les aigles de nouveau fièrement arborées... Cette belle unité rencontre Napoléon à Brié et se met à ses ordres.

Vers 7 h 30 du soir, les lanciers polonais de la Garde impériale se présentent à la porte de Bonne. Elle est fermée. La garnison a pris position sur les remparts. A la lueur des torches que portent les paysans des environs, les soldats de Grenoble reconnaissent l'Empereur. Que vont-ils faire ? S'ils tirent, le plan du Corse échoue. Un robuste paysan accourt avec une énorme hache. Il tombe la veste et commence à frapper à coups redoublés. Le bois vole en éclats. A 11 heures du soir, la porte cède.

Napoléon entre dans sa bonne ville de Grenoble, qui lui fait un accueil enthousiaste. On le conduit à l'hôtel des Trois-Dauphins — aujourd'hui hôtel Napoléon —, tenu par un ancien soldat de l'armée d'Égypte nommé Labarre.

Le lendemain, l'Empereur reçoit des fonctionnaires, qui se jettent, moralement, à ses genoux. Il passe en revue les troupes, qui l'acclament. Puis, à son habitude, il met de l'ordre dans l'administration et fait l'inventaire de ses forces : il a trouvé dans la place deux cents canons, soixante mille fusils, une immense quantité de munitions.

En arrivant à Grenoble, il était un aventurier. Quand il repart, deux jours plus tard, il est redevenu un conquérant. Il quitte la ville, le 9 mars, au début de l'après-midi. Le 10, il est à Lyon. le 20, à 8 h 30 du soir, il rentre aux Tuileries.

Sous les canons autrichiens

Quelque cent jours plus tard, le 26 juin 1815, une proclamation placardée sur les murs annonce à la population le désastre de Waterloo. Va-t-on de nouveau connaître l'occupation étrangère, comme l'année précédente, où les Autrichiens ont occupé la ville pendant trente-huit jours (19 avril-28 mai 1814) ? Tout semble le laisser craindre. Bien que les remparts tombent en ruine, les Grenoblois ne se tiennent pas pour battus. Ils se préparent à soutenir l'assaut.

Le 3 juillet, le maréchal de camp La Motte-Robert requiert six cents ouvriers pour exécuter les travaux de terrassement les plus urgents. De son côté, le maire invite ses concitoyens à se présenter à l'hôtel de ville, où des armes leur seront distribuées.

Deux jours plus tard, une division austro-sarde, forte de 4 000 à 5 000 hommes, sous le commandement du général autrichien Latour, atteint La Galochère et tire quelques coups de canon sur nos troupes postées à l'entrée du faubourg Très-Cloître. L'ennemi s'apprête à franchir la porte, quand un vieux soldat de l'armée de Sambre-et-Meuse, le capitaine Joseph Debelle, retourne la situation. Braquant deux canons sur le pont du Verderet et pointant lui-même les pièces, il tire à mitraille sur le gros des assaillants autrichiens et sardes, qui se sont avancés jusqu'à portée de pistolet. Cette intervention d'un seul homme donne le temps aux gardes nationaux d'arriver à la rescousse, tandis que l'ennemi reflue en désordre.

Le général autrichien entre dans une grande fureur :

« Quoi ? Ils veulent encore se battre, ces Français, après la défaite qu'ils ont subie à Waterloo ! On va voir ce qu'on va voir. Faites donner l'artillerie. Grenoble capitulera sous les boulets. »

Latour a compté sans l'obstination et le courage des fils de Grenoble. Le bombardement renforce leur résolution. La lutte continue, acharnée, pendant trois heures. Et c'est l'Autrichien qui, à 10 heures du matin, doit solliciter une suspension d'armes pour enterrer ses morts. Il a perdu cinq cents hommes. Le maréchal La Motte-Robert lui accorde trois jours de trêve.

Mais, dès que les hostilités ont cessé, les Grenoblois se rendent compte que la partie est vraiment trop inégale. Quelle victoire peuvent-ils espérer remporter, et dans quel dessein ? La France est envahie de toutes parts. Les derniers régiments s'écroulent sous les coups de boutoir de la coalition. Un fort courant se manifeste en faveur de la paix.

La Motte-Robert cède. Ayant livré le « baroud d'honneur », il peut signer sans rougir l'acte de capitulation, qui accorde à la garnison de Grenoble les conditions les plus honorables. Le 9 juillet, à 4 heures de l'après-midi, l'armée austro-sarde fait son entrée dans la ville. Elle va y rester cinq mois, jusqu'au début de décembre, violant la parole donnée avec une mauvaise foi insigne et soumettant les habitants à de cruelles humiliations. Cette occupation coûtera dix millions au département.

Un seul souvenir aujourd'hui de ces pénibles événements : une trace d'impact sur un mur, rue Fourier. Encore ce boulet n'était-il pas autrichien. C'était l'un des nôtres, tiré peut-être par l'héroïque Debelle.

Champollion et le secret des hiéroglyphes

Près de trois mille « potaches » grenoblois font leurs études dans un lycée qui porte le nom de Champollion. S'ils savent tous, à n'en point douter, que cet homme a découvert le secret des hiéroglyphes, on surprendrait un certain nombre de ces lycéens en leur disant qu'il n'y eut pas un Champollion, mais deux, et que ni l'un ni l'autre n'a vu le jour à Grenoble.

La famille, certes, était originaire de Champoléon, dans les Hautes-Alpes. Mais, en 1770, le père quitta le Valbonnais pour s'établir dans le Lot. D'où le nom de « Champollion-Figeac » qu'on donna à l'aîné de ses deux fils : Jacques-Joseph (1778-1867). Venu très jeune à Grenoble, ce dernier fut successivement professeur de littérature grecque, doyen de la faculté des lettres, avant d'être nommé, à Paris, conservateur des manuscrits à la Bibliothèque nationale, puis professeur de paléographie à l'École des chartes, enfin conservateur de la bibliothèque du château de Fontainebleau.

« Plus que ses importants travaux, a-t-on écrit, ce qui est remarquable dans sa vie, c'est la très forte amitié qui le lia à son frère Jean-François, dont il se fit l'éducateur, le maître, le savant conseiller, l'éditeur, et le rôle capital qu'il joua dans ses découvertes (Paul Hamon). »

Quelle laborieuse et féconde existence que celle de ce frère qu'on appelle, pour le distinguer de l'aîné, « Champollion le Jeune ». Et pourtant, il vécut moins de quarante-deux ans (1790-1832). Mais quelle unité dans cette vie ! Jean-François n'avait pas encore dix-sept ans qu'il présentait à l'Académie delphinale un mémoire concernant ses *Recherches sur la géographie, la religion, la langue, les écritures et l'histoire de l'Égypte*. S'il « monte » à Paris, comme on dit encore aujourd'hui, c'est pour suivre les cours de l'École des langues orientales, y apprendre l'arabe, le copte, le syriaque, réunir les matériaux d'une grammaire et d'un dictionnaire copte, essayer déjà de déchiffrer la célèbre « pierre de Rosette », où voisinent trois inscriptions : grecque, démotique et hiéroglyphique.

Il parvient, en 1822 seulement, à lire le mot de « Ptolémée » dans cette troisième inscription — et tout s'éclaire soudain. Il court d'une traite jusqu'à la bibliothèque de l'Institut, où travaille son frère aîné, lui annonce la bonne nouvelle, rentre chez lui et... tombe malade d'émotion. Il lui faut dicter de son lit le fameux mémoire sur les hiéroglyphes, qui, en quelques semaines, le rend célèbre. Dès lors, on le consulte, on l'écoute, on l'honore.

En mai 1826, on crée, pour l'ancien professeur adjoint d'histoire à la faculté des lettres de Grenoble, le poste de conservateur des antiquités égyptiennes au musée du Louvre. Cette section ouvre ses portes en décembre 1827. Champollion est chargé en outre d'un cours d'archéologie égyptienne.

Mais l'illustre égyptologue n'est toujours pas allé en Égypte ! Enfin, il s'embarque en 1828 pour la terre de ses rêves. Et on peut dire qu'il meurt de l'avoir trop aimée... Les deux années de travaux, de fouilles, de voyages, de campements, depuis le delta du Nil jusqu'à la Nubie, sont fatales à sa santé. Il rentre épuisé, en mars 1830. Vingt-quatre mois plus tard, il est emporté par une attaque d'apoplexie.

Ainsi vécut le général Championnet

Avant d'en terminer avec cette période, on voudrait encore évoquer le souvenir d'un Dauphinois oublié : le général Jean-Étienne Championnet. Si on lui fait place ici, c'est parce qu'il nous semble, en quelque manière, incarner son époque, comme Bayard le début de la Renaissance, le connétable de Lesdiguières, les guerres de Religion ou le cardinal Le Camus, le Grand Siècle.

Ce fils naturel d'un maître de poste et d'une servante, qui naquit à Valence en 1762, quel avenir eût été le sien, en une période moins troublée ? Après des études fort rudimentaires à Chabeuil, il aurait terminé sa carrière dans une des professions qu'il exerça successivement : par exemple, comme cuisinier à Barcelone ou comme receveur des fermes à La Roche-de-Glun !

En juillet 1789, à l'âge de vingt-sept ans, il s'engage en qualité de grenadier dans la garde nationale. Il vient de trouver sa voie. En décembre, il est sergent. En mars 1790, lieutenant. En mai 1792, adjudant général de la garde nationale de Valence. Quatre mois plus tard, il est élu commandant du 6ᵉ bataillon des volontaires de la Drôme. L'année suivante, le voici général de brigade. Il a trente et un ans. Sous les ordres de Hoche, il combat à Kaiserslautern, à Bischwiller, à Haguenau, délivre Landau, prend Spire et Worms. En juin 1794, après Arlon, il reçoit le commandement d'une division. Il a trente-deux ans.

Et l'éblouissante carrière continue, sur tous les champs de bataille : Fleurus, Cologne, le passage du Rhin, Düsseldorf, le fort de Kœnigstein, le commandement de l'armée de Sambre-et-Meuse, le commandement en chef de l'armée de Rome, en 1797, les pleins pouvoirs à Naples, en 1799, où il proclame la République parthénopéenne.

Mais que se passe-t-il ? On le rappelle en France. Il se met en route. A Milan, on l'arrête, sur l'ordre du Directoire. On le conduit à Grenoble. On l'y jette en prison, on l'y traîne devant le Tribunal militaire, sous l'inculpation de malversation. Ne l'accuse-t-on pas d'avoir puisé dans les caisses de l'État ? Il se défend avec fougue, ébranle ses juges, ses pairs, finit par les convaincre. On l'acquitte. Le voici réhabilité.

A quelques mois de là, il revient à Grenoble avec le titre de « général en chef de l'armée des grandes Alpes » (19 juillet 1799). Il franchit les Alpes au mont Cenis et au Saint-Bernard, s'empare de Suse et d'Exilles, mais se fait battre par les Autrichiens à Genola. L'épidémie décime ses troupes. Il tombe malade lui-même et meurt à Antibes, le 9 janvier 1800.

Peut-être, un jour, quelque historien écrira-t-il la vie de Jean-Étienne Championnet, général de la Révolution française, dont le cœur est conservé à Valence et les manuscrits inédits et passionnants à la bibliothèque de Grenoble.

De la Restauration
à la fin du Second Empire
(1815-1870)

1815-1870. Cinquante-cinq années. Un peu plus d'un demi-siècle. Il faut se méfier des divisions chronologiques, qui correspondent souvent à des découpages arbitraires. Mais, en la circonstance, à Grenoble, cette période qui s'étend de la Restauration à la chute du Second Empire possède une certaine unité interne.

Ce demi-siècle voit se développer l'industrie. Non pas la grande industrie, mais une forme d'activité moins artisanale, derrière laquelle se silhouette le capitalisme naissant. La bourgeoisie prend conscience de son importance. Le peuple, de son nombre et de sa force. La crise de 1848 l'apprend à ceux qui somnolaient dans un traditionalisme myope.

Ce demi-siècle voit la terre dauphinoise, fertile en juristes, mais avare jusqu'ici de récoltes littéraires ou artistiques, produire, coup sur coup, plusieurs peintres célèbres, un musicien de génie et l'un des plus grands écrivains français.

Au cours de ce demi-siècle, l'aspect de Grenoble commence à se transformer. De grands édifices se construisent. La paisible petite ville s'éveille, s'anime, s'agrandit. La population croît et se multiplie. Le nombre des habitants, qui n'a pratiquement pas varié depuis le XVIIe siècle, se maintenant à une vingtaine de mille, passe à 24 102 en 1826, à 24 888 en 1831, à 28 969 en 1836. S'il retombe à 26 879 en 1841 et à 27 731 en 1846, c'est pour reprendre, tout aussitôt, une courbe ascendante : 31 448 âmes en 1851, 32 799 en 1856, 34 726 en 1861, 40 484 en 1866.

Ainsi Grenoble, sous Napoléon III, est-elle presque deux fois plus peuplée que Grenoble sous Louis XVIII. Timidement, mais sûrement, vient de commencer ce grand mouvement, qui n'a pas encore de nom, et qu'on baptisera un jour l'expansion. Mouvement que nous allons voir s'accélérer au xxe siècle, mais dont l'annonce discrète figure là, peu visible, sur la façade de ce demi-siècle.

Ville pittoresque mais infecte

Cependant, avant de parler de l'expansion, il y aurait beaucoup à dire sur la stagnation. Grenoble, ancienne capitale d'une province, surprend par sa médiocrité. Se peut-il que le Dauphiné ait fait si peu de frais d'architecture, quand on voit ce que la Lorraine a fait pour Nancy, la Guyenne pour Bordeaux, la Bretagne pour Nantes, la Bourgogne pour Dijon, le Berry pour Bourges, le Languedoc pour Montpellier ou le Roussillon pour Perpignan? Était-on tellement pauvre ici ou tellement ladre ou tellement insensible aux chansons de la pierre qu'on se soit contenté de cet urbanisme de misère : deux ou trois petites places, dont une fort biscornue, réservée autrefois au négoce du grain — granaterie — et qui prend nom de place Grenette ; des rues étroites et torves, pour couper l'aigre bise ; des maisons serrées les unes contre les autres, comme pour se protéger du long hiver rigoureux ?

Écoutez ce que disent les voyageurs de l'époque :

Perrin-Dulac, en 1806, nous décrit la ville avec « ses rues étroites, pavées en cailloux, des maisons presque toutes à trois ou quatre étages, avec des toits plats recouverts de tuiles creuses ». Aux habitants, « on reproche, avec quelque raison, la malpropreté extérieure de leurs maisons. Les cours, les allées, ressemblent à des cloaques qu'on ne peut regarder qu'avec dégoût ».

Quand il vient prendre le poste de préfet, auquel il a été nommé par Louis XVIII, le baron d'Haussez découvre à Grenoble « plusieurs belles places, des rues bien alignées ». Mais il trouve que « l'ancien palais des dauphins ne doit qu'à quelques détails très finis une sorte de réputation bien promptement détruite par le manque absolu d'ordre et de composition dans son ensemble ».

Un précurseur du tourisme, qui parcourt l'Oisans en 1833, note que « les rues de Grenoble sont étroites, vilaines, la place petite, la ville bruyante et d'un aspect canaille ».

L'alpiniste Whymper, qui connaît bien les Alpes, où il a fait des ascensions célèbres, déclare tout net, à propos de Grenoble : « Ville pittoresque mais infecte. »

Adolphe Joanne, dans son *Guide du voyageur en Dauphiné*, écrit, en 1862 : « La vue et l'odorat y ont trop à souffrir. Il faut avoir été habitué dès l'enfance à de si dégoûtants spectacles, à de si puantes odeurs pour pouvoir les supporter sans d'énergiques protestations. Les maisons sont beaucoup plus malpropres que les rues. La plupart des allées et des escaliers ressemblent à des dépôts publics d'immondices. »

Jules Michelet, dans l'admirable *Tableau de la France* qui sert d'introduction à la grande œuvre de sa vie, ne consacre pas un seul mot à la description de Grenoble. Il se borne à signaler, avec justesse, que le Dauphiné « appartient déjà à la vraie France, la France du Nord ». « Malgré la latitude, précise-t-il, cette province est septentrionale. Là commence cette zone de pays rudes et d'hommes énergiques qui couvrent la France de l'Est. »

L' « abominable indigestion » de Stendhal

Quatre vers d'Anna de Noailles murmurent dans la mémoire :

Un soir d'argent, si beau, si noble,
Enveloppe et berce Grenoble.
Tout l'espace est sentimental.
Voici la ville de Stendhal.

Parlons de lui, puisque nous venons d'évoquer la cité telle qu'il la connut. Rien de plus mal compris que les rapports de Stendhal et de Grenoble. Il l'a critiquée jusqu'à la renier, se disant plus Lombard que Dauphinois, allant jusqu'à signer Arrighe Beyle Milanese, Henri Beyle le Milanais. Pourtant, il est Grenoblois jusqu'à la moelle. Peu d'écrivains ont mieux senti le Dauphiné, ont mieux pénétré l'âme de cette province. Quand il parle d'elle, on croirait qu'il s'analyse lui-même : « Le Dauphiné a une manière de sentir à soi, vive, opiniâtre, raisonneuse, que je n'ai rencontrée en aucun pays. [...] La nature dauphinoise a une ténacité, une profondeur, un esprit, une finesse que l'on chercherait en vain dans la civilisation provençale ou dans la bourguignonne, ses voisines. Là où le Provençal s'exhale en injures atroces, le Dauphinois réfléchit et s'entretient avec son cœur. [...] Je croirai assez que c'est Louis XI, ce génie profond et profondément timide et ennemi des premiers mouvements, qui a donné son empreinte au caractère dauphinois *(La Vie de Henry Brulard)*. »

Il faut quelque effort aujourd'hui pour retrouver à Grenoble la trace de Stendhal. La ville lui a rendu son ingratitude par une ingratitude égale. On défie le touriste de découvrir sans peine le modeste logement où il naquit, au n° 14 de la rue Jean-Jacques-Rousseau *(sic)*. La plaque est presque invisible. De l'appartement du docteur Gagnon, en plein cœur de la ville, qu'allait-on faire, juste ciel! quand se constitua en 1966 un comité qui le fit acheter par la ville avec l'espoir d'y créer un jour la maison du souvenir. Le musée Stendhal, dans l'ancien hôtel de ville, n'est qu'un minuscule embryon. Alors qu'on a statufié dans le bronze et le marbre des Dauphinois moins célèbres, le plus illustre des écrivains grenoblois n'a droit qu'à un modeste médaillon, sur une stèle, au jardin de ville. Certes, il existe une rue Beyle-Stendhal, mais point dans le quartier où il vécut, et ce n'est point une grande artère. Comme pour réparer tous ces torts, en 1955, on a officiellement donné le nom de Stendhal à un lycée, installé dans l'ancien collège des Jésuites, où le jeune Beyle fit ses études.

Alors, que reste-t-il, on vous le demande ? Il reste la treille du docteur Gagnon, au jardin de ville, sur la crête de l'ancien rempart romain. Malgré la vespasienne édifiée tout à côté, par des édiles qui avaient plus le sens de l'utile que le goût du beau, on peut, à la rigueur, rêver, sous les platanes ombreux, au petit garçon qui naquit à Grenoble le 23 janvier 1783. Il reste le trésor des manuscrits que conserve pieusement la bibliothèque municipale et sur lesquels le docteur Henry Martineau a usé ses pauvres yeux, afin de publier au « Divan » les œuvres complètes de l'auteur de *La Chartreuse de Parme*. Il reste M. Victor Del Litto, ce professeur de la faculté des lettres qui a voué sa vie à l'étude de Stendhal et qui est, actuellement, dans le monde, l'homme qui le connaît le mieux.

Véritable pape du beylisme, il a édité dans la Pléiade la correspondance de Stendhal et publié d'innombrables études parmi lesquelles deux œuvres aujourd'hui classiques : *La Vie intellectuelle de Stendhal*, Presses universitaires, 1959, et *La Vie de Stendhal*, éditions du Sud, Albin Michel, 1965. Il est en outre directeur de la revue *Stendhal-club* et président de l'Association des amis de Stendhal. D'autres érudits dauphinois se sont passionnés pour Stendhal, notamment l'archiviste Louis Royer, le secrétaire général de la mairie, Debray, François Vermale, Jacques Félix-Faure, le docteur André Denier. Mais il est encore des Grenoblois qui n'ont pas pardonné à Beyle ses propos acerbes ou qui, tout simplement, le détestent, comme cet ancien maire qui lâcha, un jour : « Votre Stendhal m'em... »

Ah ! oui, Grenoble a bien puni son enfant des phrases acerbes qu'il a écrites sur elle... Ce qui prouve que, durant des années, on n'a rien compris. Ce que détestait l'écrivain, ce n'était pas sa ville natale, c'était « l'égoïsme étroit d'une petite et jalouse bourgeoisie ». C'était surtout ceux qui l'avaient fait souffrir, lui qui ne rêvait que de partir chaque matin à la « chasse au bonheur ». C'était son précepteur, l'abbé Raillanne, « un noir coquin » ; c'était Claude Périer, « qui ne pensait jamais qu'à l'argent » ; c'était sa tante Séraphie, son « mauvais génie » ; c'était son père enfin, pour lequel il n'eut jamais qu'une « très petite amitié », laquelle devait un jour « faire naufrage » et se changer en exécration. On s'est souvent demandé si la dureté de certaines pages écrites par Stendhal sur Grenoble ne s'explique pas en partie par l'antipathie qu'il avait pour son père.

Mais à côté de ceux-là, qu'il abhorrait, ils sont nombreux, les Grenoblois dont il évoque le souvenir avec émotion. Cette bonne cousine, qui demeurait près de l'église Saint-Laurent et qui « lui faisait manger du pain jaune » (avec du safran). Cette vieille bonne, Françoise, qu'il « adorait toujours » et qui tenait dans le même quartier « une boutique d'épicerie ». Ce docteur Gagnon, son cher grand-père maternel, dont il décrit amoureusement, à plusieurs reprises, le caractère indépendant, les idées généreuses, la demeure accueillante :

« Il possédait une vieille maison située dans la plus belle position de la ville, sur la place Grenette, au coin de la Grand-Rue, en plein midi et ayant devant elle la plus belle place de la ville, les deux cafés rivaux et le centre de la bonne compagnie. »

Il faudrait citer tous ceux qu'il a aimés : le libraire Falcon, le Grenoblois qu'il a « le plus estimé », dit-il, sans doute parce qu'il avait « adoré cette République » du temps de Napoléon, l'actrice Mlle Kubly, qui lui fit une telle impression au théâtre qu'il « manqua se trouver mal »; l'abbé Gattel, « le seul homme parfaitement à sa place, abbé coquet, propret, toujours dans la société des femmes, homme qui savait travailler cinq à six heures tous les jours, ce qui est énorme en province, où l'on ne sait que baguenauder toute la journée ».

Ceux qui affirment que Stendhal détestait Grenoble, sa ville natale, citent toujours un texte d'une rare dureté :

« Tout ce qui est bas et plat dans le genre bourgeois me rappelle Grenoble, tout ce qui me rappelle Grenoble me fait horreur, non, horreur est trop noble, mal au cœur.

» Grenoble est pour moi comme le souvenir d'une abominable indigestion, il n'y a pas de danger, mais un effroyable dégoût. Tout ce qui est bas et plat sans compensation, tout ce qui est ennemi du moindre mouvement généreux, tout ce qui se réjouit du malheur de qui aime la patrie ou est généreux, voilà Grenoble pour moi [...].

» Par un grand hasard, il me semble que je ne suis pas méchant mais seulement dégoûté pour le reste de ma vie des bourgeois, des jésuites et des hypocrites de toutes les espèces. [...] A vrai dire, en y pensant bien, je ne me suis pas guéri de mon horreur peu raisonnable pour Grenoble ; dans le vrai sens du mot, je l'ai oubliée. Les magnifiques souvenirs de l'Italie, de Milan, ont tout effacé. »

Mais c'est le même homme qui, tout au long de ses œuvres intimes, décrit avec allégresse les paysages de sa province.

« Souvent je rêvais avec transport à nos montagnes du Dauphiné. »

Ou bien :

« Je fis un voyage aux Échelles, ce fut comme un séjour dans le ciel, tout y fut ravissant pour moi. »

Ou bien encore :

« Rentrant le soir pour souper... je redescendais en courant, pour aller passer une demi-heure à la promenade du jardin de ville qui, le soir, en été, au clair de lune, sous de superbes marronniers de quatre-vingts pieds de haut, servait de rendez-vous à tout ce qui était jeune et brillant dans la ville. »

Allons ! la cause est entendue. Il aimait le Dauphiné. Il ne détestait pas Grenoble. Mais il exécrait une certaine bourgeoisie grenobloise, qui était à ses yeux une caricature d'humanité...

« Corsetée de remparts »

Grenoble, à l'époque de Stendhal, est encore enfermée à l'intérieur de ses remparts.

Elle est même plus corsetée que jamais, puisque le gouvernement de Louis XVIII a décidé de faire de la ville la base des opérations militaires dans les Alpes. Il a donc été conduit à reconstruire toutes les fortifications de la montagne. Le premier levé topographique en courbes de niveau, en 1816 et 1817, permet une étude précise des défilements. Le premier projet d'ensemble voit le jour en 1820 et le Comité du génie adopte le plan définitif en 1823. Les travaux commencent immédiatement. Ils vont durer jusqu'en 1840-1845. Ce sont ces fortifications du XIXᵉ siècle que nous avons sous les yeux aujourd'hui : puissantes murailles appareillées, voûtes d'arête à l'épreuve des projectiles, casemates dont les embrasures donnent sur des glacis bien dégagés et des champs de tir parfaitement étudiés, escaliers de pierre.

Voilà pour la Bastille. Autour de la ville même est construite, de 1832 à 1836, l'enceinte Haxo, qui double presque la superficie de la cité. Amélioration évidente par rapport aux enceintes Lesdiguières et Créqui : la ville va pouvoir se développer d'une façon plus aisée.

En fait, cette expansion est lente, presque insensible : « Une croissance sans fièvre, un élan sans vigueur. » Grenoble vit comme repliée sur elle-même. C'est seulement la vieille ville que transforme et assainit Honoré-Hugues Berriat, maire de 1835 à 1842 : pavés dans les rues pour remplacer les galets du Drac ; éclairage au gaz ; début de la construction des quais, qu'achèvera le Second Empire ; lancement de nouveaux ponts ; percées dans les quartiers anciens.

La poussée de construction se fait surtout sentir vers l'ouest, en direction du Drac. Sur le torrent, un groupe d'actionnaires jette un pont suspendu en fer avec un péage de cent un ans. Pour atteindre cet ouvrage d'art, on trace une avenue rectiligne, qu'on nomme cours Berriat, à la mort du vieux maire, en 1854. Deux ans plus tard, on décide d'édifier la gare au milieu de ce nouveau quartier. Les contribuables protestent contre le choix d'une « localité tout à fait isolée, dans un lieu dangereux et insalubre, d'un accès incommode et dangereux, au détriment d'une grande partie de la vieille et nouvelle ville ». La Compagnie n'écoute rien. Le 1ᵉʳ juillet 1858, inauguration de cette gare. En 1864, première liaison avec Chambéry. L'ère du chemin de fer commence, qui contribue à l'expansion grenobloise. Mais, vu de Paris, le Dauphiné reste un pays lointain ! Les trains s'essoufflent et se traînent entre Lyon et Grenoble, le tracé de la voie et son profil se prêtant mal aux performances. L'itinéraire est politique, pas géographique... Comme un licou, la voie ferrée entoure la ville, tandis que se multiplient passages à niveau et garde-barrières. On s'apercevra un jour que cette situation est bien gênante...

Enfin sort de terre, sous le Second Empire, toute une ville administrative, sans grâce, mais non sans majesté, autour d'une nouvelle place et dans ses alentours : préfecture, hôtel de la division, école d'artillerie, muséum d'histoire naturelle, palais de l'université, caserne du génie, école normale, prison, musée, bibliothèque.

En 1868, la population se plaint encore amèrement de l'éloignement de ce nouveau quartier, comme elle se plaignait, dix ans plus tôt, de l'éloignement de la gare...

Merveilles du musée de peinture

« Restez à Grenoble une journée de plus, pour visiter son musée, l'un des plus beaux de province », lit-on sur des affiches en ville, ainsi que dans les guides.

Pas un touriste ne regrettera la visite qu'il y fera. Ce musée de peinture contient effectivement des richesses : une intéressante collection d'antiquités égyptiennes, des toiles de Rubens, de Véronèse, du Pérugin, de Van der Meulen, de Philippe de Champaigne, de Le Brun, de Ribera, de Lesueur, du Canaletto, de Palma le Vieux, de Coypel, de Mignard ; quatre admirables tableaux de Zurbaran : *L'Annonciation, L'Adoration des bergers, L'Adoration des mages, La Circoncision ;* enfin, une collection très représentative des diverses écoles de peinture moderne, depuis l'impressionnisme, jusqu'à nos jours : Monet, Renoir, Degas, Sisley, Pissarro, Matisse, Manet, Cézanne, Van Gogh, Bonnard, Gauguin, Rouault, Utrillo, Dufy, Valadon, Chagall, Modigliani, Braque, Picasso, Léger, Soulages, Gromaire, Desnoyer, Estève, Klee et bien d'autres.

La constitution du fonds initial remonte au xviie siècle. C'est en 1616 que les consuls commandèrent le portrait de Lesdiguières que nous admirons aujourd'hui. Les premières collections — deux toiles de Claude Lorrain, un portrait d'Henri IV — furent placées dans le palais du Connétable, après son achat par la ville en 1719. En 1777, l'ordre des Antonins, à la veille de la suppression, fit don à la municipalité de bronzes et d'objets d'art. En 1789, le comte Albert, retour de Grèce, lui offrit des bas-reliefs antiques, en marbre de Paros. En 1790, les biens ecclésiastiques furent mis sous séquestre. Une partie de ces richesses, nous apprend l'inventaire, fut détériorée ou détruite, une autre partie dispersée à vil prix, une autre encore envoyée à Paris à la commission des Arts, créée par la Convention. Mais que de trésors disparurent à jamais !

En 1795, le représentant Dupuis, en mission dans le département, enjoint au Directoire grenoblois de faire rassembler tous les objets d'art. On ne tient pas compte de son ordre.

Il faut attendre le 30 prairial an V (18 juin 1797) pour que quelques citoyens de Grenoble, dont Louis-Joseph Jay, professeur de dessin à l'École centrale, tirent la sonnette d'alarme et lancent une souscription. Le musée est enfin créé, par un arrêté départemental du 28 pluviôse an VI (7 février 1798). Il ouvre ses portes, le 31 décembre 1800, dans l'ancien palais épiscopal. Deux ans plus tard, on le transporte dans le collège des jésuites, qui deviendra le lycée Stendhal. Il était temps ! L'inventaire de 1790 signalait la mise sous séquestre de cent vingt-cinq tableaux provenant de la Grande-Chartreuse. Louis-Joseph Jay, le premier conservateur, n'en retrouve que cinquante !

L'édifice actuel, qui vit cohabiter longtemps le musée et la bibliothèque, a été construit entre 1865 et 1872. Il a coûté 1 699 377 francs. Depuis cette époque, les conservateurs successifs n'ont cessé de l'enrichir. Il en est deux dont on ne dira jamais assez le mérite : Andry Farcy, qui ramena dans ses filets tant de chefs-d'œuvre, et Jean Leymarie, qui les fit, mieux que personne, connaître, admirer et aimer. L'intuition et l'audace du premier, le goût et l'éloquence du second ont permis de constituer à Grenoble l'une des plus importantes galeries de peinture moderne de France et même d'Europe.

Cette tradition s'est perpétuée jusqu'à nos jours, en fonction des crédits, souvent très limités, et au gré des goûts personnels, parfois contestables, des conservateurs... Il reste maintenant à arracher ce musée à son cadre désuet et inadapté, pour l'installer dans un nouvel édifice. Malheureusement, il est peu probable qu'on réalise le séduisant projet de « musée évolutif » en forme de colimaçon élaboré par Le Corbusier.

Trésors de la bibliothèque

Neuf kilomètres de rayons, seize mille manuscrits, six cent cinquante-quatre incunables, plus de cinq cent mille livres et brochures, plus de quatre-vingt mille estampes, plus de vingt-cinq mille photographies, quelque deux mille cartes et plans... Ces chiffres, dans leur sécheresse, parviennent-ils à donner une idée de la richesse de la bibliothèque municipale ? Probablement pas. C'est en retraçant sommairement son histoire qu'on verra s'y accumuler les trésors.

Le 21 septembre 1771, lorsque meurt l'évêque Jean de Caulet, au terme d'un épiscopat de quarante-six années, il laisse une magnifique bibliothèque : trente-trois mille six cent quarante-quatre volumes. Les héritiers s'apprêtent à la vendre aux enchères. L'imprimeur André Faure lance une souscription. Elle reçoit un accueil enthousiaste, si bien que, lorsqu'il se présente à la barre de la chambre des comptes, il peut, grâce à la caution de ceux qui lui ont fait confiance, enchérir jusqu'à quarante-cinq mille livres. Quand le marteau d'ivoire tombe pour la troisième fois, Grenoble a sauvé l'un de ses trésors.

Trésor : il n'est pas d'autre mot pour baptiser la bibliothèque de l'évêque défunt. Elle contient des ouvrages rarissimes de théologie et d'histoire ecclésiastique ; des éditions originales de Ronsard, du Bellay, Montaigne, Descartes, Corneille, Racine, Molière et La Fontaine ; quelque trois cents incunables, parmi lesquels les premiers livres imprimés à Lyon en 1473, à Abbeville en 1486 et à Grenoble en 1490 ; enfin, de précieux manuscrits richement enluminés : une des quatre ou cinq Bibles vaudoises du XIIIe siècle qu'on connaisse au monde ; un *Traité de l'éloquence vulgaire* de Dante, contemporain de l'auteur, les poésies de Charles d'Orléans transcrites par son secrétaire, le *Champion des dames* de Martin Le Franc, particulièrement précieux en raison de ses illustrations qui nous renseignent sur les costumes et les mœurs du XVe siècle.

La bibliothèque de Mgr de Caulet, devenue la bibliothèque de Grenoble, est d'abord installée dans deux étages inoccupés de l'ancien collège des jésuites, où la foule afflue aussitôt : « La bibliothécaire, précise-t-on, fournit l'encre, le papier et les plumes. » Pendant la seconde moitié du XIXe siècle, cette bibliothèque se développe considérablement. Sur l'initiative de son conservateur, H. Gariel, elle quitte les vieux locaux de la rue du Lycée, pour s'installer place de Verdun.

Depuis sa création, le fonds provenant du vieil évêque s'est enrichi de nombreux apports divers : citons la bibliothèque de l'ordre des Avocats (six mille volumes) ; la bibliothèque de la Grande-Chartreuse, acquise en 1803, et qui contient de grandes Bibles et des ouvrages de liturgie enluminés, des incunables célèbres, parmi lesquels le *Catholicon* de Gutenberg daté de 1460 et l'unique exemplaire connu de la *Danse macabre* de Guy Marchand de 1485 ; la plus grande partie des manuscrits de Stendhal ; la correspondance de Lamartine ; des manuscrits de Condillac, Mably, Barnave, Mounier, Lacordaire, Berlioz, Jean-Marc Bernard, et bien d'autres ; le fonds dauphinois contenant à lui seul plus de soixante mille titres ; les fonds italien, allemand, espagnol. Pour les manuscrits, cette bibliothèque est, de loin, la plus importante en province.

Depuis la dernière guerre ont été acquis les fonds Ulysse Chevalier, Georges de Manteyer et Chaper, si précieux pour l'histoire de l'Église, la linguistique, l'archéologie, l'histoire du Dauphiné et de la Provence. En quelque quarante ans, de 1939 à nos jours, soixante mille pièces et volumes environ, d'un grand intérêt, ont été classés et catalogués, augmentant ainsi de près d'un sixième le chiffre total des entrées depuis la fondation de la bibliothèque en 1772.

A partir de 1945, l'augmentation de la population grenobloise a entraîné des modifications dans l'activité de la bibliothèque. Sous l'impulsion d'une équipe active animée par un homme de qualité, ont été créées des bibliothèques de quartiers et des bibliothèques d'enfants qui n'existaient pas jusqu'alors. Un service de prêts collectifs aux usines, presque unique en son genre, a été inauguré, à une époque où il n'existait encore presque rien de semblable en France. Enfin, persuadé qu'au XXe siècle « il faut que ce soit le livre qui aille aux lecteurs » et non l'inverse, le conservateur a fait acheter un camion, l'a aménagé et a lancé à travers la ville en 1956 le premier bibliobus urbain de France. Depuis lors, il distribue régulièrement ses nourritures intellectuelles aux carrefours les plus passants de Grenoble.

C'est en 1969 que la bibliothèque municipale s'est transportée boulevard Maréchal-Lyautey, dans le grand édifice moderne laissé libre par le transfert de la bibliothèque universitaire sur le domaine de Saint-Martin-d'Hères. Déménagement terminé, elle a rouvert ses portes en avril 1970.

L'anthracite de la Matheysine

Tout au début du XIXe siècle, en 1805, s'est produit un événement qui, comme la construction de la voie ferrée en 1858, va jouer un rôle essentiel dans le développement économique de Grenoble : les premières concessions minières ont été accordées. Il s'agit d'exploiter un gisement d'anthracite, enfoui dans un synclinal en bordure du plateau matheysin, aux environs de la Mure. Les premières exploitations se créent aux endroits où existent des affleurements de terrain houiller. Assez vite, on creuse des galeries à flanc de montagne. La Motte-d'Aveillans, Peychagnard, Notre-Dame-de-Vaulx et Pierre-Châtel voient apparaître les premières « gueules noires ». D'autres concessions sont accordées en 1817, 1827 et surtout 1834 et 1835. A cette entreprise audacieuse resteront associés les noms des Giroud, Chaper, de Renéville et de Marliave.

Pourquoi parler ici d'audace ? Parce que les conditions d'exploitation ne sont pas faciles. Au début, pour gagner Grenoble, il faut charger le charbon partie à dos de mulet, partie sur des charrettes à bœufs et à chevaux. Le transport coûte plus cher que le combustible lui-même. Le préfet d'Haussez propose très sérieusement, pour atténuer ces inconvénients, de faire naviguer l'anthracite sur les trois lacs de la Matheysine, reliés par un canal, puis de lui faire franchir, par un plan incliné, la distance qui sépare le seuil de Laffrey du cours de la Romanche, d'où un autre canal conduirait à Grenoble les péniches chargées de leur précieuse cargaison, descendue de près de huit cents mètres.

En 1879, on trouve plus simple de construire une voie ferrée à écartement métrique, qui empruntera les gorges du Drac par une série de viaducs et d'encorbellements particulièrement audacieux. Les travaux, commencés en 1882, durent plus longtemps que prévu : le matériel est livré avec beaucoup de retard. Finalement, le train des abîmes n'est inauguré qu'en 1888. La ligne ne comprend pas moins de neuf grands ponts ou viaducs et dix-huit tunnels, sur un parcours de trente kilomètres. Les rampes, qui descendent rarement au-dessous de seize pour mille, atteignent, par endroits, vingt-sept pour mille.

La production de charbon, qui n'était que de 11 700 tonnes en 1800 passe, avec l'ouverture de la ligne, à 100 000 tonnes, pour atteindre 200 000 tonnes en 1900 et 400 000 tonnes en 1930.

Depuis le 27 juin 1946, les Houillères du bassin du Dauphiné sont devenues une entreprise nationale : c'est la plus petite mine des Charbonnages de France, mais en même temps la plus haute d'Europe : près de mille mètres d'altitude.

La production atteint son maximum en 1966 : 791 000 tonnes. Mais bientôt le fâcheux plan Jeanneney lui porte un coup fatal. Il n'est plus question que de diminuer l'extraction et, à terme, de fermer la mine...

En 1974, après la guerre du Kippour et la crise du pétrole, décision est prise de « redéployer la houillère ». La production, qui est tombée à 374 000 tonnes cette année-là, doit être stabilisée autour de 400 000 tonnes. En effet, à la différence d'autres bassins, la Mure possède des réserves importantes : dans les étages en cours d'exploitation, 3,5 millions de tonnes ; dans les parties prospectées, plusieurs dizaines de millions de tonnes probables ou possibles.

Voici de nouvelles raisons d'espoir pour le plateau matheysin. Certes, les effectifs employés à la mine ont diminué : un millier de personnes environ, dont 541 mineurs de fond contre 2 500 personnes environ, et 1 421 mineurs de fond en 1968. Mais, avec l'aide de la SOFIREM, les Houillères ont contribué au développement de l'industrialisation. Entre 1968 et 1978, plus de 800 emplois industriels divers ont été créés, en dehors de la mine, en particulier des emplois féminins.

Louis Vicat découvre le ciment artificiel

Louis-Joseph Vicat, fils d'un sous-officier de dragons, naquit à Nevers au hasard d'une garnison, le 31 mars 1786. Il était issu d'une famille protestante établie en Dauphiné au moment de la révocation de l'édit de Nantes : c'est à l'école centrale de Grenoble, comme on appelait alors le lycée, qu'il fit ses études, et c'est, tout près, à Seyssins, qu'il passa sa jeunesse.

A seize ans, il s'engagea dans la marine comme vice-timonier et partit à pied pour Toulon, le sac sur le dos, pour rejoindre son bâtiment, avec quelques jeunes camarades, dauphinois comme lui. Mais, à peine arrivé, il trouva le métier moins romantique qu'il ne l'espérait et, sans avertir ni bosco ni amiral, s'en retourna à Grenoble.

Heureusement, le grand mathématicien Fourier venait d'être nommé préfet de l'Isère : on lui présenta le jeune homme, il le jugea très intelligent et trancha : « Il faut en faire un polytechnicien. » On écouta l'oracle. Louis Vicat entra à Polytechnique, s'y montra bon élève et passa ensuite par l'École des ponts et chaussées.

En 1812, nous le retrouvons ingénieur des Ponts dans le Lot, où il s'agit de construire un ouvrage considérable : le pont de Souillac, 180 mètres de long, 9 mètres de large, sept arches de 22 mètres d'ouverture. Les habitants du pays tiennent cette entreprise pour irréalisable, car en cet endroit la Dordogne est torrentielle et son lit constitué de gros blocs de rocher, entre lesquels s'accumulent sables et graviers. Lors des crues, le tout se met en mouvement. Louis Vicat, à qui le manque de crédits procure des loisirs, cherche un moyen de construire des fondations solides. Il commence par analyser toutes les sortes de chaux connues pour durcir sous l'eau. Comparant les résultats obtenus, il fait une première observation : si tous les éléments sont variables, il s'en trouve deux dont la présence est constante : l'argile et le carbonate de chaux. En amont du pont projeté, il découvre des grottes qui renferment de l'argile rougeâtre. La mélangeant à du carbonate de chaux, il en fait une pâte homogène et, après dessiccation, la cuit comme un calcaire ordinaire. Il est « très étonné de voir que cette pâte, placée dans un verre, sous l'eau, fait prise en quelques jours » : il l'appelle, pour cette raison, la « chaux hydraulique ». Louis Vicat vient de découvrir le ciment artificiel.

Après avoir construit le pont de Souillac, il publie, en 1817 et 1818, le résultat de ses découvertes. Double succès pour lui : depuis des années, on émettait des opinions diverses sur les causes du durcissement des chaux maigres. Vicat apporte d'un seul coup « la lumière la plus vive sur tous les points de la question des mortiers ». Il le fait à une époque où de grands chantiers s'ouvrent à travers la France : ponts routiers, canaux, voies ferrées bientôt. Quelques mois après sa découverte, plusieurs usines de ciment artificiel sont déjà construites dans le Boulonnais et dans la région de Portland, en Grande-Bretagne.

Louis Vicat, en 1827, revient à Grenoble comme ingénieur en chef des Ponts et Chaussées. Il y reste peu, car on lui confie la responsabilité d'une sorte de service de recherches ; parcourant la France en tous sens, il inventorie toutes les ressources en pierres à chaux et à ciment, y compris celles qui sont mises au jour par la réalisation des ouvrages de génie civil. Au total, il signale plus de neuf cents gisements exploitables.

En 1836, il revient à Grenoble, où il se fixe définitivement. Il y meurt le 10 avril 1861. Mais auparavant il a eu la satisfaction de voir naître, aux portes de la ville, les premières cimenteries. Sur les contreforts du Rachais et du Jalla, on a découvert des affleurements de calcaires sénoniens et urgoniens, qui conviennent très bien, en raison de leur pureté, à la préparation de la chaux. Enfin, le sous-sol ingrat du Dauphiné offre à ses habitants un trésor ! En d'autres endroits, mais toujours à proximité de la ville, il existe des couches de crétacé inférieur (Berriasien) qui contiennent la quantité d'argile nécessaire permettant d'obtenir, après une seule cuisson, des ciments naturels. Les ciments artificiels seront fabriqués plus tard, quand on saura traiter, grâce à une double cuisson et une double pulvérisation, les marno-calcaires du Lias et de l'Oxfordien qui abondent aussi aux environs.

Ces découvertes se produisent au moment même où la Matheysine commence à livrer son charbon : anthracite très dur, difficile à enflammer, peu volatil, mais de grand pouvoir calorifique. Ces deux chances simultanées, les Dauphinois ne les laissent pas échapper. Avec le courage, ils ont le sens de l'à-propos. Aussitôt, ils décident d'exploiter la situation. La première cimenterie est créée par Voisin, en 1835, à Narbonne, au-dessous du Casque de Néron. Mais c'est en 1842 que Félix Breton étudie les calcaires de la porte de France et commence à les faire extraire.

« Ainsi s'établit une industrie nouvelle, devenue bientôt, grâce à Vicat, une des plus connues de Grenoble. Par un concours heureux de circonstances, la matière première, ici produit lourd, se trouvait à portée du combustible à cuisson lente qui lui convenait le mieux : ainsi l'état d'infériorité dans lequel l'éloignement et l'absence de voies de communication à bon marché placent l'industrie grenobloise n'existait plus que pour l'exportation des produits fabriqués, cela permettait à l'industrie du ciment de vivre et de prospérer (Raoul Blanchard). »

Louis Vicat, dont personne ne parle jamais plus, mérite d'être considéré comme l'un des pionniers du monde moderne. Avec le chimiste Henri Le Châtelier (1850-1936), il est de ceux qui ont ouvert l' « ère du béton », la nôtre. Le grand mérite de Vicat consiste à avoir ordonné des connaissances fragmentaires et démontré ce que d'autres avant lui n'avaient fait qu'entrevoir : notamment John Smeaton en 1756, Joseph Parker en 1796, pour ne pas parler des Romains, qui, mélangeant les roches calcaires, préalablement cuites, avec de la brique pilée ou de la pouzzolane, fabriquaient ce ciment dont on connaît la remarquable solidité.

Xavier Jouvin rénove la ganterie

La ganterie grenobloise, que nous avons vue florissante au XVIIIe siècle, a connu une crise très grave à partir de la Révolution. C'est une industrie libre-échangiste, en ce sens qu'elle « réclame de bonnes relations avec l'étranger auquel elle achète des peaux et vend des gants ». Elle a pâti des circonstances politiques. Sous l'Empire, le blocus continental a encore aggravé la situation. De 1787 à 1806, le nombre des fabricants est tombé de soixante-quatre à cinquante, celui des ouvriers coupeurs de trois cent quatre-vingts à deux cent quarante, celui des couturières et brodeuses de cinq mille cinq cents à deux mille cinq cents, celui des maîtres chamoiseurs de vingt-huit à six, celui des ouvriers chamoiseurs n'est plus que de quarante. Les industriels qui n'ont pas fait faillite se plaignent amèrement.

Au début de la Restauration, les affaires vont plus mal encore. Fin 1816, il n'y a plus que cent cinquante ouvriers gantiers à Grenoble et deux mille ouvrières. La tannerie n'en emploie plus que seize et la chamoiserie vingt-cinq. Est-ce la fin d'une industrie solidement enracinée dans la ville ? On peut le redouter. Les gantiers en viennent aux remèdes drastiques : débauchages massifs, diminution générale des salaires, recherche d'une main-d'œuvre bon marché à la campagne. Ces décisions font mal : le peuple gronde, tandis que le marasme de la principale industrie compromet l'équilibre économique de la ville entière. Qu'existe-t-il, en effet, comme autre activité manufacturière ? Des peignages de chanvre qui végètent depuis que les filatures du Nord prospèrent, des fabriques de soie grège qui n'emploient qu'un personnel réduit, un moulinage à Saint-Égrève qui fabrique des organsins et des crêpes de Chine pour Lyon. Bien peu de chose, en vérité.

C'est au moment où tout semble perdu qu'apparaît un homme providentiel : Xavier Jouvin, qu'on a pu baptiser « le rénovateur de la ganterie ». Il est né à Grenoble le 8 décembre 1800, au 57 de la rue Saint-Laurent, et n'a fréquenté l'école des frères que jusqu'à l'âge de douze ans et demi. Sa famille est pauvre : elle le met en apprentissage dans une ganterie, où ses petites mains d'enfant arrivent péniblement à couper six douzaines de gants par semaine. Son père l'emmène à Versailles, où il ouvre un commerce de liqueurs. Le petit Xavier vend des gants que lui envoie son frère resté à Grenoble. Il continue aussi à en couper, dans une fabrique de la rue Saint-Denis. Mais comme le travail manque et que le commerce paternel marche cahin-caha, il revient à Grenoble. Jusqu'ici, on croirait lire le début d'un roman de Dickens.

Curieux d'esprit, habile de ses dix doigts, Xavier se livre à des travaux d'ajustage. Son rêve est de fabriquer des outils. En 1829, lors d'un voyage à Mens, en Trièves, il invente une machine à couper le blé. Lors d'un séjour à Paris, auprès de son père, la même année, une « machine destinée à faciliter la confection des sphères célestes » ! Comme nous voilà loin de la ganterie, dira-t-on. Mais non. A trente ans, on le nomme directeur d'une petite ganterie. Il constate rapidement que la fabrication est totalement artisanale. Comment parvenir à la rationaliser ? Il étudie les différents types de mains et pour cela, pendant des jours et des jours, à l'école de médecine, il examine les sujets que dissèquent les étudiants. Par cette méthode empirique, il parvient à fixer trente-deux formes de mains différentes — ou « calibres ». Il calcule avec précision la proportion des différentes formes dans un groupe humain considéré, cela afin d'éviter la coûteuse surproduction de types moins fréquents. Il détermine enfin l'extension de la peau nécessaire à la mesure de la main, qu'il s'agit de ganter avec exactitude. Il dépose un premier brevet, le 21 février 1832, un second, le 27 juin 1834.

En 1838, Xavier Jouvin fabrique un emporte-pièce qui permet de supprimer très avantageusement l'emploi des ciseaux pour la coupe des gants. La notion de productivité fait son entrée dans une industrie jusqu'ici très artisanale. Deux ans plus tard, toutes les entreprises de Grenoble ont adopté cette invention. Mais son père veut en réserver le bénéfice à la seule ville de Grenoble, ce qui le conduit à une longue série de procès avec des contrefacteurs. Jacquard, à Lyon, n'a-t-il pas connu le même sort ?

Honnête homme aux idées sociales généreuses, Xavier Jouvin fait bénéficier ses ouvriers des résultats de son invention. L'un d'eux, André Chevalier, a créé, en 1803, une « société des gantiers ». Jouvin verse à cette caisse cinq centimes par douzaine de gants, et accepte de le faire aussi longtemps que durera son brevet. Il fonde, en outre, des « sociétés de bienfaisance mutuelle ».

« Si j'ai été assez heureux pour me créer une position exceptionnelle, écrivait-il, c'est à l'ouvrier que je le dois. Sans l'aide que j'en ai reçue et sans celle que j'en obtiendrai, je croirais ma position illusoire. Par conséquent, je crois plutôt acquitter une dette que faire un don. »

Qu'on ne s'étonne plus qu'on ait dit de lui : « *Transiit benefaciendo* », il est passé en faisant le bien. Xavier Jouvin meurt le 13 mars 1844, à l'âge de quarante-trois ans seulement. Mais, au cours de sa brève existence, il a bien servi sa petite patrie. Grâce à lui, la ganterie grenobloise a retrouvé une vigueur nouvelle.

La politique économique de Napoléon III va accélérer cette « résurrection », à tel point que, de 1840 à 1870, on « bondit de progrès en progrès ». Les chiffres sont impressionnants. 1844 : exposition industrielle à Grenoble ; triomphe pour la maison Jouvin, qui, en huit ans, a décuplé son chiffre d'affaires et le nombre de ses ouvriers. 1851 : treize mille ouvrières couseuses, huit cents coupeurs, sept cents apprentis en formation professionnelle, quatre cent mille douzaines de gants fabriqués, dont cent quatre-vingt-dix mille exportées en Amérique et cent dix mille en Angleterre. 1859 : vingt mille ouvrières, mille quatre cents coupeurs. 1866 : cent douze gantiers, deux mille cent quarante-quatre coupeurs, trente mille ouvrières, dont un certain nombre réparti dans le département.

L'ordination du curé d'Ars

Nous sommes en 1815, le 13 août. Ce matin-là, Mgr Claude Simon, évêque de Grenoble, n'a qu'une ordination à faire. Une seule...

« Ce n'est pas trop de peine pour ordonner un bon prêtre », dit-il, avant de revêtir les ornements pontificaux.

Les vocations sont rares. La France n'est sortie de la Révolution que pour connaître les guerres de l'Empire. Les Autrichiens occupent encore Grenoble et ses environs. Cinq ans plus tôt, dans une lettre au ministre des Cultes, Mgr Claude Simon a fait cet aveu :

« Depuis neuf ans que je suis évêque de Grenoble, je n'ai ordonné que huit prêtres et j'en ai perdu cent cinquante. »

Enfin, ce jour-là, il en a un. Oh ! il n'est pas brillant, le petit clerc qui se présente devant l'autel, dans la chapelle du Grand Séminaire, rue du

Vieux-Temple. Un gringalet, malgré ses vingt-neuf ans et ses origines paysannes. Un garçon qui a eu toutes les peines du monde à faire des études. Un fort médiocre latiniste, qui plus est ! « Il n'y arrivera jamais », a-t-on dit au début. Pourtant, à force de courage et d'obstination, il a triomphé des obstacles du *rosa* — la rose. Et maintenant, il est prêt à recevoir le sacrement qui lui donnera le pouvoir de consacrer le pain et de remettre les péchés.

Quel visage émacié ! Et cette pauvre soutane, et ces souliers éculés... C'est qu'il a marché pour venir ! Il vient de Dardilly, son village natal, près de Lyon. Plus d'archevêque dans la capitale des Gaules, depuis le départ pour Rome du cardinal Fesch, après Waterloo. Plus d'évêque à Belley ! et il n'y en aura pas jusqu'en 1823. Un seul espoir : Grenoble.

Le petit diacre a donc pris la route en emportant, comme seul bagage, une aube de batiste, une miche de pain et un bout de fromage. Et il a marché, marché. Trente-cinq kilomètres par jour, pendant trois jours. Tout le long du chemin, les soldats autrichiens ont interpellé ce maigre ecclésiastique. Ils l'ont couvert de leurs brocards. Une fois même, ils l'ont menacé de leurs baïonnettes.

N'importe ! Il a continué son voyage. Si fatigué, mais si heureux ! Il sait quelle récompense l'attend à la dernière étape. Aucun parent, aucun ami ne sera là, au moment suprême. Cela, il le sait aussi. Mais un compagnon l'escorte, invisible. Il va « comme à une fête au but tant désiré (Mgr René Fourrey) ».

La cérémonie de Grenoble est toute simple. Imaginons-le, cet humble prêtre en aube blanche, prosterné, face contre terre, dans la chapelle de style jésuite. Regardons-le, pendant que l'évêque lui impose les mains et fait les onctions rituelles. Écoutons-le prononcer avec le prélat les paroles de la Consécration. Le voilà prêtre. « Prêtre pour l'éternité, selon l'ordre de Melchisedech », comme dit la liturgie. Le lendemain, 14 août, le mardi 15 encore, et le mercredi 16 enfin, il célèbre la messe à Grenoble. Puis il s'en retourne vers son terroir natal, vers Écully, où il sera vicaire. Cet humble prêtre s'appelle Jean-Baptiste Vianney.

Si vous pénétrez dans la cathédrale de Grenoble, arrêtez-vous devant le pilier de gauche, à l'entrée du chœur et lisez l'inscription gravée dans le marbre. Elle rappelle qu'à deux pas d'ici, « aux ides d'août, l'ordre sacré du presbytérat fut conféré à celui qui devait devenir le curé d'Ars ». Ce pauvre petit prêtre de rien du tout allait atteindre des sommets inaccessibles aux grands de ce monde, et le pape Pie X allait en faire, en 1905, le patron de tous les curés du monde.

Le soulèvement de Didier

Le début de la Restauration voit se produire en Dauphiné une curieuse révolte connue sous le nom de « soulèvement de Didier ».

« Dans la nuit du 4 au 5 mai 1816, rapportent les témoins, des bandes armées, composées de soldats licenciés, d'officiers en demi-solde et de paysans, partaient du Bourg-d'Oisans, de La Mure et de Vizille et marchaient sur Grenoble, tambour battant, aux cris de « Vive l'Empereur ! ».

Le général Donnadieu, qui vient d'être nommé commandant de la 7ᵉ division militaire, lance la légion de l'Isère contre les insurgés, qui attaquent déjà la porte de Bonne. Il se taille une gloire facile en faisant un carnage. On juge l'homme à ce rapport enflammé qu'il adresse le soir même au ministre de la Guerre :

« Vive le roi, Monseigneur ! Les cadavres de ses ennemis couvrent tous les chemins à une lieue autour de Grenoble. Je n'ai que le temps de dire à Votre Excellence que les troupes de Sa Majesté se sont couvertes de gloire. [...] Au pas de charge, toutes les bandes ont été culbutées. [...] Le chevalier de Vautré (commandant la légion de l'Isère) poursuit le reste de ces scélérats qui fuient à travers les montagnes ; des prisonniers arrivent à tout instant. [...] Je remonte à cheval à l'instant. [...] On évalue le nombre des brigands qui ont attaqué à quatre mille. » En fait, le nombre des brigands en question semble ne pas avoir dépassé trois cents. Quant au nombre des morts, il ne fut que de cinq.

Didier, qui s'est réfugié en Savoie, est livré par deux de ses compagnons, contre vingt mille francs de prime. Traduit devant la cour prévôtale, il est condamné à mort et exécuté sur la place Grenette, le 10 juin 1816. Vingt-quatre de ses complices subissent le même sort sur l'Esplanade. Le général Donnadieu est nommé vicomte et reçoit cent mille francs de gratification !

Vingt-cinq ans après, on parlait encore de tout ce sang répandu. D'autant que le mystère n'avait pas été complètement éclairci. Qui était Didier ? Cet ancien député à l'Assemblée de Vizille, avocat d'affaires à Grenoble, puis directeur de l'école de droit, relevé de son poste à la suite de spéculations malheureuses qui l'avaient ruiné, maître des requêtes au Conseil d'État sous Louis XVIII, cet homme à la carrière en zigzag était-il simplement un excité, comme pourrait le laisser croire sa vie agitée ? Avait-il agi pour le compte du duc d'Orléans, comme on le crut longtemps à Grenoble ? Avait-il voulu recommencer à sa façon le « retour de l'Aigle », en soulevant les mécontents, nombreux dans le pays ? Prétendait-il amener au pouvoir l'héritier de Napoléon, le duc de Reichstadt ? C'est sans doute cette explication qui est la bonne. Elle ressort, en tout cas, de la proclamation même de Didier.

« Français, dit ce texte, qui fut colporté de maison en maison, une révolution, dont le principe et le but n'étaient que l'amour et le bonheur des hommes, et qui, dirigée par l'infernale politique des Anglais, versa sur l'Europe d'affreuses calamités, a fini par précipiter la France sous ce cruel ennemi des peuples, l'oppresseur du monde. C'est lord Wellington qui règne sur nous ! Sommes-nous ses sujets ? [...]

» Que ce scandale cesse ! Arrêtons ce torrent d'une ambition dont les annales des peuples n'offrent pas d'exemple : aux armes ! aux armes !

» L'indépendance nationale donne naturellement un chef au peuple français ! C'est le fils de celui dont le trône héréditaire, consacré par notre religion, fut reconnu par l'Europe, l'héritier légitime au profit de qui l'abdication de son père fut sanctionnée par une loi solennelle. Nous sommes ses lieutenants et nous vous disons : "Vive Napoléon II, empereur des Français". »

L'élection de l'abbé Grégoire

La cruelle répression de ce « soulèvement de Didier » laisse des cicatrices en Dauphiné. On s'en aperçoit lors des élections de 1819. Les libéraux présentent la candidature de l'abbé Grégoire. Extraordinaire personnage que ce prêtre. Voici comment le décrit le romancier Claude Manceron, qui consacra ses veilles à étudier l'histoire de cette époque :

« La plus étonnante figure parmi les grands révolutionnaires ayant survécu. Le plus noble sans doute. Curé d'Embermesnil, député du clergé aux États généraux pour le bailliage de Nancy, se fait remarquer aussitôt par son ardeur à grouper les pauvres curés pour les soustraire à l'influence des grands évêques princiers ; entraîne le bas clergé à se réunir aux députés du tiers état, dès le serment du Jeu de paume ; joue sa tête à ce moment-là et n'a pas cessé depuis. Le 4 août, monte à la tribune un des premiers, dans la nuit, pour faire voter l'abolition du droit d'aînesse ; donne, l'année suivante, l'exemple du serment à la Constitution civile du clergé en le prêtant, avant tout autre, devant la Constituante, debout ; élu par les fidèles évêque du Loir-et-Cher, mais peu après, chose unique, envoyé ensuite par les électeurs révolutionnaires du même département pour les représenter à la Convention. A peine arrivé à celle-ci, dans les jours tragiques de septembre 1792, prend la parole pour faire abolir la Royauté et proclamer la République.

« Qui pensera, plus tard, à remarquer que c'est un évêque, et pas défroqué certes, qui a fondé la République française ? Quel maître d'école l'apprendra à ses élèves ?... Placé en figure de proue, Grégoire a reçu, dès ce jour-là, l'écume des mécontents. Mais son courage s'est accru, à mesure que celui des autres diminuait. Le procès de Louis XVI en donne la mesure : il vote la culpabilité du roi, qu'il juge fauteur de trahison, mais refuse d'approuver la mort, devenant ainsi suspect à la Montagne. Peu lui chaut : il suit son chemin. Tous changent : il demeure. Quand les enragés de la Commune promènent des filles nues dans les églises et obligent les prêtres-députés à renier Dieu publiquement, Grégoire les couvre de son mépris, plaide pour la liberté des cultes devant une salle déchaînée et impose le respect aux pires forcenés. "Je suis évêque, dit-il, et je le reste. Je garde mon diocèse pour y servir Dieu d'abord, la République ensuite. " Au pire de la Terreur, il fait abroger l'esclavage. Il est renommé, dans la France entière, comme l'avocat des nègres, des juifs, des enfants bâtards ; il contribue à la fondation de l'Institut et du Conservatoire des arts et métiers. Après le 9 thermidor, il s'obstine dans la même ligne que tous abandonnent : fidèle à la République, et à son Église, il les défend aux Cinq-Cents, il les défend au Corps législatif, il les défend au Sénat, où Bonaparte croit se l'attacher en le nommant. »

L'abbé Grégoire fait donc campagne à Grenoble en 1819. Il trouve des partisans convaincus, qui voient en lui le défenseur de la liberté. Dans l'Isère, depuis toujours, le peuple ne tient à rien tant qu'à l'exercice de ses droits. Or, ils sont menacés par la dure répression qui a suivi la conspiration de Didier. Mais sur sa route Grégoire rencontre aussi des adversaires farouches. De nombreuses brochures sont publiées, les unes contre lui, les autres en sa faveur.

Finalement, Grégoire est élu au second tour, grâce aux ultras qui pensaient ainsi « déconsidérer la loi électorale et contraindre le gouvernement à en proposer une autre ». Mais il ne peut pas siéger : l'Assemblée, le considérant comme « indigne », l'exclut de son sein.

L'affaire du 35e de ligne

En 1829, le général La Fayette est accueilli triomphalement à Grenoble. L'année suivante, éclate la révolution de 1830. Les contrecoups s'en font sentir en Dauphiné avec quelque retard. Une véritable émeute se produit le 18 décembre 1831.

Nouvel incident, infiniment plus grave, en 1832. On peut penser que les Grenoblois n'aiment pas beaucoup plus le nouveau régime que la monarchie des Bourbons.

Le premier dimanche de Carême, une bande de jeunes gens masqués parcourt les rues de la ville. Il s'agit autant d'une manifestation politique que d'une réjouissance publique : certains de ces masques représentent les hauts personnages du régime. L'un même, avec sa tête en forme de poire, évoque Louis-Philippe.

Après avoir parcouru l'esplanade, le cortège se présente à la porte de France, où les soldats lui interdisent l'entrée de la ville. Le soir, un grand bal doit avoir lieu au théâtre. Le préfet, Maurice Duval, craignant des manifestations, le fait interdire. Fureur de la jeunesse, qui complote de se venger.

« Le lendemain, 12 mars, raconte A. Prudhomme, sur les huit heures du soir, une foule nombreuse composée de jeunes gens, de femmes et d'enfants se réunit dans la cour de la Préfecture et rue du Quai (aujourd'hui rue Hector-Berlioz) et donne au préfet un charivari assourdissant. Comme le tapage continue dans la rue, un agent de police appréhende au collet un des manifestants et le conduit au poste ; mais, loin

149

de l'effrayer, cette arrestation exaspère le peuple, qui réclame à grands cris l'élargissement du prisonnier.

» Pendant ce temps, le préfet avait fait prévenir l'autorité militaire et un peloton de grenadiers arrivait au pas de charge. A cette vue, la panique saisit la foule, qui cherche à s'échapper par l'autre issue de la rue du Quai. Mais là encore elle se heurte à une seconde compagnie du 35e de ligne, qui reçoit les fuyards à la pointe de la baïonnette. »

C'est alors une indescriptible bagarre : « Le fer meurtrier, nous dit un texte de l'époque, est dirigé contre la poitrine des citoyens, les soldats précipitent leur marche, et les habitants, ainsi refoulés des deux côtés et dans l'impossibilité d'échapper au danger, sont assassinés par ceux que la patrie a armés pour la défense des citoyens. Le sang coule, des femmes, des enfants même sont percés à coups de baïonnette, et si des magasins, des cafés, n'avaient pas donné asile à un grand nombre de personnes, qu'on traquait comme des bêtes fauves, on aurait eu de bien plus grands malheurs à déplorer. »

Vingt-six victimes, pour la plupart des femmes et des enfants, voilà le bilan de cette journée tragique. La fureur de la population est telle que le maire Rivier obtient le départ du 35e de ligne et son remplacement par la garde nationale. Mais le gouvernement de Casimir Perier, qui veut avoir le dernier mot, fait revenir le 35e de ligne et désarmer la garde. Altercations et rixes se multiplient alors entre la population et les officiers de ce régiment, qu'on traite ouvertement d'égorgeurs. Tant et si bien qu'à la mort de Casimir Perier le gouvernement décide de déplacer cette unité.

Le départ du 35e de ligne, du 20 au 23 mai, est l'occasion d'une manifestation d'hostilité, à laquelle on donne le nom de « conduite de Grenoble ». Mais l'expression figure déjà dans le dictionnaire de Moreri, paru en 1759. Elle remonterait à un incident littéraire datant de 1678.

Lacordaire à Grenoble et à Chalais

Modeste mais riche de souvenirs, la cathédrale de Grenoble accueille, en février 1844, un prédicateur illustre. Tellement illustre que les hommes de la ville ayant en foule envahi la nef, il faut d'urgence édifier des tribunes de bois pour que les dames puissent s'asseoir. Dès le matin, on fait la queue pour entrer à Notre-Dame, où plus de trois mille auditeurs parviennent finalement à s'entasser. Après le sermon, quand descend de chaire ce prêtre, dont l'éloquence captive et bouleverse les âmes, les jeunes gens lui font escorte. Arrivés à la porte du grand séminaire, où il loge, ils ne se résignent pas à l'abandonner et restent à converser avec lui pendant une partie de la soirée... Quel est cet orateur sacré, capable de transporter nos Dauphinois, qui ne s'enthousiasment pas facilement ? C'est Lacordaire.

Invité par le vieil évêque de Grenoble, Mgr Philibert de Bruillard, le

dominicain est arrivé le 2 février. Au cours de ce mois, ainsi qu'en mars et en avril, il donne treize prédications, où l'on retrouve les idées essentielles et la méthode des célèbres conférences de Notre-Dame de Paris, en 1835 et 1836. Bien que le texte grenoblois n'ait pas été conservé, on en connaît le thème général grâce à des notes prises par un auditeur grenoblois, Frédéric Taulier. Comme dans la capitale, l'orateur a dû commencer par lancer ce cri inattendu et bouleversant :
« Assemblée, assemblée, dites-moi : que me demandez-vous ? Que voulez-vous de moi ? La vérité ? Vous ne l'avez donc pas en vous ? Vous la cherchez donc ! Vous voulez la recevoir ? Vous êtes venus ici pour être enseignés. »

Pour la première fois depuis la Révolution française, on voit reparaître dans une chaire la robe blanche et le manteau noir des fils de saint Dominique. Car l'évêque de Grenoble n'a pas voulu entendre les prières instantes du ministre de l'Intérieur, qui craignait pour l'ordre public, le pauvre homme ! Il se peut qu'en d'autres villes les prélats aient souscrit aux désirs du pouvoir, en acceptant de cacher le froc de Lacordaire sous un camail de chanoine. Ici, on refuse de se prêter à de telles simagrées.

Dans l'intervalle de ses prédications, Lacordaire achète l'ancien monastère de Chalais, au-dessus de Voreppe. Bâtiments médiévaux, chapelle, terres, forêt, étable et instruments aratoires, il enlève le tout pour 50 000 francs, payables en trente ans. En ce haut lieu spirituel du Dauphiné, où pendant six siècles chartreux et bénédictins ont chanté la gloire de Dieu, voici que va refleurir l'ordre des Frères prêcheurs, déraciné du sol français depuis 1790.

« Chalais, écrit Lacordaire, est une des plus belles vues que je connaisse en ce monde, ouvert au midi et au couchant par deux larges vallées qui permettent au soleil de l'inonder de lumière et de chaleur, malgré son élévation, et gardé au nord par de hautes montagnes qui le préservent du vent et du froid. »

Trois religieux, pour commencer, s'installent dans le couvent à la barbe des autorités. Comme elles ferment les yeux, les autres frères bientôt rentrent d'exil. Chalais devient la pierre angulaire de la restauration dominicaine, jusqu'au jour où Lacordaire établira ses disciples dans l'ancien couvent des carmes à Paris. Mais jamais il n'oubliera le Dauphiné : « Aucune ville ne m'a ému comme Grenoble », disait-il sur la fin de sa vie.

Le monastère de Chalais demeure, pendant quelques années, le noviciat des frères prêcheurs. Puis il leur sert de maison de repos jusqu'en 1881, époque à laquelle il est vendu à un industriel grenoblois, M. Nicolet. Endommagés pendant la guerre, les bâtiments se dégradent peu à peu, jusqu'en 1962. Cette année-là, les dominicaines d'Oullins, à côté de Lyon, vendent leur maison, qui se prête de plus en plus mal à la vie contemplative. Elles décident d'émigrer à Chalais, dont elles entreprennent de relever les ruines. Rejointes en 1966 par la communauté de Chinon, elles font construire un nouveau corps de logis qui s'harmonise parfaitement aux bâtiments anciens. Sous les vieilles voûtes de la chapelle s'élève de nouveau le chant de l'office divin. Chalais, terre dominicaine, a retrouvé son âme.

Les apparitions de La Salette

Le 19 septembre 1846, deux enfants gardaient les troupeaux dans un alpage au-dessus de Corps, en Dauphiné : une grande fillette de quinze ans, triste et rêveuse, Mélanie Calvat, dite Mathieu ; un garçon de onze ans, de caractère jovial, Maximin Giraud.

« A l'aplomb de midi, comme ils se trouvaient sur une sorte de langue de terre qui relie deux monts herbus, au lieu-dit La Salette, ils aperçurent une lumière prodigieuse, et, comme issue de ce globe de feu, une femme — une « dame », dirent-ils — qui était assise, les coudes sur les genoux et qui pleurait. Ils s'approchèrent. La dame se leva : elle leur parut plus grande que nature ; de sa tête sortaient des rayons lumineux en diadème. Et la dame leur parla.

« Elle leur parla comme on peut parler à deux petits paysans des Alpes, sans culture, fort ignorants du monde et plus à l'aise en patois matheysin qu'en français. La douleur que trahissaient ses larmes, elle la leur expliqua par des allusions précises à ce qu'ils pouvaient comprendre : la grande trahison des hommes, pour ces enfants, qu'était-ce, sinon l'absence à la messe, l'oubli des lois du jeûne, la mauvaise conduite ? De même que les châtiments que la dame annonçait, pour eux qu'est-ce que cela pouvait être d'autre que de mauvaises récoltes, des noix et des raisins qui pourriraient, des épidémies parmi les enfants et les bêtes ? De cette manifestation étrange, étrange par le choix de ceux qui en furent l'objet, étrange par les conditions où elle s'accomplit, une impression se dégageait, d'angoissant avertissement, de menaces ; des menaces dont, bien des années après, l'humanité n'a pas fini d'épuiser la signification (Daniel-Rops). »

Un pèlerinage naquit. Dès 1852, un petit groupe de missionnaires se constitua pour assurer le service des pèlerins. Les premiers « pères de La Salette » construisirent des chalets de bois pour s'abriter et une petite chapelle. Ce sont là les ancêtres de la basilique et de l'hôtellerie qui furent édifiées de 1851 à 1879.

Cinq ans après les faits, l'évêque de Grenoble, Mgr Philibert de Bruillard, avait porté un « jugement doctrinal » sur ce qu'il appelait « un événement des plus extraordinaires et qui paraissait d'abord incroyable ». « Nous jugeons, affirmait-il dans son mandement officiel du 19 septembre 1851, que cette apparition porte en elle-même tous les caractères de la vérité et que les fidèles sont fondés à la croire indubitable et certaine. »

Tel n'était pas l'avis de tous les catholiques. A Grenoble, au Cercle Saint-Vincent-de-Paul, certains mettaient en doute l'apparition : le cercle se disloqua. Bien plus, deux prêtres de la ville, l'abbé Cartellier, curé de Saint-Joseph, et l'abbé Deléon publièrent des pamphlets où ils pourfendaient les fidèles trop crédules.

Le cardinal-archevêque de Lyon, Mgr de Bonald, ne leur était pas défavorable. Le Saint-Siège, selon son habitude en pareilles circonstances, refusa de s'engager, car ce n'était pas matière de foi. Les deux prêtres dauphinois affirmaient que les jeunes bergers avaient été trompés par une demi-folle, Mlle de Lamerlière, qui s'était déguisée pour la circonstance. Cette étrange personne intenta un procès en diffamation, qu'elle perdit le 2 mai 1855. Le jugement qui la déboutait fut confirmé en appel le 6 mai 1857.

Les historiens catholiques estiment, une sérieuse enquête canonique ayant été faite, que ce « roman fantastique » n'a fait que jeter le discrédit sur ceux qui ont monté cette «grosse et grossière machine de guerre contre La Salette (Victor Hostachy) ».

Quel que soit le jugement qu'on porte sur la réalité historique de l'apparition, La Salette est un admirable lieu de pèlerinage où tout visiteur se sentira ému. Comme le fut Léon Bloy, qui trouva là l'inspiration d'un de ses livres : *Celle qui pleure.* Comme le furent d'autres pèlerins de La Salette : Jacques et Raïssa Maritain, Ernest Psichari, Joris-Karl Huysmans.

Pour aimer ce sanctuaire montagnard, il n'est que d'y venir. Pour y prier avec ferveur, il n'est que de se laisser porter par le cadre, le site, la foule. Mais pour pénétrer dans l'intimité de La Salette, il faut y passer une nuit. Ah! les bouleversantes processions nocturnes, tous cierges allumés et semblant, sur les prés, refléter la Voie lactée. Ah! la paix divine des matins clairs où la Création paraît neuve...

La révolution de 1848

Deux raisons donnent une importance particulière à la révolution de 1848 à Grenoble et dans l'Isère : un puissant mouvement ouvrier s'y manifeste pour la première fois, par des grèves et des émeutes, mais aussi par l'éclosion de sociétés de pensée ; la crise économique prend un tour catastrophique durant ces « années tournantes ».

Les premières sociétés de pensée se constituent vers 1846-1847 : partisans de Cabet répandant ses idées ; icariens ancêtres des communistes se réunissant chez le tailleur Baër ; adeptes du Phalanstère suivant le très actif docteur Albin Crepu. Cette fois, Grenoble n'a pas précédé Paris comme en 1788. Pourtant, dès 1842, une coalition de cordonniers a montré que le prolétariat dauphinois commençait à prendre conscience de son existence en tant que classe. Sitôt connue à Grenoble, la nouvelle de la révolution de 1848 suscite de très grandes espérances. Les lois qui encouragent la formation d'associations ouvrières, qui créent l'organisation des prud'hommes et qui réduisent la journée de travail sont accueillies avec allégresse. A cette époque, on s'échine, dix heures durant, pour gagner des salaires misérables : un manœuvre ordinaire touche 1,50 franc par jour ; un terrassier : 2 francs ; un mineur de La Mure : 2,70 francs ; un scieur de long : 2,75 francs ; un maçon, un paveur, un plâtrier : 3 francs ; un tailleur de pierre : 3,50 francs. La crise économique a entraîné son cortège habituel de fléaux : chômage, débauchage, réduction des salaires, augmentation du coût de la vie. Les mesures dites « de bienfaisance » prises par les autorités locales, telle la création d'ateliers municipaux, n'ont qu'une efficacité très limitée. On emploie huit cents chômeurs ou nécessiteux à la voirie et aux fortifications, mais il reste beaucoup d'autres sans-travail, qui végètent, ne parviennent plus à nourrir leur famille et sentent monter en eux une sourde colère.

Afin de mieux défendre leurs droits, les ouvriers se groupent. Le 4 mars 1848, ils créent à Grenoble un « comité des travailleurs ». En juillet, pour la première fois, on voit des prolétaires présenter une liste aux élections de Vienne. Vienne où des troubles sociaux ont éclaté au printemps dans le textile, comme il y en a eu dans l'agriculture près de Bourgoin, à Chamagnieu.

Les 13, 14 et 15 juin, selon un plan concerté, des émeutes se déclenchent à Valence, à Grenoble et à Vienne. Dans cette dernière ville, les ouvriers s'arment et dressent des barricades ; une compagnie de la garde nationale passe du côté des insurgés. Mais les troupes interviennent et écrasent les révoltés. Cette affaire n'est qu'un des aspects du fameux complot républicain du Sud-Est, qui, parti de Lyon, a organisé des réseaux dans toute la région. La « Société de la nouvelle Montagne », à Lyon, en est l'âme.

C'est qu'on a des sentiments très républicains dans ces départements, comme en témoigne la profession de foi de l'avocat grenoblois Ponsard à ses électeurs de l'époque :

« La République est hors de question. Elle existe de droit et de fait. Il ne s'agit plus que de la constituer. [...] Cette forme d'ailleurs est la seule durable, parce qu'elle se prête au progrès des idées, et dispense des insurrections en donnant toute liberté à la discussion. »

En 1850, les rapports du procureur général de Grenoble dénotent une inquiétude croissante. Les ouvriers des principales villes de la région, écrit-il, sont en état de révolte permanente. A Grenoble, les manifestations ouvrières se succèdent. Le 15 octobre, les teinturiers se mettent en grève. Peu après, les mégissiers forment un comité ouvrier. A Voiron existe un groupe de résistance très actif. Dans la Drôme, en 1851, les travailleurs tentent une marche sur Crest. Dès le lendemain du coup d'État de Napoléon III, le gouvernement s'acharne contre les ouvriers. Il prononce la dissolution de toutes les « associations fraternelles », ces ébauches de syndicats. Il procède à de grands déploiements de la force armée. Mais, en même temps, les affaires reprennent et peu à peu le calme revient. Il faut attendre 1855 et les années suivantes pour que débute une politique sociale concertée et ordonnée. En 1864, une loi accorde le droit de grève aux ouvriers. La même année, une section de l'Internationale se constitue à Lyon.

Cependant, les difficultés économiques et sociales ne sont pas terminées. La crise rebondit en 1868. Dans les entreprises les plus importantes du Dauphiné, en particulier dans le textile, les ouvriers se mettent en grève pour obtenir des augmentations de salaires et une réduction de la journée de travail. Le mouvement s'étend en 1869 et 1870. Le 25 mai 1870, ce sont les métallos de Grenoble qui passent à l'action.

Dans sa remarquable étude sur la naissance de la grande industrie en Dauphiné, M. Pierre Léon a noté avec juste raison : « En face d'une classe patronale forte et unie par ses aspirations fondamentales, se dressait un prolétariat de plus en plus solidement constitué, de plus en plus agissant, animé, dès la fin du Second Empire, d'une véritable conscience de classe et désireux, au-delà de ses revendications habituelles, de transformer la structure sociale elle-même. »

Pour la seconde fois, le Dauphiné a été le berceau d'une révolution. De celle-ci, on a moins parlé que des événements de 1788. Pourtant, les deux mouvements ne sont pas séparables : l'un annonçait la naissance d'un nouvel ordre politique ; l'autre préface l'apparition d'un nouvel ordre économique et social.

Le maréchal Randon, « pacificateur » de l'Algérie

Randon, Louis-César-Alexandre, qui naquit à Grenoble en 1795, faillit ne jamais devenir maréchal de France. Lors du retour de l'île d'Elbe, il se trouvait à Laffrey avec sa compagnie. Il avait reçu l'ordre d'arrêter l'Empereur. Il tenta de le faire. Louis XVIII ne lui en sut aucun gré. Ce capitaine trop zélé conserva ses trois galons quinze années durant !

La vraie carrière de Randon commence avec la conquête de l'Algérie. Nous le retrouvons colonel à Oran en 1838, commandant de la subdivision de Bône en 1841, lieutenant général en 1847, gouverneur général en 1851. Pour la plupart des historiens d'hier, pour qui la conquête de l'Algérie appartenait à la légende dorée, Randon était un preux, à la tête d'une armée de chevaliers.

« Après le maréchal Bugeaud, qui domine tout, a-t-on écrit, le second rang dans la conquête appartient au maréchal Randon. Au génie de l'un a succédé la persévérance de l'autre. Celui-ci a parachevé l'œuvre de celui-là (Camille Rousset). »

Pour les historiens d'aujourd'hui, le nom du maréchal sonne très fâcheusement, surtout lorsqu'on prononce ces deux mots : les « colonnes Randon ». Elles évoquent souvent les « colonnes infernales » du général Thureau, qui sont restées tristement célèbres, en Vendée, où il combattit les chouans. Randon avait pour mission de parachever la conquête de l'Algérie. Il le fit avec une énergie qui se transforma parfois en une extrême brutalité. En 1856, c'est lui qui dirige les opérations militaires en Kabylie. Il va gagner son bâton de maréchal sur les rives de l'oued Sebaou. En face de lui, vingt-neuf mille fusils, vingt-quatre tribus, la plus farouche étant celle des Beni-Raten. Il lance à l'attaque quatre divisions : Mac-Mahon, Renault, Maïssat et Yussuf, un rallié, ancêtre des harkis ! Tout se joue à Souk-el-Arba, où les Kabyles, malgré une résistance farouche, sont bousculés, écrasés, taillés en pièces.

Randon parachève sa conquête en construisant, en vingt-cinq jours, la route de Tizi-Ouzou et en bâtissant, dans son altière position, Fort-National, « l'épine dans l'œil de la Kabylie ». Il en termine après avoir lancé Mac-Mahon et Marchand contre Icherriden. Victoire totale, mais victoire provisoire. Tout ce sang kabyle répandu appelle vengeance...

Sur le plan militaire, le proconsulat de Randon est encore marqué par l'occupation de Laghouat (1852), par la prise de Touggourt (1854), par la soumission des Nementchas et par la délimitation de la frontière algéro-tunisienne (1844).

Pourtant, en face de ce Randon chef de guerre, il y a un Randon colonisateur convaincu et qui mérite notre attention. Il essaie de respecter les lois et les mœurs des Kabyles, ce qu'on va lui reprocher d'ailleurs, lors de l'insurrection de 1871. Il tente de mettre un terme aux spoliations abusives des terres par les colons français. Il ouvre plus de deux cents écoles primaires, des lycées, une école de médecine, construit quatre-vingts églises et temples. Il fait bâtir à Bône (déjà) les premiers hauts fourneaux utilisant les minerais de fer de l'Édough. Il creuse des puits. Il tente de développer la culture du coton. Il crée enfin le port d'Alger, pour lequel il dépense onze millions de francs.

En désaccord avec le prince Napoléon, il démissionne en 1858. L'année suivante, il rédige un rapport, qui, s'il avait été appliqué à cette époque, aurait peut-être permis de trouver une solution à long terme. Que proposait-il ? L'élargissement des territoires civils, l'élection de députés algériens musulmans qui siégeraient au Palais-Bourbon, l'assimilation administrative progressive, la création de conseils généraux, la liberté de la presse : l'intégration, en somme ! Avec cent ans d'avance.

Pauvre maréchal Randon ! Il n'imaginait sûrement pas que la France, un siècle plus tard, allait devoir livrer une guerre qu'il croyait avoir définitivement gagnée. Mais, comme il était lucide, il savait qu'il existait un problème algérien et qu'il n'était pas réglé. Incapable de faire prévaloir « sa » solution, cet homme, que les musulmans nommaient « le père la sagesse », termina ses jours dans le désenchantement. Il mourut tristement à Genève, le 13 janvier 1871...

La famille Perier

A ce point de l'histoire, il faut faire une place, parmi tant de grands noms, à celui des Perier. Cette famille grenobloise, dont les lointains ancêtres habitaient au XIVe siècle dans le Trièves, commune de Saint-Baudille-et-Pipet, a joué un rôle considérable, en France, au XVIIIe et au XIXe siècle.

Au passage, nous avons déjà rencontré, en 1788, Claude Perier (1742-1801), qui abrita les États du Dauphiné dans son château de Vizille, où il avait créé une manufacture de toiles peintes. Signalons que c'est lui qui racheta les houillères d'Anzin, en 1793, et qui rédigea les statuts de la Banque de France, en 1800.

Parmi ses huit fils, nés comme lui à Grenoble, il en est trois dont l'action fut importante :

Augustin Perier (1773-1833), qui fut élu député, pendant les Cent-Jours et la Restauration, avant d'être élevé à la pairie.

Scipion Perier (1776-1821), qui administra les mines d'Anzin, créa la Compagnie du gaz et la première Compagnie d'assurances maritimes.

Casimir Perier (1777-1832), qui fut député en 1817, président de la Chambre en 1830 et président du conseil en 1832. On a vu le rôle déplorable qu'il a joué dans l' « affaire du 35e de ligne ». On a pu dire de lui qu'il avait dirigé impérieusement la résistance aux réformes et imposé son autorité au roi lui-même.

« Il était d'une très grande taille, écrit un de ses contemporains, sa figure mâle et régulière offrait une expression de pénétration et de finesse qui contrastait avec l'énergie imposante qui l'animait par instants. Sa démarche, son air, son geste, avaient quelque chose de prompt et d'impérieux, et il disait de lui-même en riant : '' Comment veut-on que je cède, avec la taille que j'ai ? '' »

Auguste Casimir-Perier (1811-1876) appartient à la première génération des ralliés à la République et fut deux fois ministre de l'Intérieur de M. Thiers.

Mais le plus connu, sinon le plus marquant, de toute cette lignée dauphinoise est son fils : Jean Casimir-Perier (1847-1907), qui fut président de la République et que son historien Adrien Dansette a dépeint en un raccourci superbe : « L'autorité velléitaire. »

Achard, un peintre oublié

L'histoire de Grenoble au XIXe siècle serait incomplète si, à côté des événements historiques, économiques, sociaux, politiques, religieux, on ne parlait aussi du mouvement artistique. Il se trouve que quatre grands peintres et un illustre compositeur sont nés ou ont vécu en Dauphiné à cette époque.

Le premier de ces peintres est Jean-Alexis Achard, qui naquit à

Voreppe en 1807 et mourut à Grenoble en 1884. Il fut le chef de file de ce qu'on a appelé l' « école de Proveysieux », par analogie, quelque peu excessive, avec celle de Barbizon. Dans la petite bourgade dauphinoise nichée entre les contreforts de la Chartreuse se réunissait, à l'auberge du Grand-Gousier, une bande de joyeux compagnons, qui délaissaient volontiers la palette pour le pichet. Il y avait là Théodore Ravanat, Édouard d'Apvril, Diodore Raoult, Blanc-Fontaine et Achard lui-même.

Ce dernier se fit connaître à Paris, comme paysagiste, à l'occasion du Salon de 1831. Dès lors, il y revint, accrut sa réputation, organisa des expositions en province. Plusieurs de ses toiles, d'inspiration dauphinoise, se trouvent au musée de Grenoble et dans divers musées français. On les néglige aujourd'hui et l'homme est presque oublié. On a tort.

« Achard, a-t-on écrit avec justesse, excelle à rendre la fraîcheur et la richesse de la végétation et l'aspect riant des belles journées de l'été ou de l'automne. »

Et ceci encore :

« Il fut l'un des plus puissants peintres dauphinois du XIXe siècle. Son caractère indépendant l'incita à vivre presque retiré à Grenoble et il n'a pas connu ainsi le succès d'un Courbet, dont il a — nous n'hésitons pas à l'écrire — le génie. Il est le premier et l'un des plus grands peintres de la montagne. »

Hébert, de la villa Médicis à La Tronche

Ernest Hébert (1817-1908) est plus connu, car il fut à deux reprises directeur de la villa Médicis. Son père était notaire à Grenoble. La vocation de l'enfant s'éveilla précocement, et, à dix-sept ans, il possédait déjà un grand nombre de cartons pleins de dessins. Il étudia la peinture à Paris dans les ateliers de David d'Angers et de Paul Delaroche, puis grand prix de Rome, à la villa Médicis, sous le directorat d'Ingres.

Il était le cousin de Stendhal, qui, consul à Civitavecchia, le recommanda en ces termes à ses amis romains, les princes Caetani : « Ce jeune homme a peut-être une âme. » Hébert en avait sûrement une, et fort sensible, puisqu'il confia un jour à Jules et Edmond de Goncourt : « J'ai eu pour initiateur les ruisseaux de mon Dauphiné. Ce fut là mon miroir d'idéal. »

Théophile Gautier, qui l'avait rencontré à Rome, nous le décrit ainsi : « Tout au fond du jardin de la villa Médicis, le directeur de l'école occupe un petit atelier, à demi caché dans un bois de lauriers et près duquel une fontaine épanche son eau dans une grande auge de pierre. »

L'art d'Hébert est des plus subtils. Sur un dessin modelé en grisaille, il superpose des glacis de couleurs, qu'il met ensuite en lumière : une lumière atténuée d'ombres profondes qu'éclairent de délicates touches de clarté ou de couleurs en demi-teintes. On en aura une idée en voyant les œuvres que conserve le musée de Grenoble ou l'émouvante *Vierge de la Délivrance* dans l'église de La Tronche. Cette Vierge est la conséquence d'un vœu. Hébert avait promis de peindre une madone pour l'église de son pays natal, si le Dauphiné échappait à l'invasion allemande. C'était en 1870. La *Vierge de la Délivrance*, trop méconnue aujourd'hui, fut en quelque manière l'ex-voto de toute une génération. Elle est, a-t-on écrit, « un symbole d'espérance. Tout un avenir dort en ses yeux profonds.

» Par la sévérité de la composition, par la simplicité symétrique des lignes, par le caractère du fond, ce tableau a, au premier coup d'œil, un aspect hiératique et même byzantin. [...] Rien de moins formulaire, de moins convenu, de moins traditionnellement liturgique. »

Sur la fin de sa vie, Hébert fut chargé de fournir des mosaïques pour l'abside du Panthéon. Il mourut à quatre-vingt-onze ans, le pinceau à la main. On lui a souvent reproché une phrase cruelle et injuste : « Les impressionnistes ne savent rien ou presque rien. » Non qu'il méconnût le miracle de l'impressionnisme, dont certains de ses propres tableaux, à la fin de sa carrière, sont assez proches ; mais il pressentait que le mépris de la tradition picturale qu'il impliquait devait conduire, par la suite, aux pires abus. Soyons juste envers le patriarche dauphinois. Disons, avec l'un de ses biographes : « Les peintures d'Hébert font penser aux mélodies troublantes d'un musicien qu'il avait connu : il est le Chopin de la peinture. »

Dans la belle propriété de La Tronche où Hébert coula des jours heureux, son fils adoptif, Patrice René d'Uckermann, a longtemps entretenu son culte avec autant de goût que de piété. Une navrante querelle avec la municipalité de La Tronche l'a empêché de réaliser son rêve : agrandir et parfaire cette île de beauté. Ulcéré, il a ramené à Paris les œuvres du grand peintre, qui auraient dû rester en Dauphiné. Cependant, dans un élan généreux, il a légué, en 1979, la propriété Hébert au conseil général de l'Isère.

Le génial crayon de Fantin-Latour

Ignace-Henri-Jean-Théodore Fantin-Latour (1836-1904), est né à Grenoble d'un père professeur de dessin d'origine italienne (San Fantino ; le nom de Latour fut adjoint au XVIIe siècle). L'enfant quitta tout jeune le Dauphiné pour n'y plus revenir. Il ne faut donc pas chercher dans son œuvre « une efflorescence de patriotisme local ». Fantin-Latour, a-t-on dit, « est un Parisien d'adoption, amoureux de Paris, et ses tendances diverses s'expliquent par des aliments intellectuels que Paris fournit à sa curiosité ». Lui-même n'écrivait-il pas : « Un sang trop mélangé coule dans mes veines pour que les questions d'école ou de nationalité puissent m'agiter ? »

Le souvenir de Fantin-Latour, à Grenoble, c'est dans le beau musée à lui seul consacré qu'il faut aller le chercher. Musée trop peu connu, musée trop discrètement célébré, où le visiteur émerveillé découvre, s'il l'ignorait, le génial coup de crayon de Fantin. Pour évoquer le souvenir de ce grand artiste, on ne trouve rien de mieux que ce texte si vivant du célèbre marchand de tableaux Ambroise Vollard :

« J'avais connu Fantin-Latour lorsque j'avais publié mes albums des peintres-graveurs. J'allais le voir de temps en temps. J'y rencontrais quelquefois un des conservateurs du Louvre, M. Migeon. Le peintre aimait parler musique avec lui. Je vois encore Fantin sur une petite chaise, sa calotte sur la tête, devant son chevalet. A côté de lui, Mme Fantin, qui était elle-même une artiste estimable, se reposait de peindre en faisant de la tapisserie. Un jour que j'étais là :

» — *Ah! mon Dieu!* s'écria Fantin, *je savais bien que j'avais oublié quelque chose.*

» Et, déposant sa palette, il sortit précipitamment. Alors, Mme Fantin :

» — *C'est mon mari qui se charge d'acheter le fromage.*

» Fantin, à l'heure du succès, avait conservé son petit atelier de la rue Visconti, l'atelier des mauvais jours, qui était resté cher à son cœur. L'artiste, quand il quittait son quartier pour aller sur la rive droite, ne dépassait guère les Grands Boulevards, à cause des voitures, et ne traversait la chaussée que pour rendre visite à son marchand et ami Tempelaere, qui était installé de l'autre côté du boulevard.

» Degas trouvait que Fantin se faisait tort en se confinant de la sorte :

» — *C'est très bien ce que fait Fantin, quel dommage que ce soit toujours un peu rive gauche.*

» Rive gauche ou rive droite, Fantin, Degas, Renoir, tous étaient logés à la même enseigne : c'était l'atelier le matin, l'atelier l'après-midi. Je me rappellerai toujours l'ahurissement d'un notoire critique d'art, Arsène Alexandre, qui, ayant dit au peintre des danseuses :

» — *J'irai vous voir à l'atelier.*

» — *Oui,* dit Degas le prenant par le bouton de sa jaquette, *mais à la fin de la journée quand il fera noir.* »

Ce pauvre poivrot de Jongkind

Johan-Barthold Jongkind (1819-1891) n'a rien de grenoblois, comme chacun le sait : il naquit en Hollande, où son père était pasteur. Mais il a vécu plusieurs années en Dauphiné, dans sa « retraite » de La Côte-Saint-André. Il est venu souvent à Grenoble. Et — il faut enfin qu'on le sache — il doit à un admirable marchand de tableaux grenoblois, M. Joseph Laforge, ancien conservateur du Musée dauphinois, d'avoir été véritablement « redécouvert » par les amateurs, les critiques et les historiens de l'art.

Nous disons bien « redécouvert », car cet artiste de génie, « le premier et le plus grand des impressionnistes », les Goncourt, à l'œil perspicace desquels peu de choses échappaient, l'avaient mis à sa juste place dès le Salon de 1882.

« Une chose me frappe dans ce Salon : tout le paysage qui a une valeur, à l'heure qu'il est, descend de ce peintre, lui emprunte ses ciels, ses atmosphères, ses terrains. Cela saute aux yeux et n'est dit par personne. »

Après plusieurs séjours en Dauphiné, Jongkind s'installe définitivement à La Côte-Saint-André en 1878. C'est un homme usé : l'absinthe lui a rongé l'estomac, délabré la santé, obscurci l'esprit. Mais l'immense talent est intact. Les émotions qu'il éprouve au contact de la nature dauphinoise avivent encore sa sensibilité. Il y trouve comme une sublimation de son art.

« La joie de subir le rayonnement des paysages et de peindre leur changeante beauté n'excita jamais dans son âme des transports plus ardents.

» En dehors de la gouache, la boîte de ce coloriste ne contient que onze couleurs : cadmium, ocre jaune, laque capucine, vermillon, brun van Dyck, teinte neutre, bleu de cobalt, vert Véronèse, bleu de Prusse, sépia, laque jaune. »

On aimerait décrire Jongkind visitant Grenoble, passant des heures au musée, où il prend fébrilement des notes, car il a toujours un carnet de croquis en poche... et puis allant faire bombance, tout seul, chez Clairfonds, 1, place Grenette. On aimerait le montrer à La Côte-Saint-André, bavardant avec les pauvres, les mendiants, les petites gens, les paysans, avec qui il trinque volontiers et plus que de raison ; flattant les chiens, qu'il adore ; conversant avec un mouton, pour qui il s'est pris d'amitié ; hantant quotidiennement le café Paillet et l'hôtel du Midi, bien que son médecin lui ait conseillé « l'abstention de vin pur, de bières et de liqueurs fortes ». Il continuera jusqu'au bout à boire de l'absinthe, mais il gardera toujours sur lui cette ordonnance ! Sur cette période de la vie de Jongkind, peu de témoignages écrits nous ont été conservés, hélas ! Il faut se le représenter tel que l'ont vu les Goncourt, en 1875, à l'enterrement de Corot :

« ... Quasi hagard, grand, long, habillé comme à l'aventure, coiffé d'un large feutre déformé d'un coup de poing, les traits tirés, la barbe d'un blanc où des reflets blonds s'attardaient encore, tout en désordre, nerveux, gesticulant, se parlant à soi-même à haute voix, l'accent fortement étranger. [...] Dès les premiers mots, le désarroi des idées se manifestait sur tout autre sujet que la peinture.

» Il se croyait l'objet de persécutions constantes de la part d'ennemis haut situés, à la tête desquels se trouvait peut-être le prince d'Orange ! Une de ses préoccupations, lorsqu'on venait vers lui, était d'empêcher qu'on ne lui touchât la partie supérieure de la main, qu'il disait empoisonnée. Je ne saurais répéter la longue et confuse histoire qu'il contait à ce propos, avec une conviction désolante.

» Mais sitôt qu'il parlait de son art, sa lucidité se retrouvait intacte. » Fin 1890, hémiplégie droite. Au début de l'année 1891, deuxième attaque. Le 27 janvier, on le transporte à l'asile d'aliénés de Saint-Robert, près de Grenoble. Il y meurt le 9 février.

Le premier amour d'Hector Berlioz

Ce fils de médecin, né en 1803 à La Côte-Saint-André, n'a jamais vécu à Grenoble. Mais il y vint souvent : son grand-père maternel, M. Marmion, avait une propriété à Meylan, aux portes de la cité.

« Ce village et les hameaux qui l'entourent, la vallée de l'Isère qui se déroule à leur pied et les montagnes du Dauphiné qui viennent là se joindre aux Basses-Alpes forment un des plus romantiques séjours que j'aie jamais admirés. Ma mère, mes sœurs et moi, nous y allions ordinairement chaque année passer trois semaines vers la fin de l'été.

» Dans la partie haute de Meylan, tout contre l'escarpement de la montagne, est une maisonnette blanche, entourée de vignes et de jardins, d'où la vue plonge sur la vallée de l'Isère ; derrière sont quelques collines rocailleuses, une vieille tour en ruine, des bois et l'imposante masse d'un rocher immense, le Saint-Eynard ! une retraite enfin, évidemment prédestinée à être le théâtre d'un roman. »

Dans cette maison habite Mme Gautier, avec ses deux nièces, dont l'aînée a dix-huit ans et s'appelle Estelle. Hector Berlioz, qui a douze ans, en tombe éperdument amoureux.

Elle avait, nous dit-il, « une taille élégante et élevée, de grands yeux armés en guerre, bien que toujours souriants, une chevelure digne d'orner le casque d'Achille, des pieds, je ne dirai pas d'Andalouse, mais de Parisienne pur-sang et des brodequins roses. J'ai oublié la couleur de ses cheveux, que je crois noirs pourtant, et je ne puis penser à elle sans voir scintiller, en même temps que les grands yeux, les petits brodequins roses.

» En l'apercevant, je sentis une secousse électrique. Je l'aimais. C'est tout dire. Le vertige me prit et ne me quitta plus. Je n'espérais rien, je ne savais rien : mais j'éprouvais au cœur une douleur profonde. Je me cachais le jour dans les champs de maïs, dans les réduits secrets du verger de mon grand-père, comme un oiseau blessé, muet et souffrant. La jalousie, cette pâle compagne des plus pures amours, me torturait au moindre mot adressé par un homme à mon idole. J'entends encore en frémissant le bruit des éperons de mon oncle quand il dansait avec elle. Tout le monde à la maison et dans le voisinage s'amusait de ce pauvre enfant de douze ans, brisé par un amour au-dessus de ses forces. Elle-même, qui la première avait tout deviné, s'en est fort divertie, j'en suis sûr. »

Si curieux que cela paraisse, malgré deux mariages, malgré une vie mouvementée, malgré les chefs-d'œuvre multipliés et la gloire accourue, Hector Berlioz n'oublia jamais son premier amour pour celle qu'il quitta, alors qu'il n'avait encore que treize ans.

Une première fois, il la revit comme il rentrait d'Italie. Il avait trente ans. « Mes yeux se voilèrent en apercevant de loin le Saint-Eynard et la petite maison blanche et la vieille tour. Je l'aimais encore. J'appris en arrivant qu'elle était mariée. Cela ne me guérit point. »

Berlioz revient à Meylan en 1864, cinq ans avant de mourir, et, de là, se rend à Lyon pour retrouver Estelle. Elle est veuve. Plusieurs de ses enfants sont décédés. Ses cheveux grisonnent. Elle se nomme Mme Fornier. Elle le reçoit avec douceur et lui dit en le quittant :

« Adieu, monsieur, adieu, je vous suis profondément reconnaissante des sentiments que vous m'avez conservés. »

Et Berlioz de conclure tristement :

« Non, le temps n'y peut rien. D'autres amours n'effacent point la trace du premier. »

La IIIᵉ République

Une révolution silencieuse

Le 5 septembre 1870, une « commission municipale provisoire exécutive », composée en majorité de radicaux, proclame la République en quelques phrases enthousiastes :

« Après dix-huit ans de honte et de malheur, nous saluons de nouveau la République de 1792 et de 1848.

» Vous savez combien elle fut pure et comment elle a été odieusement assassinée. Aujourd'hui, elle nous appartient, et nous répondons tous de sa durée, de son avenir, devant la conscience publique et devant l'histoire.

» Mais, vous le savez aussi, République, c'est le symbole de l'ordre autant que de la liberté ! Pourquoi faut-il que ce soit en ce moment le symbole de l'indépendance nationale ?

» Eh bien ! jurons ici que cette grande tâche n'est pas au-dessus de nos forces. Nous aurons l'ordre, nous aurons la liberté et nous vaincrons nos ennemis. »

Mais un autre événement, beaucoup plus important pour l'avenir de Grenoble que la proclamation de la République troisième du nom, s'est produit l'année précédente : c'est l'invention de la houille blanche.

Plus on étudie l'histoire de Grenoble, plus on constate que cette année 1869 marque la deuxième naissance de la ville. Elle se développait lentement. Son avenir semblait bouché. Ses possibilités industrielles, problématiques. Nul n'aurait osé lui prédire un grand destin. Or, voici que la houille blanche déclenche une réaction en chaîne, qu'on peut ainsi décomposer :

La construction des équipements hydro-électriques lance les industriels sur des voies nouvelles. Des usines se transforment, d'autres naissent, toutes grandissent et l'expansion économique s'accélère. La croissance de la ville l'oblige à délacer puis à déchirer son corset de fortifications. Grenoble devient un pôle d'attraction pour les immigrants qui, sûrs d'y trouver du travail, y accourent en grand nombre. Liée à l'industrie par toute une série de recherches appliquées, la faculté des sciences se développe rapidement, entraînant à sa suite toute l'université.

Voici tracées les cinq grandes divisions d'un chapitre où l'on va voir Grenoble, en quelques décennies, opérer une mutation spectaculaire et bâtir son avenir sur des fondations nouvelles. Cet enchaînement de faits surprend, à première vue. Pourtant, les données permanentes sont là, comme un fil conducteur que nous retrouvons, depuis le début de ce récit : effort des hommes, présence de l'eau.

« L'eau des humbles battoirs, des « moulins » de l'époque médiévale, aux centrales électriques, avec leurs turbines et leurs transformateurs, apparaît dans l'histoire dauphinoise comme le facteur stable par excellence », a noté M. Pierre Léon dans sa solide étude sur la naissance de la grande industrie en Dauphiné.

A contrario, on doit rappeler que l'eau ne constitue pas « un élément de fixation absolu : l'électricité est une denrée que l'on peut transporter facilement ».

La seconde donnée permanente, c'est l'effort humain.

« C'est en définitive sur son effort, sur son intelligence, sur son ingéniosité à tirer parti des avantages qui lui sont offerts, à triompher des obstacles qui lui sont opposés, à s'adapter à des circonstances nouvelles, que repose la pérennité du groupe dauphinois. »

Raoul Blanchard, une fois encore, a tout dit en quelques phrases d'une rare pertinence :

« Le trait industriel est le mieux accusé de ceux qui font la physionomie de Grenoble. Résultat, non pas d'une heureuse conjonction de facteurs géographiques favorables, mais bien de l'esprit de décision, des qualités d'ingéniosité et d'initiative des chefs, du tempérament laborieux et tenace de la population, la prospérité industrielle de Grenoble, dans un site cerné de montagnes et assez malaisément accessible, à l'écart des sources de matières premières et de combustibles, comme des grands foyers de consommation, est un paradoxe géographique qui ne trouve son explication que dans une initiative humaine, pleine de hardiesse, et sans cesse renouvelée et rajeunie. »

En un mot comme en cent, les Grenoblois ont l'esprit pionnier.

La houille blanche

Trois hommes autour d'un berceau

Sur le berceau de la houille blanche, trois hommes se sont penchés : Bergès, Frédet et Matussière. La gloire du premier éclipse à tel point le nom des deux autres qu'ils sont parfois complètement oubliés. Il serait aussi injuste de les taire que de les confondre tous dans une égalité trinitaire...

Cette histoire a été longtemps embrouillée par une polémique dont il faut bien parler. A entendre Matussière, le père de la houille blanche, c'est lui. Des documents d'époque, conservés dans les archives des papeteries du Domeynon, à Domène, affirment :

« Amable Matussière a eu l'initiative. Il a le premier entrepris ou poussé d'autres à entreprendre, avec lui ou après lui. Alfred Frédet est le premier technicien qui ait étudié la réalisation d'une haute chute. Aristide Bergès est le premier à avoir mené à bien la réalisation d'une haute chute, et il a su donner à l'utilisation de l'énergie hydro-électrique une impulsion considérable. »

Un homme qui occupa longtemps dans la papeterie française un poste de premier plan, Marcel Deléon, s'est fait le défenseur de la mémoire de Bergès. Après avoir, pendant plusieurs années, dépouillé ses archives, conservées à Lancey, et découvert des documents essentiels, comme le carnet de nivellement et l'étude du profil en long de la conduite de Brignoud, il déclare, de la façon la plus formelle et la plus catégorique : « Le père de la houille blanche, c'est Bergès. »

Avec une objectivité d'historien qui a examiné attentivement les documents, les a pesés et les a comparés, Pierre Léon semble bien avoir mis un terme à cette polémique. Sa démonstration tient en trois points :

1º Il est vrai que Matussière et Frédet ont songé les premiers à installer une haute chute ;

2º Il est vrai qu'ils n'ont pas pu sérieusement agir avant la réussite de Bergès ;

3º Il est vrai enfin que le rôle essentiel n'était pas celui de la pensée, mais de l'exécution. Elle demandait du courage et de l'audace : ce fut le mérite éminent de Bergès. Elle exigeait des moyens financiers : il eut la chance d'en trouver.

Ajoutons enfin que l'expression même de « houille blanche », qui allait faire fortune, apparut pour la première fois dans une notice rédigée par Aristide Bergès à l'occasion de l'Exposition universelle de 1889. En voici quelques extraits significatifs :

« Exploitation de la houille blanche des glaciers par la création de chutes de 500 à 2 000 mètres de hauteur.

» Des millions de chevaux de force motrice presque gratuite peuvent ainsi être acquis à l'industrie et être exploités par les applications électriques : électricité, électrométallurgie, aluminium, transmission de force. [...]

» Il semble que le moindre filet d'eau dans les grandes hauteurs ne soit plus de l'eau, mais de la houille noire qui sourd automatiquement du sol, et alors le nom de houille blanche pour baptiser ces richesses vient naturellement à l'esprit. »

Et Bergès précise :

« De la houille blanche, dans tout cela, il n'y en a pas : ce n'est évidemment qu'une métaphore. Mais j'ai voulu employer ce mot pour frapper l'imagination et signaler avec vivacité que les glaciers des montagnes peuvent, étant exploités en force motrice, être, pour leur région et pour l'État, des richesses aussi précieuses que la houille des profondeurs. »

Il est bien certain qu'on connaissait la houille blanche avant que l'expression n'entre dans la langue. Dès l'année 1837, le Stéphanois Benoît Fourneyron (1802-1867), inventeur de la turbine, avait équipé à Saint-Blaise, en Forêt-Noire, une chute de cent quatorze mètres. En 1850, le Dauphinois Girard en avait équipé une autre, de cent cinquante mètres, dans les Apennins. En 1863, un autre Dauphinois, Joya, avait équipé à Uriage une chute de quatre-vingts mètres, qui fournissait de l'énergie à l'usine des Ciments Vicat. C'est la plus ancienne des chutes moyennes aménagées en France. Enfin, en 1864, le Stéphanois Neyret avait installé à Rioupéroux, dans la vallée de la Romanche, trois défibreurs, d'une puissance de 800 CV, qui étaient actionnés par une chute de vingt-quatre mètres en trois étages de huit mètres.

C'est l'évolution de la papeterie qui joua le rôle déterminant dans la naissance de la houille blanche. A partir de 1846, en effet, la technique se trouva bouleversée. A la suite de l'Allemand Wœlter, on se mit à utiliser non plus seulement des chiffons, mais des fibres en bois. Matussière fut, de très loin, le premier dans la région à fabriquer ce qu'on appela la « pâte mécanique ». Elle était obtenue par râpage de bûches de bois, maintenues sous pression convenable au contact d'une meule de grès tournant à vitesse constante. Un courant d'eau d'un débit déterminé entraînait le mélange vers des appareils classeurs, raffineurs, épaississeurs. Ces appareils de râpage, qui prirent le nom de « défibreurs », nécessitaient une puissance considérable et un courant d'eau continu.

Matussière, Frédet

Le premier des trois hommes qui contribuèrent à la naissance de la houille blanche, Amable Matussière, était né à Marcenat, dans le Puy-de-Dôme, et avait commencé par exercer le métier de parquetier à Ambert. Il vint s'établir à Grenoble pour créer une fabrique de parquets, destinés aux immeubles de la rue Impériale, dont on commençait la construction à Lyon.

A cette époque, on avait déjà capté une petite chute d'eau de douze mètres sur le torrent du Domeynon, à l'est de Grenoble. Mais elle avait été abandonnée. En 1860, Matussière visita des installations analogues en Forêt-Noire et décida de les imiter, pour employer la technique de défibrage de Wœlter. Il installa à Domène quatre défibreurs sous une chute de trente-cinq mètres. Pour cela, il dériva les eaux d'un petit lac, grâce à un tunnel creusé dans le roc et à des tuyaux d'un mètre de diamètre, aboutissant à des turbines Fontaine qui tournaient à cent cinquante tours par minute. Ces techniques nouvelles apportèrent le succès à l'entreprise. Elle se développa et un groupe papetier naquit.

Matussière, qui envisageait d'aller plus loin et qui n'était pas technicien, fit appel à Alfred Frédet. Celui-ci, né à Cébazat, dans le Puy-de-Dôme, en 1829, sorti de l'École centrale en 1854, avait d'abord été ingénieur aux papeteries d'Essonnes et Firmin-Didot. Il n'était arrivé en Dauphiné qu'en 1864.

C'est Frédet qui entreprit, dès 1867, l'étude d'une chute de soixante et onze mètres, puis de cent quarante-sept mètres. Elle devait, à l'origine, comporter deux sections successives, l'une de soixante et onze mètres et l'autre de soixante-seize, séparées par une centrale électrique. L'installation était destinée à alimenter une usine de pâte à papier à Brignoud. Le 24 octobre de cette année-là, un contrat d'association fut signé entre les deux hommes. Leur projet fut revisé en 1871 et réalisé seulement en 1872, à la suite de la parfaite réussite des travaux de Bergès.

Aristide Bergès

Le troisième homme, Aristide Bergès, était né en 1833 à Lorp, dans l'Ariège, d'une famille de papetiers très ouverts au progrès. Il sortit de Centrale à dix-neuf ans, en 1852, et devint d'abord ingénieur au service technique du Crédit mobilier, puis ingénieur à la Société des chemins de fer d'Andalousie. En 1863, il revint à la papeterie paternelle, où était déjà installé un défibreur Wœlter. L'année suivante, il déposa ses premiers brevets sur le défibrage et le tamisage de la pâte mécanique. Il créa une papeterie, selon ses principes, à Mazères-sur-Salat, et aboutit à la conclusion, qui est devenue un des principes fondamentaux de la papeterie moderne : il est nécessaire de laisser épaissir la pâte par décantation.

C'est en 1866 que Bergès, désireux d'exploiter ses brevets, vint en Dauphiné, pour prendre contact avec Matussière et Frédet. Il entra bientôt en relation à Domène avec le docteur Marmonier, qui n'était pas précisément un ami politique de Matussière. Ce médecin avait des intérêts à Lancey : il y possédait un petit moulin à farine utilisant une chute d'eau de quatre mètres. Bergès conçut son grand projet : capter une chute de deux cents mètres qui développerait une force de 1 000 CV. En 1868, il créa une société avec Marmonier. Les travaux commencèrent le 21 janvier 1869.

Pour se prémunir contre les « maigres » du torrent, on construisit un barrage-réservoir. La conduite forcée fut constituée de tuyaux de fonte, usinés à Grenoble par Guillet et Faure et à Saint-Chamond par Imbert. Cette conduite avait quatre cent cinquante mètres de longueur pour un diamètre de quarante centimètres et une hauteur de chute de deux cents mètres. La pression étant importante (20 kg/cm²), on renforça les cornières inférieures par des anneaux soudés. La réalisation de la turbine, conçue par Bergès, posa des problèmes délicats aux ateliers Brenier de Grenoble. Comme on n'arrivait pas à la fabriquer en acier, on employa la fonte.

Le 27 septembre 1869, l'installation est mise en route, en l'absence de Bergès d'ailleurs. Les deux défibreurs actionnés par la turbine produisent, à la fin de l'année, cinq à six tonnes de pâte par jour. Le docteur Marmonier s'écrie, mi-inquiet, mi-admiratif : « Tout le monde est effrayé de cette formidable pression dans un seul tuyau. » Pour un peu, il irait poser son stéthoscope contre la conduite forcée, afin de l'ausculter...

Quant aux personnages officiels, selon la bonne vieille tradition de la IIIᵉ République, ils versent dans le lyrisme. Écoutez, par exemple, le ministre G. Hanotaux, lors d'un discours à Grenoble : « Ainsi une grande révolution est accomplie : la montagne, jusque-là inactive et inféconde, va prendre part au labeur universel. Elle est domptée et maîtrisée par son propre fils : le montagnard. »

Aristide Bergès, lui, ne se laisse pas aller à des débordements d'éloquence. Il pressent l'importance de la houille blanche. Il sait qu'elle sera source de progrès économique et social. Il voit, par avance, la peine des hommes allégée et les maisons éclairées à l'électricité. Il annonce ces temps nouveaux, tout en poursuivant inlassablement ses travaux. Pionnier du monde moderne, il en est également l'un des prophètes.

L'ancêtre des lignes à haute tension

A peine la houille blanche commence-t-elle à être exploitée qu'un Parisien, Marcel Deprez, affirme « la possibilité d'utiliser le courant électrique pour transmettre à distance une force quelconque sans limite théorique de puissance ». Tel est le texte même de la note qu'il présente à l'Académie des sciences, le 15 mars 1880.

Scepticisme des uns, ironie des autres, devant l'affirmation gratuite de cet autodidacte de vingt-quatre ans... Mais lui, tout aussitôt, passe aux applications. En 1881, il réalise un transport d'énergie électrique sur dix-huit cents mètres au palais de l'Industrie, à Paris. En 1882, il répète son expérience à Munich sur une distance de cinquante-sept kilomètres avec un rendement de 30 pour 100.

A Grenoble, dès qu'on apprend cette nouvelle, on dresse l'oreille. Le maire, Édouard Rey, envoie *illico* un télégramme à Deprez. Ce dernier rentré à Paris, il lui dépêche son ami le docteur Bordier. Enfin, lui-même saute dans le train et débarque chez le génial inventeur.

« Monsieur, lui dit-il, c'est à Grenoble qu'il faut poursuivre vos expériences. »

Une dynamo génératrice est bientôt installée dans la cimenterie Delahaye, près de la gare de Jarrie. Elle est actionnée par une turbine électrique (tension : 3 146 volts, vitesse : 1 140 tours/minute), alimentée par une dérivation de la Romanche. Au centre même de Grenoble, tout près de la place Grenette, dans le bâtiment de la Halle, est exposée la dynamo-réceptrice (tension à l'arrivée : 2 231 volts, vitesse 875 tours). La ligne est formée d'un double fil en bronze siliceux de deux millimètres de diamètre. On effectue le branchement. Ô merveille ! La machine tourne... La puissance reçue à Grenoble est de 7 CV, avec un rendement de 62 pour 100. La perte en ligne ne dépasse pas 6,6 pour 100.

Alors, on apporte sous la Halle une presse d'imprimeur. On l'actionne au moyen de cette énergie électrique qui vient de quatorze kilomètres de distance et on tire un journal scientifique baptisé *L'Énergie électrique*. L'ancêtre des lignes à haute tension vient de naître. Et ce premier numéro du *Journal universel d'électricité* qui ne comportera jamais de numéro 2 écrit bravement : « Il n'y a plus d'incertitudes à conserver sur l'avenir. [...] Le doute doit cesser, l'avenir est immense et il est assuré. »

Cette prophétie date de 1883.

L'essor industriel

La métallurgie

Du jour où la technique permet d'équiper les hautes chutes, l'industrie lourde dauphinoise entre véritablement dans « une ère nouvelle ». Jusqu'ici, cette industrie est restée traditionnelle dans ses techniques, modeste dans ses créations et provinciale dans ses ambitions.

L'ère « primaire », celle de la ganterie, trouvait son explication dans la présence d'une matière première et dans l'offre d'une main-d'œuvre. Seule ou presque, avec celle des liqueurs, cette industrie avait affirmé très tôt sa vocation exportatrice.

L'ère « secondaire », celle de l'industrie minérale, était la conséquence d'un hasard heureux : la découverte d'anthracite et de pierre à chaux et à ciment dans le sous-sol dauphinois.

A son tour, l'ère « tertiaire », celle de la métallurgie, née de la houille blanche, procède d'une cause parfaitement naturelle : l'abondance des eaux ruisselantes et cascadantes de la région. Mais il existait d'autres châteaux d'eau en France, qui eussent pu ravir à Grenoble la prééminence. Et c'est ici qu'intervient le génie de quelques hommes, leur esprit d'entreprise et leur opiniâtreté. Il faut le dire et le répéter : une poignée de pionniers communiqua son ardeur offensive aux autres industriels et leur insuffla un véritable esprit de conquête. Conquérants, ils le furent — et leurs descendants le demeurent — pour maîtriser des techniques sans cesse plus audacieuses et plus perfectionnées. Conquérants, ils le furent aussi — et leurs descendants le demeurent — pour imposer leurs équipements sur les marchés extérieurs, en France d'abord, en Europe ensuite, dans le monde enfin.

Mais n'anticipons pas sur l'ère « quaternaire », celle de l'industrie grenobloise contemporaine : peu de matière première, beaucoup de matière grise, un effort permanent d'innovation, la recherche constante de marchés extérieurs.

L'exploitation de la houille blanche demandait du matériel. Grenoble, après 1870, comprit que, pour gagner la partie, il lui fallait fournir aux ingénieurs tout ce dont ils avaient besoin : conduites forcées, charpentes métalliques, pylônes électriques, vannes, dégrilleurs, câbles de transport, turbines... Ainsi naquit une puissante industrie métallurgique et électro-métallurgique. A coup sûr, a-t-on fait remarquer, cette industrie « ne semblait pas favorisée par les conditions du milieu : fonte, acier venaient de loin, du Nord ou de Lorraine ; le combustible de La Mure ne convenait ni en qualité ni en quantité ; il fallait s'adresser aux houillères de la Loire, de Blanzy, du Nord, ce qui imposait de coûteux transports. Mais le client était tout près, dans des conditions d'accès que les métallurgistes de Grenoble étaient seuls à même d'utiliser facilement, et il s'agissait d'une clientèle très spéciale pour laquelle les autres usines françaises n'étaient pas outillées. Cela suffisait pour rétablir l'équilibre, et permettre à cette nouvelle industrie un développement remarquable. »

La banque

La banque joua un rôle moteur dans l'expansion économique dauphinoise. L'électricité naissante trouva un soutien actif auprès des premiers banquiers de la ville — Gaillard, maître de postes, Charpenay, marchand de drap en gros, Lamberton, négociant en grains, Ferradou, minotier — qui, entre 1850 et 1870, avaient adjoint à leur négoce celui de l'argent. Mais très rapidement les grandes banques parisiennes arrivèrent à la rescousse. Une succursale de la Banque de France fut créée à Grenoble par décret royal du 31 mars 1840. La Société générale s'installa le 23 juillet 1872 et le Crédit lyonnais en 1873. Est-il vrai que, « dès la fin du Second Empire, l'industrie dauphinoise dispose d'un capital suffisamment puissant et suffisamment concentré, d'un circuit bancaire déjà capable d'assurer une large circulation de l'argent, ce lubrifiant indispensable à l'activité économique » ?

Ne mettons pas trop de rose dans ce tableau. Il n'y avait pas à cette époque à Grenoble un marché de capitaux comparable à celui qui existe dans les puissantes métropoles, où les fortunes se sont lentement accumulées. Le trouve-t-on aujourd'hui ? Pour avoir grandi beaucoup plus vite que d'autres cités, déjà adultes à l'époque où elle n'était qu'une frêle adolescente, Grenoble a connu des difficultés sérieuses. Elle en connaît encore. Grenoble est une parvenue ! Financièrement parlant, elle trotte et souffle pour arriver à suivre, depuis la fin du XIXe siècle, le rythme rapide de son expansion. Zurich, Milan, Turin, Genève, Lyon, pour ne citer que ces opulentes voisines, avaient des réserves lentement accumulées et solidement constituées où elles pouvaient puiser à pleines mains. Les Grenoblois se sont mis en route l'escarcelle plate.

Entre les banquiers de ces cinq grandes cités et ceux de Grenoble, le parallèle serait intéressant. Les nôtres apparaîtraient bien petits. Ils n'en eurent que plus de mérite, eux et les industriels, d'oser se lancer dans ce qui pouvait passer pour une aventure. Et elle n'est point terminée.

En cette seconde moitié du XXe siècle, en effet, on retrouve, à une autre échelle, les mêmes problèmes qu'à la fin du XIXe. La ville pressée, poussée, bousculée, entraînée par son expansion, ne parvient pas sans mal à en assurer le financement. Il faut parer au plus pressé, respecter des ordres d'urgence. Sans cesse Grenoble a grand besoin d'argent frais, que son budget est loin de lui fournir en suffisance. Les industries, de leur côté, sont aux prises avec des problèmes d'investissements délicats. Passe encore pour les entreprises qui dépendent de grandes sociétés parisiennes. Mais c'est le petit nombre. Les autres doivent lutter seules. Est-ce en elles-mêmes, est-ce autour d'elles, dans ce Dauphiné qui n'est pas richissime, qu'elles peuvent trouver les ressources dont elles ont besoin ? Assurément pas. Grenoble est perpétuellement importatrice de capitaux.

La ville possède aujourd'hui un appareil bancaire important. Les petites banques locales ou régionales d'hier ont conservé leur individualité, en se modernisant sans doute, mais surtout en s'adaptant avec intelligence, souplesse et vigueur aux besoins de l'économie locale. On pourrait citer des exemples très remarquables, dans ces cinq établissements que connaissent tous les Grenoblois : la Banque la Prudence, émanation de la société La Mure, née en 1895, la Banque d'escompte et de crédit de la région dauphinoise (B.E.C.R.D.) en 1919, la Société lyonnaise de dépôts et de crédits industriels en 1931, la Banque de l'Isère en 1920, la Banque Nicolet-Lafannechère en 1923 — ces deux dernières récemment regroupées.

A côté de ces cinq établissements, les cinq grandes banques françaises possèdent des succursales importantes : la B.N.C.I. depuis 1937 et le Comptoir national d'escompte de Paris depuis 1906. On a vu que la Banque de France était arrivée sous la Restauration, le Crédit lyonnais et la Société générale tout au début de la IIIe République.

Avec le développement de l'agglomération grenobloise, beaucoup de banques ont été obligées d'ouvrir des succursales dans les quartiers nouveaux ou dans les communes périphériques. Mais il est un autre phénomène important qu'on ne doit pas négliger, c'est la multiplication des établissements de crédit : Crédit commercial de France, Compagnie française d'épargne et de crédit, Crédit foncier de France, Crédit agricole, Société anonyme de crédit immobilier et nombreuses autres sociétés analogues.

Enfin, la Caisse d'épargne de Grenoble, autorisée par ordonnance royale le 27 mai 1834, ouverte le 17 avril de la même année, joue un rôle considérable. Au 1er janvier 1979, le nombre de comptes a atteint 237 691 et celui des dépôts sur livrets 2,6 milliards de francs. Une partie de cette somme a été investie en forêts, une autre consacrée à la construction de logements sociaux et de maisons d'étudiants.

Le bouton-pression

Il existe à Grenoble une industrie tout à fait particulière : c'est celle du bouton-pression. On imagine difficilement, a-t-on écrit, que ledit bouton « ne nous parvienne pas de la plus haute Antiquité et même de la préhistoire, tant il appartient à l'arsenal obligatoire de la couturière. Le temps n'est pourtant pas si loin où un mécanicien grenoblois, Pierre-Albert Raymond, inventa ce fermoir demandé par les gantiers de la ville ».

L'objet naquit de ses doigts habiles, en 1886, et s'appela d'abord le « fermoir cage ». Sa tête ressemblait, en effet, à une petite cage dont les barreaux minuscules servaient de ressort. Quelques années plus tard, vêtu de laiton, de fer, de nacre, de corozo, il était vendu dans le monde entier. Des machines astucieuses étaient construites, qui permettaient de le fabriquer non plus en huit opérations comme au début, mais en trois ou quatre seulement. Et toute une collection de petits frères et sœurs lui étaient nés : agrafes, crochets, fermoirs de sac ou de coffret, œillets, rivets, boucles.

Les presses modernes des usines de boutons-pression n'ont guère changé, dans leur principe, depuis la fin du siècle dernier : emboutir et découper sont toujours deux opérations essentielles. Mais ces machines se sont automatisées et atteignent, pour certaines, un sommet de perfection technique. De même que les ouvriers « plaqueurs », qui exécutent à la demande les « plaques » ou matrices et les poinçons destinés à ces presses, constituent une véritable aristocratie ouvrière.

Les différentes usines de boutons-pression de l'agglomération grenobloise emploient actuellement quelque 1 200 personnes et exportent dans le monde entier. Les trois plus importantes, après Raymond et Cie, sont La Dauphinoise Sappey, les successeurs de Bois et Chassande, l'Outillage national automatique. On y fabrique non seulement des boutons-pression, mais des fermetures Éclair, des agrafes pour l'automobile, des pièces pour l'industrie de la radio et de l'électronique et même... des yeux de poupée.

Sans doute faudrait-il inclure dans ce chapitre la Société Becton Dickinson France, qui fabrique à Pont-de-Claix des instruments médicochirurgicaux, notamment des aiguilles et des seringues hypodermiques. Elle appartient, en effet, à l' « Union des fabricants d'articles métalliques ». Union dont les métaux ne restent plus la seule matière première. Plusieurs entreprises, comme les Établissements Raymond et la Société « La Dauphinoise » se sont en effet orientées vers la fabrication de pièces en matière plastique, nécessitant l'emploi de presses à injecter de petite et moyenne capacité.

La croissance de Grenoble

« Messieurs, la ville étouffe... »

1881. Un homme de quarante-cinq ans vient d'être élu maire de Grenoble, Édouard Rey (1836-1900). A peine a-t-il ceint l'écharpe qu'il réunit son conseil municipal et lui tient ce langage :
« Messieurs, la ville étouffe dans un système de fortifications qui ruine les finances chaque fois qu'elle s'étend, entrave son essor, nous réduit à nous agiter dans d'étroites murailles quand les Alpes nous attirent, quand toutes les richesses de la nature sont à nos portes. »
Ce jeune maire, à l'ardent esprit social, entend « marquer son passage à l'hôtel de ville par quelques actes durables et appréciés ». Il présente, le 1ᵉʳ juin 1881, un audacieux programme d'urbanisme qui, quarante années durant, va commander le développement de la ville. Son budget annuel est de cinq millions. Édouard Rey décide d'en emprunter douze pour réaliser son plan. Timorés ou économes, certains crient casse-cou. Mais le projet est accepté.
En 1882, le ministre de la Guerre consent au déclassement des fortifications. Résultat : on peut enfin réunir l'ancienne ville aux quartiers de l'ouest — gare et cours Berriat — après avoir détruit les remparts. Grand dommage pour le pittoresque. Il eût mieux valu, assurément, les conserver, avec leurs vieilles portes, dont certaines étaient belles, et construire la ville nouvelle à l'extérieur, au-delà du glacis.
Bientôt commencent de grands travaux : construction du lycée Champollion en 1883 : coût, 3,6 millions ; de l'avenue Alsace-Lorraine ;

de la place Victor-Hugo, terminée en 1885 ; de la piscine, l'une des premières ouvertes en France, à l'été 1883 : coût, 168 460 francs ; captage des sources de Rochefort près de Pont-de-Claix : 30 000 litres/minute. Rome est, dit-on, la seule ville du monde à avoir, à cette époque, autant d'eau que Grenoble ; tout-à-l'égout, dont le projet est adopté en 1890, contre l'avis des maraîchers, qui craignent d'être privés d'engrais ; destruction, à partir de 1882, de l'ancien hôpital situé en pleine ville ; construction du pont de la porte de France en 1890 ; création de l'hôtel des Postes (1886-1888), qui compte au début cinquante-six abonnés au téléphone seulement. En six années la superficie de Grenoble quadruple.

L'électricité a fait sa première apparition en ville le 14 juillet 1882. A l'occasion de la fête nationale, vingt ampoules à incandescence ont été fournies par Edison et Siemens et une machine Gramme par Aristide Bergès. Il en a coûté 1 511,20 francs à la municipalité. Mais l'éclairage public progresse timidement : premières installations électriques au théâtre, par souci de sécurité, en 1887 ; premiers lampadaires en ville en 1888.

Toutes ces dépenses, tous ces travaux, ont quelque peu affolé les Grenoblois. Aux élections suivantes, ils refusent leur confiance à ce mégalomane d'Édouard Rey, un dangereux prodigue, à les entendre, un visionnaire qui va les mettre sur la paille ! Ils reportent leurs suffrages sur un père tranquille, Auguste Gaché, qui, dès son arrivée à l'hôtel de ville, s'empresse de donner un sérieux coup de frein à l'expansion.

« Pour aller de l'avant, affirme-t-il, il faudrait contracter un nouvel emprunt, car les millions sont dépensés. Mais il n'est pas possible d'augmenter les impôts. »

Au cours de son mandat (1888-1896), Auguste Gaché, qui a déjà été maire de 1876 à 1881, se contente de poursuivre les réalisations indispensables : quelques percées à travers l'ancienne ville et l'aménagement du lycée de filles.

Après un maire novateur et bâtisseur, un maire protecteur du bas de laine. Toute l'histoire municipale de Grenoble, depuis cette époque jusqu'à nos jours, est faite de cette alternance. L'ingratitude des hommes est telle que les premiers, qui virent clair, ne furent pas toujours mieux aimés que les seconds, qui, agissant peu, passèrent souvent pour des sages...

Grenoble a toutefois rendu justice à Édouard Rey, en donnant son nom à l'une des principales artères.

L'héroïque sergent Bobillot

A la même époque, à l'autre bout du monde, un jeune homme se conduit en héros : c'est le sergent Jules Bobillot, que Grenoble considère comme l'un de ses enfants, bien qu'il soit né à Paris, dans le quartier du Temple, en 1860. Après avoir fait ses études au lycée Charlemagne et passé son baccalauréat, il souhaite devenir journaliste, poussé qu'il est par le besoin d'écrire. Tout jeune, sous le pseudonyme de Jules Fernay, il compose un roman : *Julia* et un drame : *Une de ces dames.*

A vingt ans, devançant l'appel, il s'engage au 4ᵉ génie, à Grenoble. En 1883, il reçoit les galons de sergent. C'est l'époque où la France se relève des humiliations subies en 1871 et « cherche à se constituer un empire, pour reconquérir son prestige et récupérer sa puissance ». Cette passion de l'empire saisit-elle Bobillot ? Ou bien est-il déçu par la littérature ? Ou encore a-t-il quelque chagrin d'amour ? Peut-être est-il tout simplement épris d'aventure et désireux de découvrir des horizons nouveaux ? Nous ne savons trop. Bref, il demande à être envoyé en Indochine, où l'amiral Courbet, après l'expédition de Hué, en août 1883, vient de faire reconnaître le protectorat de la France sur l'Annam et le Tonkin.

Bobillot débarque en baie d'Along, le 12 mars 1884, avec une demi-compagnie de génie. Après avoir participé à des opérations dans le delta, il part, comme volontaire, à la fin du mois de mai, pour Tuyen-Quan, sur la rivière Claire, au nord-ouest d'Hanoï. Le 24 novembre, quinze mille irréguliers chinois, les Pavillons noirs, commencent à investir la ville, que défendent seulement six cents soldats français sous les ordres du commandant Dominé. Le 17 décembre, la citadelle est définitivement coupée de ses arrières. Qu'importe ! La petite garnison se prépare au combat. Pendant près de trois mois, elle va opposer aux assaillants une résistance farouche, opiniâtre, inexorable.

« Jules Bobillot, nous dit-on, commande le génie de la place et sera l'âme de la défense. Avec pour seule troupe spécialisée un caporal et sept sapeurs, et les matériels les plus réduits, il étudie, trace et organise les ouvrages de défense ; constitue des équipes de travailleurs parmi les combattants des autres armes ; galvanise ses camarades. Exemple permanent de courage indomptable et d'énergie farouche, il réussit, par des prodiges d'ingéniosité, à opposer aux assaillants, chaque fois qu'ils se croient maîtres de la place, des défenses intérieures nouvelles. Ainsi les assauts les plus furieux des Pavillons noirs se brisent-ils toujours sur les nouveaux retranchements que leur oppose inlassablement le sergent Bobillot.

» L'assaillant, qui veut en finir, engage alors le combat souterrain : la guerre des mines, sournoise, démoralisante. C'est grave, car Bobillot n'a pas de poudre. Va-t-il s'abandonner au découragement ? Non ! Par un nouveau prodige, en utilisant des gargousses d'artillerie, il va opposer cette fois à l'ennemi sa propre guerre de mines, celle qu'il ne peut faire que tout seul avec son caporal et ses sept sapeurs, en tête des rameaux de combat.

» L'assaillant commence à douter du succès. Dans ses rangs circule une rumeur qui bientôt deviendra légende. La réputation du jeune sergent français parvient jusqu'à eux. Ils en parlent avec crainte et respect. Mais Bobillot est grièvement blessé en tête d'une galerie d'attaque le 18 février 1885. Qu'importe! Ses sapeurs, auxquels il a su inspirer une foi ardente, une confiance absolue, un courage inébranlable, guidés par ses conseils, poursuivent l'implacable lutte souterraine. Ils tombent, l'un après l'autre, mais les trois derniers tiennent toujours au matin du 4 mars 1885 à l'arrivée de la colonne de secours. Tuyen Quan est délivrée (récit du colonel Bonamy). »

Bobillot est évacué sur l'hôpital d'Hanoï, où il meurt des suites de ses blessures, le 18 mars 1885.

Le jeune sergent est désormais entré dans l'histoire. Quatre-vingts ans après sa mort, il retrouve enfin la terre dauphinoise. Ses cendres, rapportées d'Hanoï, sont solennellement inhumées au cimetière Saint-Roch, le 18 septembre 1966.

L'automobile fait son apparition

En mai 1896, Félix Poulat succède à Auguste Gaché, mais c'est pour mourir, cinq mois plus tard, en octobre. Avec Stéphane Jay, de 1896 à 1904, l'expansion se poursuit : on fait une large saignée dans la vieille ville entre la place Victor-Hugo et la place Grenette pour ouvrir notre actuelle rue Félix-Poulat. Quand Félix Faure, président de la République, vient à Grenoble en visite officielle, le 4 août 1897, il inaugure la nouvelle école de médecine et dévoile le célèbre monument des Trois-Ordres, qui évoque, place Notre-Dame, le souvenir de la Révolution française. Mais il n'emprunte pas la première ligne de « tramways électriques », qui ne sera ouverte qu'en 1899. Tarif : 0,10, 0,25, 0,30 francs.

Grenoble, petit à petit, se modernise. Cependant, il existe encore des rémanences du passé. Ainsi voit-on en 1901 un conseiller municipal exposer à ses pairs « les doléances des Grenoblois qui demandent la suppression des derniers tonneaux-urinoirs placés au coin de certaines rues et dont les tanneurs recueillent le contenu déposé bénévolement par les passants du sexe masculin ».

Sous la municipalité Charles Rivail, entre 1904 et 1908, les Grenoblois manifestent un vif mécontentement. Toujours l'expansion, bravo! Mais toujours des impôts nouveaux, ah! non. Pourtant, si l'on veut poursuivre l'œuvre entreprise, il faut de l'argent. Le maire lance un nouvel emprunt de près de six millions.

Le règne de Félix Viallet est court : arrivé en 1908, il meurt subitement, en mai 1910, au cours d'une réunion publique, à Voiron. Pendant son bref passage à la mairie, il a eu le temps de voir sortir de terre les Nouvelles Galeries et, presque en face, place Grenette, le premier immeuble en béton armé. Hélas! son propriétaire a des ennuis : l'usage de ce nouveau matériau est proscrit par le cahier des charges de la ville!

La « Belle Époque »... Nestor Cornier est élu maire en 1912. Grenoble continue à grandir, apparemment sans grands soucis. Douceur de vivre, fiacres sur la place Grenette, élégantes en capeline au jardin de ville ; moustache, chapeau melon, canne et bottines à boutons pour les messieurs. Un peu avant 1900, un peaussier, M. Duchemin, a acheté l'un de ces engins à moteur qui font tant de bruit et de fumée.

« Peste ! ma chère, l'avez-vous aperçu ? On devrait lui interdire de circuler en ville. C'est un fou dangereux. — Que voulez-vous, ma bonne amie, on n'arrête pas le progrès. »

En 1911 s'organise le premier service de taxis automobiles. Cette fois, les cochers de fiacre s'inquiètent. Vont-ils périr ou bien sera-ce leur canasson ? L'année suivante leur apporte la réponse : sept taxis sillonnent les rues de Grenoble, dont deux appartiennent à M. Traffort. Et voilà la mairie qui achète une arroseuse municipale motorisée. Et les pompiers qui commandent une pompe automobile de 28 000 francs. Décidément, c'est le cheval qui va disparaître, et avec lui toute une époque.

Aux premiers beaux jours de l'été, Grenoble se pare et se prépare. M. le président de la République arrive. On l'attend les 12 et 13 août. Ah ! quelle digne réception on va lui faire ! Mais Raymond Poincaré ne viendra pas... A Sarajevo, un archiduc est assassiné. Les beaux jours de Grenoble sont bien finis et l'été radieux de l'Europe insouciante...

Le Génie et le mulet

La guerre de 1914-1918 fauche plus de deux mille jeunes Grenoblois, sur les champs de bataille de France et d'Orient. Durant ces quatre années, l'industrie, sollicitée par la Défense nationale, a fait de nouveaux bonds en avant.

En 1919 commence pour Grenoble le règne d'un très grand maire : Paul Mistral. Partageant son temps entre l'hôtel de ville et le Palais-Bourbon, où il siège sur les bancs socialistes, il va, jusqu'à sa mort, en 1932, se dépenser sans trêve ni repos pour la ville dont il a la charge.

En 1921, Paul Mistral obtient le déclassement de Grenoble comme place forte. Avant la Grande Guerre, la fonction militaire de Grenoble était importante. On y a compté jusqu'à 8 700 soldats et officiers en 1911. Mais, la paix revenue, les effectifs ont diminué. Ils avoisinent 5 000 hommes.

Le maire va profiter habilement de cette circonstance pour réaliser son plan : abattre les fortifications qui entravent l'expansion de la ville vers le sud. En même temps, il conçoit un projet d'embellissement dont il confie l'exécution à un spécialiste parisien très connu, Léon Jaussely, professeur d'urbanisme à l'École nationale supérieure des beaux-arts, membre de la Commission supérieure des plans des villes au ministère de l'Intérieur. Paul Mistral lance un vaste programme d'habitations à bon marché : neuf cents logements avec jardins (cité du Rondeau, de la Capuche, de la Bajatière, des Abattoirs). Il installe l'école Vaucanson sur son emplacement actuel (1922-1924), modernise le théâtre, supprime tous les octrois (décret du 1er janvier 1928), fait transformer la porte de France en monument aux Morts (1929), crée un petit aéroport sur cent dix hectares de pâtures et de champs au sud de la ville (1931), fait conquérir à Grenoble le titre de ville propre.

Mais il lui fait conquérir un titre bien plus enviable et que personne ne lui discutera plus : celui de capitale de la houille blanche. C'est en mai 1923 que Paul Mistral exprime pour la première fois officiellement l'idée de réaliser à Grenoble une grande Exposition internationale de la houille blanche. Le choix de l'emplacement ne fait l'objet d'aucune discussion, tout le monde étant bien d'accord pour utiliser l'immense terrain du polygone du génie situé au sud de la ville.

Car l'exposition de 1925 qui marque l'apogée de la carrière de Paul Mistral n'était pas seulement dans son esprit une manifestation grandiose de l'activité industrielle des Alpes, elle devait surtout lui permettre de hâter le déclassement du polygone du génie, dont l'étendue inutilisable brisait l'élan de la ville vers le sud. « Cette manœuvre, note Jacques Laurent, l'historien de cette période, ne s'opéra pas d'ailleurs sans qu'une lutte homérique s'engageât entre la municipalité et l'armée, qui ne se souciait nullement d'abandonner son fief à la ville.

» Paul Mistral passa outre au refus des militaires et fit commencer les travaux sur le polygone du génie avant d'en avoir reçu l'autorisation officielle.

» A plusieurs reprises, le colonel commandant le génie de Grenoble somma les entreprises d'arrêter leur activité. Venant aussitôt derrière lui, le maire leur donnait l'ordre contraire. Cette sourde hostilité entre le pouvoir municipal et l'autorité militaire donna lieu à un éclat mémorable en pleine Chambre des députés, où Paul Mistral, excédé, déclara que " le génie était aussi têtu et stérile que le mulet ". Le président Paul Painlevé rappela à l'ordre le bouillant député-maire de Grenoble. Mais quelques mois plus tard un décret ministériel sanctionnait favorablement la mainmise de la Ville sur le polygone du génie. »

En un temps record, on démolit 14 000 m² de maçonnerie pour araser les fortifications sur 825 mètres de long. On déblaie 103 000 m³ de terre. On apporte 32 000 m³ de remblai. On construit quantité de palais et de pavillons. A la date prévue, le 24 mai 1925, l'Exposition internationale de la houille blanche ouvre ses portes. Elle dure cinq mois. Cinq mois de fêtes et de réceptions dont la plus fastueuse est celle du président Gaston Doumergue.

L'année suivante, les vingt hectares de l'exposition sont transformés en un beau parc où ne subsistent que quelques constructions seulement, dont la célèbre tour d'orientation, l'une des œuvres les plus audacieuses du grand architecte Auguste Perret. Avec ses 87 mètres de hauteur, elle voulait être à la technique du béton armé ce que les flèches de Chartres sont à l'art gothique.

Le téléférique

Le docteur Léon Martin, collaborateur de Paul Mistral, poursuit son œuvre, quand il lui succède en 1933. En deux ans, il multiplie les poses de première pierre et les inaugurations : on le voit successivement mettre dans ses meubles l'École hôtelière de Grenoble, créer le gymnase municipal et la Bourse du travail, ouvrir le chantier d'un stade de 18 000 places. Terminé en 1937, il a coûté 5 795 000 francs.

Mais le grand titre de gloire de Léon Martin, pendant ce premier mandat, reste la construction des grands boulevards prévus par Paul Mistral. Cette large artère, à l'époque où on la perça, parut un trait de génie de l'urbanisme. Et elle l'était, en réalité. Hélas ! année après année, on y aligna de grands immeubles monotones, dont Claudius Petit, ministre de la Reconstruction après la Seconde Guerre mondiale, devait dire, un jour qu'il visitait Grenoble : « Mais c'est une succession de boîtes à savon ! »

Le docteur Martin mène l'affaire rondement : première expropriation début 1934 ; le 6 juin de la même année, création de la Régie foncière, qui emprunte trente millions pour entreprendre ses premières constructions. Le 19 juin, baptême des premières places et des premières rues. Tout alentour, des terrains vagues, encore des terrains vagues. Il va falloir trente ans pour bâtir les Champs-Élysées grenoblois.

Comme les grands boulevards, le téléférique de la Bastille est une réalisation de Léon Martin. Mais c'est Paul Mistral qui avait exposé le projet au Conseil municipal en 1930. L'idée en revenait à Paul Michoud, vice-président de la Chambre d'industrie touristique. Pour sa part, l'architecte Adolphe Dournon avait conçu le projet d'un chemin de fer à crémaillère, partant de l'octroi de La Tronche.

A l'origine, le téléférique devait avoir sa gare inférieure au jardin des Dauphins. Mais d'aucuns objectèrent que l'endroit n'était pas assez central. On se rabattit sur les abords du jardin de ville : fallait-il installer la gare inférieure dans ce jardin ou sur les quais de l'Isère ? On choisit la seconde solution.

Pour la construction du téléférique lui-même, on retint la proposition présentée par le consortium Neyret-Beylier, Para, Milliat, dont la soumission se montait à 775 000 francs, plus 30 000 francs pour les pièces de rechange. L'étude architecturale des stations fut confiée à l'architecte Jean Benoit, qui « essaya d'harmoniser la gare inférieure avec les bâtiments anciens qui bordent l'Isère et la gare supérieure avec l'esthétique massive du fort de la Bastille ».

La station de départ est à 216 mètres d'altitude. La station supérieure à 478 mètres. Le câble, long de 671 mètres, supporte deux bennes de vingt places qui effectuent le trajet en trois minutes.

La Chambre d'industrie touristique fut choisie pour assurer la construction et l'exploitation du téléférique, dont la dépense totale d'installation s'élèvera à 1 450 000 francs. Il entra en service en 1934. Depuis lors, ce million et demi a été largement amorti.

Totalement transformé en 1976, le nouveau téléférique de la Bastille est demeuré l'une des grandes attractions touristiques de la ville. Il transporte chaque année quelque 100 000 voyageurs. Parmi eux, fort peu de Grenoblois. Mais quels sont les Parisiens qui montent à la tour Eiffel ?

La poussée démographique

Une ville d'immigrants

La transformation rapide de Grenoble sous la IIIe République s'accompagne naturellement d'une forte poussée démographique. Les recensements successifs nous permettent maintenant de suivre cette progression avec exactitude. Il y a 42 660 habitants en 1872, 45 426 en 1876, 51 371 en 1881, 52 484 en 1886, 60 439 en 1891, 64 002 en 1896, 68 615 en 1901, 73 022 en 1906, 77 438 en 1911, 77 409 en 1921, 85 621 en 1926, 90 748 en 1931, 95 806 en 1936. Cette augmentation de la population n'est pas due, uniquement, on s'en doute, à quelque fécondité exceptionnelle des Grenoblois. La capitale dauphinoise est simplement devenue une ville d'immigrants. Et cette immigration s'accélère au fur et à mesure que s'affirme la vocation industrielle de la cité.

Les nouveaux venus sont d'abord enfants du Dauphiné pauvre : fils et filles des contreforts alpins médiocrement fertiles, de l'Oisans aux rudes vallées, du plateau matheysin où souffle la bise. On a souvent dit, par manière de boutade, que Grenoble était l'œuvre des Matheysins. Mais est-ce seulement une boutade ? N'est-ce pas, plutôt, une vérité ? Ils sont nombreux, ceux qui, descendus de La Mure, de Prunières ou de La Motte-d'Aveillans, parfois avec un cabas pour tout bagage, jouèrent un rôle déterminant dans le développement de l'industrie dauphinoise.

Raoul Blanchard les a décrits « âpres au gain », « l'esprit positif et précis », « très fiers, très glorieux, capables de bouffées de passion et de violence, fort économes, mais capables aussi de prodigalités et d'excès ». « Ces maquignons froids et positifs, note-t-il, sont grisés de ferveur religieuse et antireligieuse. »

M. Jean Bouchayer, qui a quelque droit à parler de ce sujet, affirme que les Matheysins allient « la fureur et l'ingéniosité à l'ardeur et à la passion ».

« Trois personnalités, écrit-il, ont acquis une gloire nationale : Lesdiguières, Champollion et Périer ; deux autres sont devenus des saints : le père Julien Eymard et la mère Duchesne. Mais c'est du croisement de toutes ces familles (de la Matheysine, du Trièves et du Champsaur) que sont issus les hommes, notamment les chefs d'industrie, qui ont fait de Grenoble une ville dynamique qui n'a pas fini d'étonner le monde.

« Ces hommes, ce sont les gantiers Perrin et Reynier, les cimentiers Dumolard, Nicolet, Pelloux et Viallet, les constructeurs Bouchayer, Gariel, Joya, les maires Chion-Ducollet, Mistral, Rivail et les personnalités marquantes qui ont nom : Marcel Reymond, Julien Février, le créateur du premier syndicat d'initiative, le journaliste Joseph Besson, le poète Paul Fabre, le médecin des pauvres Romain Tagnard et le réformateur Guillaume Farel. »

Mais les Matheysins ne furent pas les seuls à se laisser attirer par les « lumières de la ville », encore bien tremblotantes. D'autres immigrants arrivèrent de toute la région, et notamment de la Savoie proche et pauvre.

Beaucoup enfin franchirent des frontières pour venir s'installer à Grenoble. Les études faites d'après le recensement de 1931 permettaient de conclure : « Grenoble possède une des plus fortes proportions d'étrangers qui soient, parmi les grandes villes françaises. » On y dénombre, à cette époque, cinquante et une races ou nationalités contre cinquante-huit en 1926, la crise économique ayant ralenti provisoirement la venue d'étudiants d'origine lointaine. Dans cette mosaïque humaine, on trouve : 2 126 Espagnols, 622 Suisses, 510 Arméniens, 489 Russes, 474 Polonais, 167 Allemands, Autrichiens et Hongrois, 143 Roumains, 106 Belges, 100 Portugais, 82 Yougoslaves, 58 Anglais, 52 Chinois, 21 Persans. Mais arrêtons là cette énumération.

Venus du bout de la Botte

La colonie la plus importante est, de loin, de très loin, l'italienne. Peu avant la Deuxième Guerre mondiale, ils sont au nombre de 12 100, dont les deux tiers (66 pour 100) ont conservé leur nationalité. Avec les naturalisés, cela fait près de 15 000 personnes. A cette époque, Grenoble est une cité fortement italianisée. Disons qu'elle est italienne dans la proportion de 15 pour 100 avec une concentration particulièrement forte dans certains de ses quartiers : rue Saint-Laurent, rue Brocherie, rue Chinoise, Sainte-Marie-d'en-Haut.

L'importance de ce peuplement italien s'explique aisément par plusieurs raisons conjuguées : la proximité de la frontière ; les relations traditionnelles du Dauphiné avec le Piémont et la Lombardie ; la situation démographique et économique de la Péninsule.

Tout d'abord le mouvement d'immigration est spontané : ce sont les travaux du bâtiment qui attirent des maçons transalpins. Mais, par la suite, le mouvement est organisé : c'est le régime mussolinien qui nous expédie ses chômeurs, pudiquement baptisés « sous-employés ». Il le fait avec ordre et méthode, région par région, village par village. Étudiant cette immigration italienne, Raoul Blanchard a écrit :

« Ce n'est plus aujourd'hui le Piémont qui est le principal point de départ de cette émigration, bien que les originaires de Turin et des vallées alpestres (Aoste, Lanzo, Doire Ripaire) restent nombreux : le contingent principal est venu du sud. En tête est la région agricole surpeuplée des Pouilles, qui a fourni près du tiers du total, avec Bari, Molfetta, Barletta, Largherita di Savoia et surtout Corato. Dans cette ville purement rurale, qui compte 44 139 habitants en 1931, sont nés 2 500 des habitants actuels de l'agglomération grenobloise. [...] Cet exode s'est précipité à partir de 1925, mais Corato avait déjà envoyé quelques habitants à Grenoble avant la guerre, et il est possible que l'origine de ces relations soit à chercher dans l'importance d'un marché de peaux de chevreaux, faisant de Corato, à une date déjà ancienne, un des fournisseurs de la ganterie grenobloise. Après les Pouilles, la Sicile tient une place éminente : sur le plateau central de l'île, il est venu plus d'un millier de personnes de la région d'Enna, et le gros bourg rural de Sommatino a fourni à lui seul près de 800 âmes. Enfin, la Campanie, avec un contingent de gantiers napolitains, le Latium, la Toscane occidentale, le Milanais, la Vénétie représentent les autres principaux foyers d'émigration.

Le père des Allocations familiales

L'homme est un beau vieillard à moustache blanche qui a gardé l'œil vif et le dos droit. Ni l'âge ni les épreuves ne semblent avoir eu prise sur lui. La mémoire est restée précise, la voix nette. L'écriture ferme. La main ne tremble pas. Levé à 4 heures, hiver comme été, après être allé à la première messe, il s'installe à son bureau. Tout le jour il travaille, avec une ardeur que de plus jeunes pourraient lui envier. De noir vêtu, il porte, comme autrefois, un col dur qui monte haut. La pièce est modestement meublée, ainsi que tout l'appartement. Une simple table, des chaises dures, des casiers, des dossiers, quelques images pieuses aux murs, tapissés d'un papier qui date de trente ans au moins. Un dépouillement presque monacal. Les hôtes de ces lieux, le grand vieillard et sa femme, toujours habillée d'une robe noire tombant à la cheville, ils appartiennent à une autre époque. Vieux comme ils le sont, on dirait qu'ils n'ont plus d'âge. Ils vivent dans le dénuement. Mais ils possèdent le seul vrai trésor terrestre : un cœur compatissant. Leur porte est toujours ouverte aux malheureux.

Tel nous avons vu, sur ses dernières années, un Dauphinois presque oublié : Émile Romanet. Oublié, quelle ingratitude ! Le nom de cet homme devrait rester gravé dans la mémoire de tous les Grenoblois et

13. La place Grenette au temps des tramways
14. La place Grenette au temps des fiacres

dans le cœur de tous les parents de France. Qu'a-t-il fait qui réclame cette reconnaissance. Il a « inventé » les Allocations familiales.

C'était en pleine bataille de Verdun. Émile Romanet, affecté spécial, dirigeait une entreprise de chaudronnerie, qui travaillait pour la Défense nationale : les Établissements Joya. Tous les échelons, il les avait gravis, à la force du poignet, lui, le fils de pauvres cultivateurs du bas Dauphiné que l'instituteur de Ville-sous-Anjou (Isère) avait distingué et incité à poursuivre ses études dans une école professionnelle. Entré à l'usine comme apprenti, ayant longtemps connu la gêne, il n'oubliait pas la misère des autres, maintenant qu'il occupait un fauteuil directorial.

Cette misère, il la découvrit soudain, un soir qu'il demandait à ses ouvriers de souscrire à l'emprunt de guerre ouvert par le gouvernement.

« On voudrait bien, lui répondirent-ils. Mais on n'en a pas les moyens. »

Émile Romanet s'étonna. Il voulut en savoir plus et fit lui-même une enquête. Il constata que si les ouvriers célibataires joignaient les deux bouts, les ménages avec enfants tiraient le diable par la queue. Il décida aussitôt le grand patron de l'usine, Régis Joya, à faire un effort spécial en faveur du personnel chargé de famille. Ainsi fut fait le 26 octobre 1916.

Les autres patrons de Grenoble commencèrent par rechigner. Mais la sincérité de Romanet était telle, les chiffres qu'il fournissait à l'appui de sa thèse étaient si éloquents qu'ils se mirent eux aussi à verser à leurs ouvriers le « salaire familial » et créèrent une caisse de compensation. Alors Émile Romanet prit son bâton de pèlerin et commença à répandre ses idées dans toute la région puis dans d'autres provinces. Il fit de nombreuses conférences. Il publia d'innombrables petites brochures. Peu à peu, l'initiative faisait boule de neige. Les syndicats ouvriers inscrivaient les Allocations familiales parmi leurs revendications. Les patrons de France se décidaient les uns après les autres. Jusqu'au jour où le Parlement institutionnalisa l'idée du Grenoblois, en votant la loi du 11 mars 1932 qui a servi de modèle à de nombreux pays.

Dans l'intervalle, Émile Romanet avait perdu ses deux fils. Un jour que nous parlions ensemble, il me dévoila cette douleur cachée au fond de son cœur.

« Je n'ai plus d'enfants, murmura-t-il doucement, mais j'ai des millions et des millions de petits-enfants. Je suis un peu le grand-père de toutes les familles de France. »

Il perdit sa femme en 1961. Et lui-même, à près de quatre-vingt-dix ans, solitaire, oublié et paisible, il s'endormit définitivement le 14 janvier 1962.

A son enterrement, il n'y avait pas deux cents personnes. Depuis, on

---

15. *La place Victor-Hugo à la Belle Époque.*
16. *Les joyeuses farandoles de la Libération.*

a donné son nom à une rue de Grenoble. C'était le minimum de ce qu'on pouvait faire. En d'autres pays, on lui aurait édifié une statue. Par exemple, en 1966, pour le cinquantenaire de la naissance des Allocations familiales. On honorerait sa mémoire comme les Anglais celle de Fleming, inventeur de la pénicilline ou de Beveridge, inventeur de la Sécurité sociale. Mais ici ? Interrogez dix personnes. Huit vous répondront : « Romanet ? Connais pas. »

Grenoble, où sont nées les Allocations familiales, devait créer aussi le premier centre français de planning familial. Il fut fondé en 1961, par un médecin, le docteur Henri Fabre, un avocat, Mᵉ Jean Eynard, et un professeur de philosophie, M. Georges Pascal.

« Il s'agit simplement, déclara ce dernier, le jour de l'inauguration, d'appliquer l'un des principes fondamentaux de la morale — la liberté humaine — à un cas particulier : avoir seulement les enfants que l'on désire, au moment où on les désire. » A l'époque, les fondateurs de ce centre étaient des novateurs. Comme le temps passe.

Le tourisme, les arts et les lettres

Tourisme : mot français venant de l'anglais *tourism* et dérivé lui-même du français *tour;* vocable qu'on commença à employer au xixᵉ siècle pour désigner les voyages de certains Britanniques aisés, à travers l'Europe.

Pourquoi, dira-t-on, remonter si loin ? Pour rappeler qu'en matière de tourisme Grenoble possède de nombreux quartiers de noblesse. A l'époque où les citoyens de Sa Gracieuse Majesté britannique lancent la « Côte d'Azur » et font la fortune de Nice, Grenoble « invente » l'alpinisme, le ski, les syndicats d'initiative.

Les premiers alpinistes

La première ascension dont l'histoire nous ait conservé le souvenir est celle de la cime du grand Veymont, dans le Vercors, à la fin du xiiᵉ siècle, d'après le récit de Gervais de Tilbury.

Mais l'exploit qui eut le plus grand retentissement et qu'on est tenté de considérer comme l'acte de naissance de l'alpinisme français, c'est l'escalade du mont Aiguille, dans le Trièves. Cette belle montagne élancée et solitaire, nos aïeux l'avaient baptisée le « mont inaccessible ». Elle les étonnait à ce point qu'ils l'avaient classée parmi les sept merveilles du Dauphiné. Certain jour de l'année 1492, fantaisie prit au roi Charles VIII d'envoyer une poignée d'hommes à l'assaut de ce « *mons inascensibilis* ». Ils partirent huit, sous la conduite d'Antoine de Ville, seigneur de Dompjulien et de Beaupré, capitaine de Montélimar.

Selon le récit de ce dernier, ils empruntèrent « le plus horrible et épouvantable passage » qu'on ait jamais vu, montèrent « une demi-lieue par des échelles et une lieue d'autre chemin », parvinrent au sommet, où ils découvrirent « une belle garenne de chamois qui jamais n'en pourront partir et des petits de l'année avec eux », firent dire la messe sur la cime et y plantèrent trois croix.

Il fallut attendre la fin du XIXe siècle pour que soit conquise la plus haute et la plus belle montagne du Dauphiné : le grand pic de la Meije (3 982 m). De 1870 à 1877, ce sommet difficile déjoua dix-huit tentatives faites par les meilleurs grimpeurs du moment. Ce fut seulement le 16 août 1877 que E. Boileau de Castelnau, avec les guides Gaspard père et fils, de Saint-Christophe, réussit à atteindre le sommet, après avoir surmonté de terribles difficultés. L'aller et retour leur demanda dix-sept heures.

Les alpinistes de l'époque portaient des vêtements et un équipement qui n'ont évidemment rien à voir avec ceux d'aujourd'hui. Voici, tirées d'un vieux guide, quelques précisions qui ne manquent pas de saveur :

« La question du costume est capitale. Il se composera d'un veston boutonnant au cou, avec large col pouvant se relever, d'un gilet à nombreuses poches et boutonnant au col, de la culotte. [...] On prendra une chemise de flanelle et une chemise de soie, que l'on mettra l'une sur l'autre, [...] deux paires de bas de laine épais à double maille et l'on rabattra le genou du bas sur le mollet, sauf au bivouac, où on le ramènera sur la culotte ; de forts brodequins à semelles débordantes munies de gros clous. » On se munira enfin « d'un bâton de montagne de 1,30 mètre environ, pas trop lourd mais solide ou, mieux encore, d'une forte canne à corbin, garnie à son extrémité inférieure d'une virole en fer et d'une pointe en acier doux ».

Le premier syndicat d'initiative

Dès l'année 1874, Grenoble fonde un club alpin qui s'emploie très activement à construire des refuges, à organiser des compagnies de guides et de muletiers, à améliorer de petits hôtels de montagne.

L'année suivante, le 24 mai 1875, se crée la « Société des touristes du Dauphiné » qui contribue efficacement à faire connaître les charmes de la Chartreuse, du Vercors, de la chaîne de Belledonne et du massif de l'Oisans, où quelques intrépides, un « alpenstock » à la main, ouvrent la voie aux Lionel Terray.

A la fin du XIXe siècle, un Grenoblois, Joseph Jullien-Février est frappé par l'effort que font déjà les Suisses, pour organiser le tourisme. Il suggère de créer à Grenoble un syndicat d'initiative. Une réunion d'études a lieu le 9 avril 1889. La séance constitutive se déroule le 15 avril. Ainsi naît le premier « S. I. » de France dont le titre est « Syndicat d'initiative dans l'intérêt de la ville de Grenoble ».

L'article premier des statuts précise le but de cet organisme :

« Étudier les mesures qui peuvent tendre à augmenter d'une manière générale la prospérité de Grenoble et du Dauphiné et en poursuivre la réalisation, en s'efforçant notamment d'attirer les visiteurs étrangers dans cette ville et dans la région dauphinoise et de leur rendre le séjour facile et agréable. »

Sous l'impulsion de son premier président, le comte de Montal, le syndicat d'initiative de Grenoble et du Dauphiné se consacre à une triple tâche :

— Procurer aux voyageurs toutes les facilités possibles pour préparer leur voyage, organiser leur séjour et les rendre agréables ;

— Contribuer à l'amélioration des voies d'accès et des moyens de transport ;

— Assurer la publicité de la ville aux trois roses et de sa région.

Les débuts sont difficiles et modestes : on innove beaucoup, on tâtonne plus encore, on ne possède guère d'argent. Toutes proportions gardées, est-il tellement sûr qu'on en ait beaucoup plus, aujourd'hui que le tourisme est devenu une industrie et devrait être l'une des plus florissantes ? Raison de plus pour trouver des idées nouvelles. Heureusement, on n'en manque pas, ici. Premier de France par la date de naissance, le syndicat d'initiative de Grenoble fut encore le premier, en 1967, à révolutionner les méthodes de propagande, en distribuant aux touristes, au lieu du traditionnel dépliant, une pochette illustrée, contenant un disque. « Nous avons le plaisir de vous parler de Grenoble », dit la voix d'un artiste connu, qui se met à conter l'histoire de la ville, sur un fond de musique de Berlioz.

Nous voilà bien loin des premières publications touristiques de la fin du XIXᵉ siècle. Élégantes et riches en couleurs, photos, affiches, brochures et plaquettes portent partout aujourd'hui à travers le monde le renom de Grenoble. Ils vantent ses charmes avec intelligence et bon goût. Mais ils restent bien émouvants, il faut l'avouer, les petits opuscules touristiques d'autrefois qui dorment, tout jaunis, dans les bibliothèques ou les greniers des vieilles familles dauphinoises. Le style en est fleuri, volontiers lyrique, parfois ampoulé. Cependant, que de jolies promenades à pied on vous propose : celles que font trop rarement les touristes modernes, de plus en plus motorisés, donc pressés et, par là même, atteints de « bougeotomanie ». C'est grand dommage ! De même qu'une ville ne confie ses secrets qu'aux flâneurs, une contrée ne révèle tous ses charmes qu'aux piétons.

Ces vieux guides, qu'on a tort de mépriser comme paperasse inutile et désuète, quel agréable commerce ils savent nous proposer, avec les fleurs de nos alpages, les arbres de nos forêts, les roches de nos montagnes, les vénérables murs de nos châteaux, les chapiteaux de nos petites églises villageoises, les margelles des anciens puits, les croix hosannières des chemins oubliés, les toits patinés des fermes, le calme des vallons éloignés de nos routes, le secret des choses, des bêtes et des gens. Tous trésors interdits aux automobilistes pressés, collés à l'asphalte comme des mouches à un ruban de papier collant...

Apparition des premiers skis

« Nous fûmes assez heureux à la chasse le dimanche : nous rapportâmes quantité de gibier, mais nous ne vîmes rien qui mérite d'être écrit, qu'une paire de ces longues planches de bois de sapin avec lesquelles les Lapons courent d'une si extraordinaire vitesse, qu'il n'est point d'animal, si prompt qu'il puisse être, qu'ils n'attrapent facilement, lorsque la neige est assez dure pour les soutenir... »

Ainsi s'exprime J.-F. Regnard, au retour d'un voyage en Laponie dont le récit remporte un succès de curiosité à la cour de Louis XIV. Mais personne ne songe à introduire en France ce curieux moyen de transport fait de « deux planches extrêmement épaisses », « de la longueur de deux aunes », « relevées en pointe sur le devant » et attachées par « un cuir qui tient les pieds fermes et immobiles ».

Les Scandinaves connaissent les skis au moins depuis le Moyen Age, puisque, dès l'année 1200, un historien danois décrit la manière dont l'armée finnoise les utilise au combat. Pourtant, il faut attendre la seconde moitié du xixᵉ siècle pour que cette merveilleuse invention fasse son apparition en Autriche, en Suisse et en France. L'idée est rapportée en Europe centrale par le grand explorateur norvégien Nansen, qui a traversé le Groenland en 1888 en utilisant des skis, et qui a fait de son expédition un récit aussitôt traduit en anglais et en allemand. La mode en a été lancée à Davos par Conan Doyle, le père de Sherlock Holmes. La vogue en est créée dans le Dauphiné par Henry Duhamel.

« Au cours d'une visite de l'exposition de 1888, a-t-il raconté, je découvris avec joie de grandes raquettes canadiennes ainsi que de longues et étroites planchettes qu'un bienveillant exposant suédois me signala comme étant fort recommandables pour les parcours sur la neige.

» Pourvu de ce nouvel équipement qui, avec son aspect encombrant, paraissait, de prime abord, peu approprié aux expéditions alpestres, j'entrepris les premiers essais dès mon retour en Dauphiné. Pour les raquettes canadiennes, [...] l'apprentissage fut rapide. Mais, pour ce qui fut de mes « planches », je dois avouer que, durant d'assez longs jours, je me trouvai aussi embarrassé d'en tirer convenablement profit qu'une carpe peut l'être d'une pomme. La difficulté essentielle pour moi résultait de la fixation de l'appareil aux pieds. '' Deux lanières suffisent '', m'avait déclaré l'exposant suédois, sans pouvoir d'ailleurs m'édifier davantage.

» Quoi qu'il en soit, six années plus tard, en janvier 1894, l'emploi des '' skis '' était suffisamment développé parmi les alpinistes dauphinois pour que fût fondé le premier ski-club de France. »

Grenoble peut donc se vanter d'être le berceau du ski en France. C'est presque à la même époque, en 1897, que ce sport commence à se développer à Chamonix sous l'impulsion du docteur Payot. C'est quelques années plus tard, en 1902, que les troupes de montagne en garnison à Briançon font appel à des instructeurs norvégiens. Le ski n'est encore qu'un moyen d'atteindre des sommets auxquels on ne pouvait autrefois accéder qu'en été. Entre 1900 et 1914, les conquêtes se succèdent, le mont Blanc lui-même ayant été vaincu en 1904.

Écrivains trop oubliés

Certes, à côté de Stendhal, tout pâlit. Prenons garde cependant que la gloire du grand homme ne nous en cache d'autres, plus discrètes. On a trop vite dit que Grenoble était une ville de scientifiques et de juristes, une cité hermétique aux lettres et aux arts. Tout ce qui s'y est passé au XIXe et au XXe siècle tend à nous prouver le contraire.

Près d'ici, à Domène, est né Gustave Rivet (1848-1936), secrétaire de Victor Hugo. Un secrétaire qui marcha sur les traces de son patron, puisqu'il composa plusieurs recueils de vers, des tragédies, un opéra. Ce qui n'empêcha pas cet auteur de devenir sénateur de l'Isère et de jouer un rôle marquant dans la vie politique dauphinoise.

Parmi les écrivains grenoblois, il faut citer Berriat-Saint-Prix (1802-1870), éditeur des œuvres de Napoléon et d'André Chénier ; Pilot de Thorey (1847-1903), érudit qui fouilla les archives, publia de nombreuses études historiques et peut être considéré comme un « précurseur des sciences folkloriques » ; Louise Drevet (1835-1895), auteur de romans historiques d'inspiration locale qui la firent surnommer le « Walter Scott dauphinois ». Plus proche de nous, on nommera Antoine Chollier (1894-1939), dont les vers et les romans connurent un vif succès ; Marius Riollet (1880-1962), qui eut un réel talent d'auteur dramatique ; Georges Lafourcade (1900-1944), originaire d'Agen, professeur à la faculté des lettres de Grenoble et romancier fécond.

On rangera parmi les écrivains grenoblois, bien qu'il soit né à Voiron, Henri-Frédéric Faige-Blanc (1813-1902), qui, sous le pseudonyme d'Alpinus, publia de merveilleux livres inspirés par la montagne.

Le développement de l'Université

Un demi-millier d'étudiants en 1900

Pour l'université de Grenoble, dont on a évoqué les origines et les vicissitudes, la IIIe République est une période faste. Non seulement on voit augmenter le nombre des étudiants et se construire quantité de laboratoires, d'amphithéâtres, de salles de cours, mais on voit surtout naître et s'affirmer une vocation scientifique qui sera désormais sa marque particulière.

En 1900, il n'y a encore à Grenoble que 558 étudiants, alors qu'ils sont 1 531 à Montpellier et 2 465 à Lyon. Il est vrai que la France ne compte alors que 29 337 inscrits dans l'ensemble des universités.

En 1910, Grenoble a vu doubler le nombre de ses étudiants : 1 156. Dix ans plus tard, ils sont déjà 2 511. Ainsi la croissance de l'université dauphinoise est-elle beaucoup plus rapide que celle de Montpellier, où il n'y a que 1 731 étudiants en 1920 ; que celle de Lyon : 3 497 seulement ; que celle de l'ensemble de la France : 45 114. Cette croissance se ralentit quelque peu à Grenoble au cours des années trente (2 977 étudiants en 1930), alors qu'elle s'accélère à Montpellier (3 781), à Lyon (4 658) et dans l'ensemble de la France (73 600). En face des grandes universités françaises, celle de Grenoble fait encore figure de modeste petite fille. Mais que l'on considère ses progrès surprenants : en l'espace de trente ans, elle vient de sextupler ! L'Université française dans son ensemble ne s'est multipliée, durant cette période, que par deux et demi.

Cette augmentation exceptionnelle des effectifs à Grenoble s'explique beaucoup plus par la création d'enseignements nouveaux et originaux, qui attirent des étudiants, que par les progrès en Dauphiné de la démocratisation de l'enseignement supérieur. L'expression n'a pas cours encore. Il n'est pas sûr que le concept lui-même ait véritablement germé. L'accès à l'université reste, dans l'ensemble, l'apanage des fils de la bourgeoisie.

L'adolescence de l'université de Grenoble, pendant ces années 1900-1930, coïncide avec son ouverture aux disciplines modernes : électricité et papeterie d'abord, puis hydraulique, électrochimie et électrométallurgie. Dans chacune de ces techniques, on assiste pendant des années à un constant bourgeonnement.

Notons, au passage, qu'il est peu d'exemples d'un enseignement universitaire qui soit aussi enraciné dans le terroir d'une région, aussi attentif à ses problèmes, aussi lié à son expansion économique. Cette expansion, la faculté des sciences de Grenoble va constamment la servir : soit en la suivant de près, afin de s'y adapter avec exactitude, soit, le plus souvent, en la préparant et en la précédant. Bel exemple que celui de ce Dauphiné où l'université stimule l'industrie au moins autant que l'usine entraîne l'amphithéâtre...

Parallèlement à la faculté des sciences, les autres disciplines connaissent, dès cette époque, un développement remarquable : c'est le cas de la faculté des lettres, avec ses instituts de géographie alpine et de phonétique ; de la faculté de droit, avec ses enseignements commerciaux, politiques et économiques.

L'un des titres de gloire de la IIIe République est assurément d'avoir permis à la France d'entreprendre un grand effort pour se doter, à tous les niveaux, depuis l'école primaire jusqu'à la Sorbonne, d'un outillage intellectuel d'excellente qualité. Dès 1868, Victor Duruy avait posé les principes. Jules Simon et Jules Ferry poursuivent l'œuvre entreprise. Le directeur de l'enseignement supérieur, Louis Liard, y met le dernier sceau. Ne pas le souligner ici fortement serait commettre une injustice.

Modestes débuts de la faculté des sciences

Et pourtant, comme elle était encore modeste, cette faculté des sciences, vers les années 1900 !

« L'installation matérielle était rudimentaire, raconte un témoin amusé. L'unique pièce de la faculté rassemblait quiconque voulait causer ou coudre. La concierge y tenait ses assises en ravaudant ses sacs et en faisant sa cuisine. Le professeur de zoologie y disséquait ses lapins, nourrissait ses pigeons. Lory, professeur de géologie, y cassait des cailloux et y débourbait des fossiles. Les deux préparateurs et l'unique garçon, sans doute pour éviter l'encombrement, n'y faisaient que des apparitions discrètes. »

« C'est pourtant de là, écrit un professeur, que sont sorties la *Description géologique des Alpes françaises* et la *Statistique minéralogique de l'Isère*, là surtout qu'a été inaugurée la série de recherches par lesquelles Raoult, découvrant la relation entre les poids moléculaires et certains phénomènes physiques, a démontré que la théorie moléculaire n'était pas seulement une notation chimique commode, mais exprimait une réalité essentielle : on peut dire que toute la chimie physique est née dans ce vieux et misérable laboratoire. »

Le professeur Andrieux, qui dirigea longtemps l'École nationale supérieure d'électrochimie et d'électrométallurgie, nous a raconté dans quelles conditions matérielles il fit ses premières recherches sur les terres rares :

« Quand je préparais ma thèse sur le bore, faute d'un laboratoire convenablement outillé, je travaillais dans une cave. »

Il y a aussi cette histoire de zeppelin. C'était pendant la guerre 1914-1918. L'un de ces gros « cigares » allemands avait fait une incursion profonde en territoire français. Il lui advint de s'écraser dans le Jura. Aussitôt, coup de téléphone du ministère de la Défense nationale : « Récupérez tous les morceaux que vous pourrez. Faites d'urgence l'analyse. » Des zeppelins, on n'en avait pas encore vu de près. Les ingénieurs grenoblois recueillirent les débris de la carcasse. Ils découvrirent qu'elle était faite d'un alliage nouveau : le duralumin. On en a pieusement conservé un morceau jusqu'à ce jour. Le laboratoire où eut lieu l'analyse, et qui avait été fondé par le professeur Flusin, à peine méritait-il qu'on lui donne ce nom de laboratoire. C'est là pourtant que fut effectué pendant toute la guerre le contrôle des fabrications d'armement.

Et la naissance de l'Institut polytechnique, quelle aventure !

Le premier cours d'électricité industrielle

A Grenoble, tout le monde avait suivi avec enthousiasme les débuts de la houille blanche. C'était encore le sujet de nombreuses conversations, quand débarqua du train, en octobre 1886, un jeune maître de conférence, frais émoulu de l'École normale supérieure, Paul Janet. « J'avais, comme la plupart de mes camarades, une idée bien arrêtée, a-t-il écrit : c'était que la science n'était vraiment digne d'intérêt et ne méritait ce grand nom que si elle était franchement inutile. »

Paul Janet, qui n'avait pas trente ans, se passionnait pour toutes les nouveautés. L'électricité l'attirait. Ayant été chargé d'un « cours public du soir » organisé par la municipalité, et qui « chaque année servait à exposer devant le grand public les faits fondamentaux et les plus belles expériences de physique », il manœuvra habilement pour y traiter des problèmes qui l'intéressaient.

Ainsi fut donné, le 2 février 1892, en présence de nombreuses personnalités, dans l'amphithéâtre de la faculté, « littéralement pris d'assaut », le premier cours d'électricité industrielle. Aristide Bergès était là, au premier rang de l'assistance, mais le doyen Raoult s'était abstenu.

« Il ne peut échapper à personne, commença Paul Janet, que l'électricité a pris autant de place dans le monde industriel que dans le monde scientifique, une place tout à fait exceptionnelle. Ce n'est plus, comme il y a une vingtaine d'années, une simple curiosité, dont l'utilité pratique était plus ou moins contestable ; aujourd'hui, elle a droit de cité parmi nous, elle pénètre et s'impose partout. [...].

» Dans ces circonstances, il m'a semblé que l'électricité avait droit à recevoir une place spéciale dans l'enseignement, à cesser d'être l'égale de ses sœurs, les autres branches de la physique. Il me paraît indispensable, à l'heure présente, que les personnes si nombreuses qui, par profession ou par simple curiosité, s'occupent d'électricité puissent trouver des leçons régulières où soient exposés, d'une manière systématique, les principes modernes de la science qu'elles ont à appliquer.

« J'ai d'ailleurs été fort encouragé dans cette idée en réfléchissant à la situation vraiment exceptionnelle que Grenoble possède au point de vue qui nous occupe... »

Et Paul Janet concluait en ces termes, le 5 avril 1892, la huitième et dernière leçon de ce magistral cours du soir : « ... La science de l'électricité, déjà si riche à l'heure actuelle, laisse entrevoir des horizons inexplorés qui promettent beaucoup encore pour l'avenir. »

La « nuit du 4 août » de l'université

Le lendemain, les journaux publient un communiqué, rédigé, semble-t-il, par Aristide Bergès : « Nous voudrions aller plus loin et profiter de ce mouvement si spontané pour arriver à faire rendre définitif et permanent ce cours d'électricité. [...] Un comité d'initiative ouvert à tous vient de se former. »

Sept jours plus tard, la chambre de commerce émet le même vœu et commence à recueillir des souscriptions. Son président écrit au doyen, au préfet, au maire. Ce dernier ne veut pas demeurer en reste de générosité. A l'été, il fait voter une subvention. Le 26 août 1892, la faculté des sciences décide de créer un cours et d'ouvrir un laboratoire d'électricité industrielle. Naturellement, on en confie la responsabilité à Paul Janet. Enfin, en 1896, la loi sur les universités les dote d'un budget autonome et leur permet de « mettre en commun les ressources des diverses facultés pour la création d'œuvres d'intérêt général ». Cette réforme capitale va entraîner ce qu'on a appelé « la nuit du 4 août de l'université de Grenoble ».

Lors de la discussion du premier budget de l'université de Grenoble, le 28 mai 1898, les facultés de droit et des lettres volent au secours de la faculté des sciences. Quel exemple de solidarité! Les juristes émettent le vœu « que la plus grande partie des ressources de l'université soit consacrée au développement de l'enseignement de l'électricité industrielle ». Les littéraires, de leur côté, déclarent suivre « avec la plus grande sympathie les efforts qui sont faits pour fournir à Grenoble un enseignement technique vraiment digne de l'université dauphinoise ».

Au cours de cette séance historique, le conseil décide de créer un « Institut électrotechnique rattaché à la faculté des sciences ». Il est inauguré moins de trois ans après, le 11 mars 1901, rue Général-Marchand. En bons Dauphinois, les promoteurs de cette entreprise ont tout prévu, même le coût de l'inauguration : « 389 francs, si le conseil décide d'acheter le tapis recouvrant l'estrade, ou 344,75 s'il décide de le louer seulement. »

L'œuvre vit. Tout le mérite en revient, à ce moment, à Joseph Pionchon (1859-1938), premier directeur de l'Institut. Pour faire face aux dépenses, l'université a contracté un emprunt de 65 000 francs. Elle va trouver une aide appréciable auprès des élites grenobloises, qui ont fondé (27 avril 1900) la « Société pour le développement de l'enseignement technique près de l'université de Grenoble ».

En 1904 commence l'ère de Louis Barbillon (1873-1945), grand bâtisseur et grand administrateur s'il en fut.

La naissance de l'École française de papeterie

De quand date le papier, ce « pain de l'esprit », selon la belle expression d'Émile Gauthier? D'une époque relativement récente, si l'on considère l'histoire de l'homme depuis qu'il cherche à fixer et à transmetttre de façon durable sa pensée. Parois rocheuses peintes dans les grottes, tablettes gravées d'Asie Mineure, papyrus d'Égypte, parchemins du Moyen Age ont marqué les étapes initiales.

L'invention du papier est attribuée à un Chinois, Tsai-Lun, qui vivait près de Canton, un siècle avant l'ère chrétienne. Par Samarkand, Bagdad, Damas, en suivant la route caravanière de la soie, le papier atteignit le bassin méditerranéen, où les Arabes assurèrent ses migrations.

Les premières papeteries semblent être nées en France, au milieu du xivᵉ siècle : dans le bas Languedoc d'abord, puis à Troyes, vers 1348, à Essonnes, vers 1354. En Dauphiné, le premier moulin fut celui de Paviot, près de Voiron.

Pendant tout l'Ancien Régime, et malgré l'émigration des industriels huguenots au moment de la Réforme, les papetiers français furent parmi les premiers du monde. Leur métier était un artisanat, où les secrets de fabrication, les tours de main et les techniques encore rudimentaires se transmettaient de maître-ouvrier à apprenti. Et l'on chantait joyeusement dans les moulins.

Si le Roy savait la vie que nous menons,
Quitterait son palais, se ferait compagnon.

Pierre de Montgolfier, soucieux de formation professionnelle, fonda en 1774, à Annonay, une « École royale de papeterie ». Mais le xixᵉ siècle allait transformer la fabrication. Car il est presque du xixᵉ siècle, ce Louis-Nicolas Robert qui, à une époque où la « planche à billets » risquait de manquer d'aliments, eut un trait de génie : concevoir une machine pour la fabrication mécanique et continue du papier. Une des rares conséquences heureuses de l'inflation d'assignats ! On conserve pieusement, à Grenoble, une reproduction de cette machine. L'idée n'est jamais venue à personne, on nous l'a affirmé solennellement, de l'utiliser pour soulager quelques Dauphinois gênés dans leurs échéances...

La mise en exploitation de la houille blanche contribua à transformer l'industrie papetière qui, jusque-là, vivait « au fil de l'eau ». L'énergie électrique se transportant aisément, les usines à papier n'avaient plus besoin de s'établir sur les rives de claires rivières alpines, vosgiennes, artésiennes, charentaises ou ardéchoises. La vallée de la Fure, en Dauphiné, et la vallée de l'Aa, dans le Nord, virent leur activité décroître. Des entreprises naissaient un peu partout, qui sont aujourd'hui plus de trois cent soixante en France : râperies, manufactures de papiers et cartons, ateliers de transformation, usines de construction de matériel.

Il fallait des cadres. En 1907, l'Union des fabricants de papier et cartons de France, réunie en congrès à Tours, décida de créer à Grenoble l'École française de papeterie. Elle vota l'acquisition du matériel

d'expérimentation, qui, avec le bâtiment destiné à l'abriter, coûta...
50 000 francs. La nouvelle école fut rattachée à l'Institut électrotechnique qui venait de naître.

En 1928, le Syndicat des fabricants de papier-carton, celluloses, sur l'initiative de son président, Aristide Bergès, créa la « Société anonyme de l'École française de papeterie ». Un bel édifice, aux laboratoires bien équipés, fut conçu et réalisé par le grand animateur qu'était le doyen René Gosse.

« Si tous les gars du monde... »

Le 3 juillet 1896, seize Grenoblois sont réunis dans la salle des actes de l'université : des professeurs, des industriels, des membres des professions libérales, un général en retraite et un critique d'art.

Ce critique d'art, c'est Marcel Reymond. A vrai dire, il est docteur en droit et avocat à la cour d'appel, mais sa véritable passion, la peinture, prend le pas sur sa profession. Quand il ne part pas planter son chevalet aux environs, il écrit tel ou tel de ces pénétrants ouvrages qui vont faire sa réputation : *Donatello, Della Robbia, Michel-Ange, Le Bernin, De Michel-Ange à Tiepolo*.

Marcel Reymond, organisateur de la réunion, pense que l'université de Grenoble pourrait devenir un pôle d'attraction pour les étudiants étrangers. Il convainc sans peine ses quinze auditeurs, qui, avant de se séparer, prennent l'engagement suivant :

« Le comité décide de faire une propagande active à Paris et à l'étranger, auprès des universités et des agents diplomatiques français, pour faire connaître le nouveau comité et tâcher d'attirer à Grenoble les étudiants étrangers. »

L'intuition de Marcel Reymond est quasiment prophétique. Mais à l'époque, il faut bien le dire, elle semble irréalisable. Lors de la deuxième séance, le comité constate, enquête faite dans les différentes facultés, qu'il se trouve à Grenoble quatre étudiants étrangers! N'importe! Les fondateurs du comité de patronage ont la foi, et chacun sait qu'elle soulève les montagnes, tout particulièrement en Dauphiné. Trois ans plus tard, en 1899, quarante-quatre étudiants étrangers sont inscrits dans les facultés de Grenoble et cent dix viennent y suivre des cours de vacances. En 1900, ces derniers sont au nombre de deux cent dix-sept. D'année en année, le succès se confirme.

Marcel Reymond, ce grand amoureux du Beau, meurt en octobre 1914, au moment où les premiers obus allemands tombent sur la cathédrale de Reims. Mais son œuvre lui survit, impérissable comme l'*Ange au sourire*, malgré les ans et les vicissitudes.

Depuis lors, chaque année, des centaines d'étudiants étrangers suivent régulièrement les cours de l'université de Grenoble. Quant aux cours de vacances, ils voient affluer, chaque été, pour quatre ou six semaines, plus de deux mille affamés de culture française. Ils occupèrent longtemps le cloître et les bâtiments de l'ancien séminaire, dont la chapelle servait d'amphithéâtre, rue du Vieux-Temple. Aujourd'hui, les cours sont donnés au domaine universitaire, qui devient, en juillet et en août, une sorte de phalanstère où se parlent toutes les langues. « Une tour de Babel, a-t-on écrit, où se côtoient religieuses espagnoles, professeurs bulgares et ministres péruviens. »

Depuis la fin du siècle dernier, plus de cent mille étudiants, appartenant à presque tous les pays du monde, ont fréquenté les cours de vacances de Grenoble et souvent aussi trouvé accueil dans des familles de la ville. Les plus forts contingents viennent des États-Unis, d'Italie, de Grande-Bretagne, de Suède, d'Allemagne, d'Espagne ; puis d'Union soviétique, des Pays-Bas, du Danemark, du Canada, de Yougoslavie, de Suisse, d'Autriche, d'Irlande, du Japon, de Norvège, du Portugal, de Pologne, de Grèce, de Belgique, mais aussi d'Afrique noire, d'Asie du Sud-Est, d'Amérique du Sud.

N'oublions pas, à côté de ceux qui viennent, ceux qui reviennent, nombreux, deux fois, trois fois, dix fois. Le record en ce domaine a été longtemps tenu par un professeur honoraire de l'Académie navale de Livourne pour qui l'atmosphère des étés dauphinois était un oxygène indispensable, et que chaque ouverture des cours ramena fidèlement pendant plus de cinquante ans.

Quand les groupes se sont dispersés, il arrive qu'ils s'efforcent de rassembler en divers pays les « Anciens de Grenoble ».

Dans ce brassage ininterrompu de tant de milliers d'étudiants de tous pays, on n'a jamais eu à régler un incident provenant du heurt de deux nationalités. Il n'en allait pas toujours ainsi avant la Première Guerre mondiale. Dès qu'un différend diplomatique opposait deux gouvernements, les ressortissants des pays intéressés se regardaient de travers et l'atmosphère générale en était alourdie. Heureusement, il n'en est plus de même aujourd'hui.

Grenoble n'a certes pas le privilège exclusif de cette amitié sans frontières. Mais ici, plus que partout ailleurs, on murmure : *Si tous les gars du monde...*

Les pionniers de la géologie alpine

Des trois pionniers de la géologie alpine, aucun ne naquit dans les Alpes : ils étaient des enfants des plaines ou des collines. C'est peut-être la raison pour laquelle, découvrant la montagne à l'âge d'homme, ils s'éprirent d'elle passionnément et lui vouèrent bientôt toute leur existence.

Charles Lory (1823-1899), le « doyen et le maître incontesté », était un Nantais, solide comme le vieux socle hercynien de sa Bretagne. A l'époque où, sortant de Normale supérieure, il fut nommé à Grenoble, la géologie alpine en était à peu près au même stade que l'alpinisme : c'est-à-dire à ses balbutiements premiers. Il s'attaqua à l'immense problème « comme un de ces courageux colons du Nord canadien qui s'aventurent dans les forêts vierges, les défrichent et y font de la terre ».

C'est lui qui distingua les cinq zones alpines, du Vercors au mont Rose : Préalpes, Sillon alpin, massifs centraux, zone intra-alpine, versant piémontais. Qu'elles soient effectivement cinq, personne ne s'en étonne plus aujourd'hui. Tout lycéen l'apprend et le tient pour vérité révélée. Tout voyageur se rend à l'évidence. Mais on n'imagine pas la somme de travail qu'il fallut à Charles Lory pour aboutir à cette conclusion, et écrire cette bible que constitue sa célèbre *Description géologique du Dauphiné*. L'homme était à la mesure du savant : robuste et noueux comme les chênes de sa province natale, inviolablement attaché à sa foi catholique, tenace et indomptable.

Wilfrid Kilian (1862-1925), qui naquit en Alsace, était apparenté, par sa mère, à l'illustre Cuvier. En raison sans doute de cette ascendance, il garda toujours un vif intérêt pour les sciences naturelles qu'il commença par étudier en Sorbonne avant de bifurquer vers la géologie et d'écrire à vingt-six ans une thèse sur la montagne de Lure. Succédant à Charles Lory à la faculté des sciences de Grenoble, le 19 octobre 1889, il acquit une renommée mondiale par ses travaux de stratigraphie et de paléontologie. On fait toujours référence à ses études magistrales sur le Crétacé et le Jurassique dans le Sud-Est de la France.

« Il a touché à tout avec un égal succès, a-t-on écrit, à tous les problèmes de géologie alpine, comme d'ailleurs à tous ceux de la science géologique, et toujours en y laissant la trace profonde de son robuste bon sens. »

« Toute une vie d'enthousiasme scientifique et d'activité rayonnante », voilà ce que fut le passage sur cette terre de Wilfrid Kilian. Ses collègues et ses étudiants l'ont toujours vu gai, infatigable, insoucieux des intempéries et sillonnant les montagnes en tous sens.

Pierre Termier (1859-1930), originaire de Lyon, aurait pu, au sortir de l'École polytechnique, faire carrière dans les lettres aussi bien que dans les sciences, tant était grande la variété de ses dons. Mais la géologie l'attirait, comme un champ d'action à la mesure de sa soif de connaissance et de son amour de la nature. Lui aussi, il parcourut les Alpes en tous sens, le sac au dos et le marteau à la main. Lui aussi, il consacra sa vie à son métier, ne connaissant d'autre repos, au retour de ses longues courses, que d'écrire et d'écrire encore. Car il ne s'est pas contenté de nous donner de magistrales études scientifiques, comme sa *Grande synthèse des Alpes occidentales*. Il a publié d'admirables livres, où les souvenirs personnels se mêlent à la réflexion philosophique et à la vulgarisation scientifique la meilleure, celle qui n'est jamais vulgaire : *A la gloire de la terre, La joie de connaître, La vocation de savant,* sont des ouvrages aujourd'hui bien oubliés. Ils devraient être réédités, car ils méritent de figurer sur le premier rayon des bibliothèques. « Les savants sont des amoureux », disait superbement Pierre Termier. Et il ajoutait : « Il ne faut jamais plaindre les amoureux. Je veux croire que, par-delà la mort, leurs vœux seront comblés, réalisés leurs songes, apaisés leurs désirs et qu'ils seront à jamais rassasiés, ces amants de la vérité, comme il est dit que doivent l'être, durant toute l'éternité, ceux qui ont faim et soif de la justice. »

Ces trois hommes, Lory, Kilian, Termier, ont joué un tel rôle qu'on peut bien dire qu'ils furent à Grenoble, après Émile Gueymard (1788-1870), les fondateurs d'une École géologique dont la réputation s'est étendue à travers les cinq continents. Dès 1908, cette discipline allait être détachée de la faculté des sciences pour occuper, en compagnie de la géographie alpine, les locaux historiques mais vétustes de l'ancien évêché du cardinal Le Camus.

Les successeurs des trois pionniers ne leur furent pas inégaux.

Il faut citer Maurice Gignoux (1881-1955), natif de Lyon, polytechnicien et normalien, auteur d'ouvrages magistraux sur *La Géologie stratigraphique*, livre célèbre, toujours réédité, traduit en plusieurs langues, et *La Géologie des barrages*, ouvrage classique, auquel tous les spécialistes font référence. Maurice Gignoux a laissé le souvenir d'un « collègue délicieux... grand savant frôlé par le génie, véritable maître dans toute l'acception du terme. L'homme était à la hauteur du savant et aucune compromission ne devait effleurer cette existence toute droite, uniquement consacrée à la recherche, à ses élèves et à sa famille. »

Pierre Lory (1886-1956) fut le digne continuateur de son père Charles, par ses travaux sur le Dévoluy et sur Belledonne, massifs qu'il a si bien décrits, mais aussi sur la Chartreuse, sur le Vercors et sur la Matheysine. Septuagénaire, il parcourait encore la montagne, chemineau insolite, coiffé d'un vieux chapeau cabossé. Quel est le Grenoblois qui n'a pas rencontré cet infatigable marcheur, éternel amoureux de l'Alpe ?

Plus proche de nous, Léon Moret (1890-1972) est toujours vivant dans la mémoire de ses amis. Membre de l'Institut, longtemps doyen de la faculté des sciences, ce grand esprit avait le don de la clarté. Que ce soit dans son bureau ou sur le terrain, il savait expliquer, en phrases simples, les problèmes les plus complexes. Géologue, il ne se croyait pas obligé de recourir à un vocabulaire hermétique. Ayant parcouru le monde, il n'aimait rien tant que la région d'Annecy, où il était né, et celle de Grenoble, où il s'était établi. Merveilleux musicien, il adorait improviser au piano. Délicieux aquarelliste, il partait avec sa boîte et ses pinceaux, pestant contre ce qu'il appelait le « massacre des paysages » par une urbanisation maladroite ou échevelée. Il se consolait en admirant les montagnes.

Le pétrole du Sahara a-t-il été inventé par un Grenoblois?

Le géologue Conrad Kilian, l'un des quatre enfants du grand Wilfrid, est-il l'inventeur du pétrole saharien ? Cette question a fait couler beaucoup d'encre, suscité des commentaires aussi contradictoires que passionnés et même déclenché une polémique. Il faut essayer de mettre un peu de clarté dans cette histoire.

Personne ne discute le mérite de ce jeune Grenoblois, qui, sa licence terminée, s'embarque en 1922 pour le Sahara. A une époque où les « territoires du Sud » ne semblent guère plus intéressants que, sous Louis XV, les « arpents de neige » du Canada, il fait une série d'observations scientifiques extrêmement intéressantes. Il a réussi à percer le secret le plus mystérieux de la géologie du Grand Désert : celui des socles tassiliens.

Le mémoire qu'il publie à son retour prouve, de façon évidente et révolutionnaire pour l'époque, l'ancienneté des Tassilis, ces massifs du Sahara central que les savants croyaient de formation récente. Il montre qu'ils sont analogues au « bouclier scandinave » et au « bouclier canadien », les plus vieilles formations géologiques de notre terre, véritables « clous de la planète » autour desquels, dans la suite des temps, sont venus se constituer les continents. Il affirme qu'il est possible de construire une voie ferrée, dans ce pays qu'on croit définitivement réservé aux seules caravanes. Il en indique le tracé éventuel, étayant son raisonnement sur des arguments géologiques. Cela, à une époque où il n'est encore question ni du Transsaharien ni du Méditerranée-Niger. Il déclare que le sous-sol du Sahara renferme de l'eau et qu'il suffira un jour de creuser, à une profondeur suffisante, pour la faire jaillir ou pouvoir la puiser. Enfin, il démontre, sans équivoque possible, que le Sahara a eu un « passé humide » et que la mer a dû recouvrir autrefois ces étendues désertiques. Ce sont là, assurément, des révélations de la plus grande importance.

Toutes ces prédictions sont aujourd'hui réalisées : on a construit des voies ferrées et des routes. On a trouvé de l'eau à grande profondeur, dans la nappe albienne. Enfin, grâce aux remarquables données géologiques de base fournies par les travaux de Conrad Kilian, les prospecteurs modernes ont pu conduire activement les recherches et découvrir du pétrole en abondance.

Est-ce à dire que Conrad Kilian a désigné sur la carte l'endroit où devaient surgir, une trentaine d'années plus tard, les derricks d'Hassi-Messaoud, d'Edjelé, d'Hassi R'Mel, des Zarzaïtine et de Tiguentourine ? Ce serait romancer l'histoire. Dans le rapport de mission de Kilian et dans les manuscrits inédits que conserve la faculté des sciences de Grenoble, en aucun endroit le géologue ne dit avoir trouvé du pétrole.

Les découvertes viendront plus tard, beaucoup plus tard. Il faudra pour cela que de Gaulle décide, après la Libération, de faire entreprendre des recherches au Sahara. Il faudra que l'Institut français du pétrole, à Rueil-Malmaison, organise d'importantes campagnes de prospection. C'est seulement au cours des années 1955-1956 que jaillira l' « or noir ». Rien de tout cela ne diminue le mérite de Conrad Kilian, précurseur méconnu. Il est probable que si l'on avait prêté attention à ses réflexions, pour embryonnaires qu'elles fussent, on aurait pu se lancer beaucoup plus tôt dans la grande aventure pétrolière. Mais il fallait que les prospections fussent entreprises. Or, les théories de Kilian furent accueillies à l'époque avec indifférence, sauf par quelques esprits scientifiques particulièrement ouverts. Il y en eut dans la région grenobloise. Mais à Paris, auprès des pouvoirs publics, le pauvre géologue ne recueillit que bonnes paroles et félicitations chaleureuses, derrière lesquelles se cachait un inébranlable scepticisme.

Conrad Kilian en conçut une grande amertume. Cette expédition l'avait épuisé. Il tomba gravement malade. Son cerveau en demeura ébranlé : il se croyait poursuivi par l'Intelligence Service, il se disait la victime de persécuteurs qui jalousaient ses « découvertes ». La mort de son père, en 1925, le laissa sans ressources. Démuni de tout, les vêtements élimés, il traîna dès lors une existence misérable. Des amis compatissants aidèrent à survivre cet homme qui n'était plus que l'ombre de lui-même et dont la raison, peu à peu, sombrait. Il mourut en mars 1950.

Le bruit courut, au cours des années qui suivirent, qu'il avait été assassiné par l'Intelligence Service, sous prétexte qu'il était gênant. A cette légende, sa propre famille n'accordait pas créance, si nous nous référons à une lettre que nous écrivit, peu de temps avant de mourir à son tour, son frère l'amiral Kilian.

La vérité est plus banale, mais tout aussi dramatique. Un soir, après s'être tailladé de coups de couteau, Conrad Kilian se pendit à l'espagnolette de sa chambre, hermétiquement fermée de l'intérieur, dans un petit hôtel de la rue Thiers. Nous avons visité ces lieux. Nous avons longuement interrogé ceux qui découvrirent le corps, ceux qui firent l'enquête et les amis fidèles que le malheureux avait conservés à Grenoble. Aucun doute ne subsiste dans leur esprit, non plus que dans le nôtre : Conrad Kilian s'est suicidé.

La Seconde Guerre mondiale

La bataille de Voreppe

Juin 1940. La « bataille de France », la débâcle... Le 10 de ce mois dramatique entre tous, l'Italie fasciste nous déclare la guerre. Le 19, au début de l'après-midi, les avant-gardes allemandes atteignent Lyon. Les colonnes motorisées éclatent aussitôt dans quatre directions : vers Vienne, vers Crémieu, vers Heyrieux et vers Bourgoin.

A Saint-Pierre-d'Entremont, où il a établi son poste de commandement, le général Cartier, qui commande le groupement de défense Dauphiné-Savoie, privé de toute aviation de reconnaissance, suit la progression de l'ennemi grâce aux communications téléphoniques qu'il parvient à maintenir avec les agents des P.T.T. qui n'ont pas quitté leur poste.

Au nord, les deux ponts de Culoz, ferroviaire et routier, tombent intacts aux mains des Allemands. A l'ouest, leurs avant-gardes parviennent au contact, le 22, aux environs de Voreppe. Mais le 23, à 5 heures du matin, les premiers blindés à croix noire se heurtent au feu de l'artillerie française, établie sur les hauteurs de la rive gauche de l'Isère, près du Bec de l'Échaillon. Pour protéger cette position de défense idéale, qui commande l'entrée de la cluse de Grenoble, il n'y a pourtant que deux batteries mixtes de 67 et de 75, aux ordres du capitaine Lombard. La colonne allemande est arrêtée net. Plusieurs engins motorisés sont détruits. Les autres rebroussent chemin en direction de Moirans. A 11 heures, l'artillerie allemande ouvre le feu sur Voreppe. A 17 heures, deux compagnies d'infanterie, fortement soutenues par des tirs d'artillerie, montent à l'assaut. Elles sont clouées au sol par les canons français.

Les Allemands, qui ont subi de lourdes pertes, renoncent alors à attaquer Voreppe de front et entreprennent une manœuvre de débordement par le nord. Leur mouvement s'effectue par la montagne sur l'axe col de la Placette-vallon de la Roize. Mais il est stoppé par une unique batterie de 47 et de 75, commandée par le lieutenant Fould. Quand se lève l'aube du 24, les Français ont reçu des renforts d'artillerie, un groupe de 105, commandé par le chef d'escadron Azaïs de Vergeron, étant arrivé dans la nuit. Deux nouvelles positions d'infanterie sont établies à Saint-Égrève, pour le cas où Voreppe tomberait.

Dans la matinée, les Allemands déclenchent une très forte attaque par les hauteurs. Ils occupent Saint-Julien-de-Ratz et débouchent sur la Placette par le col de Vaissant. La défense française est bientôt submergée. L'assaillant progresse au-delà de la haute Fare, de Bourbon et de Pommiers.

Le combat pour la Roize commence l'après-midi. A trois reprises les Allemands se lancent à l'assaut, à trois reprises ils sont rejetés au-delà du petit cours d'eau. A la nuit, on se bat corps à corps dans la batterie Fould, dont toutes les pièces ont été détruites ou rendues inutilisables. Et, pendant toute la nuit, on tiraille dans la montagne.

Au matin du 25 juin, c'est l'armistice. La France est à genoux. Cependant, la fusillade dure encore pendant plusieurs heures, ce qui fera dire au général Cartier qu'il a « arrêté l'invasion allemande en Dauphiné ». En un sens, c'est vrai : les Allemands ont mis en ligne sur l'Isère, le Rhône et le Guiers cinq divisions à douze mille combattants chacune. Et lui-même n'avait sous ses ordres, dans son groupement Dauphiné-

Savoie, que quatorze mille hommes. Trente-six d'entre eux ont été tués, cent quatre-vingt-dix blessés et deux cent cinquante faits prisonniers.

A Voreppe même, pour supporter le gros de l'attaque, il n'y avait que trois mille deux cents hommes, sous le commandement de Brillat-Savarin : seize compagnies d'infanterie, une compagnie de pionniers, une compagnie du génie, trois batteries d'artillerie (de 75, de 67 et de 47) ainsi que cinq pièces de marine de 45.

Le général Cartier passe en revue en fin de matinée les troupes de Brillat-Savarin dans la plaine de Saint-Égrève et établit son nouveau P.C. à La Tronche. Grenoble et Chambéry échappent à l'invasion. Et le général écrit : « Nous pouvons être assurés d'avoir préservé des camps allemands la totalité de la jeunesse de nos deux provinces. »

Deux jours plus tôt, les trois premiers moines sont revenus à la Grande-Chartreuse, qu'ils avaient quittée depuis 1904. Cartier, qui les y a accueillis, avec Auguste Villard, maire de Saint-Pierre-de-Chartreuse, note « le contraste d'apaisement entre la sérénité de leur compagnie et l'agitation du front tout proche ».

De la « mosaïque » à l' « union »

De sérénité, il n'y en a pas à Grenoble, et il n'y en aura plus pendant longtemps. Car voici venir les années sombres, puis les années terribles : occupation italienne d'abord, en novembre 1942, quelques jours après le débarquement allié en Afrique du Nord ; occupation allemande ensuite, après l'armistice de Badoglio, le 8 septembre 1943. Arrestations, déportations, exécutions, actions du maquis et des groupes francs, répression, nouveaux coups de main des résistants, tel est désormais, jusqu'à la Libération, le lot de la cité dauphinoise.

Si Lyon a pu mériter le titre de capitale de la Résistance, Grenoble fut la capitale du maquis. L'histoire de ses longues épreuves, où se mêlent, chez les nôtres, l'héroïsme le plus pur, le courage le plus tranquille, l'inconscience la plus généreuse, avec, chez l'occupant, la cruauté la plus sanglante et, chez ses séides, la trahison pure et simple, cette histoire-là a été souvent racontée. Ce n'est pas en quelques pages qu'on peut ici l'écrire complètement. Tout au plus veut-on essayer d'évoquer les événements principaux.

Il est certain que la volonté de poursuivre la lutte s'est manifestée rapidement, chez les Dauphinois comme chez les Savoyards. « Un vigoureux génie de résistance et d'opposition signale ces provinces, notait déjà Michelet. Cela peut être incommode au-dedans, mais c'est notre salut contre l'étranger. »

Au début, les résistants ne sont qu'une poignée. Mais bientôt, et surtout à partir de la fin de l'année 1942, on voit se constituer de nombreux mouvements : Combat, Franc-Tireur, Armée secrète gaulliste, Armée secrète giraudiste, Libération, F.T.P., Front national, Organisation de

Résistance de l'armée (O.R.A.), mouvements de jeunes, bref, « une véritable mosaïque d'associations ». Cette situation engendre dispersion des efforts et rivalités entre les hommes : il est urgent d'y mettre un terme.

L'union se fait à la suite de deux réunions qui permettent de former une sorte de Fédération : Chavant, Chavellet, Schlokow, Léon Martin, le docteur Valois et quelques autres sont à l'origine de cette union. Bientôt l'Isère est divisée en six secteurs où se constituent des maquis : Grenoble et Vizille ; Voreppe et Chartreuse ; Chambarand-Saint-Marcellin-Tullins ; Vif-Mens-Monestier-de-Clermont ; Oisans-Matheysine ; Grésivaudan.

Les groupes francs en action

Avant même que la Résistance ait établi ses structures et mis au point ses méthodes, des hommes — aujourd'hui encore presque inconnus — ont commencé à récupérer et à cacher tout le matériel de guerre qu'ils ont pu trouver. Les « soldats de la nuit » vont ainsi constituer le premier embryon de leur armement.

S'il en est, parmi ces combattants résolus, qui se jetèrent rapidement dans la lutte et la poursuivirent farouchement jusqu'au bout, ce furent bien les groupes francs. Fondés très tôt par « Combat », puis organisés par Louis Nal, capitaine au parc d'artillerie, ils jouèrent d'emblée aux Italiens, puis aux Allemands, une série de très mauvais tours : évasions en chaîne de la prison Saint-Joseph ; visite du fort des Quatre-Seigneurs tout bourré de munitions ; récupération de plus de 12 tonnes d'explosifs dans le dépôt de Pont-de-Claix ; opérations punitives contre des collaborateurs (plus de cent trente bombes d' « intimidation ») ; destruction des fichiers du S.T.O. et du ravitaillement ; enfin et surtout explosion d'une forte charge de dynamite dans l'hôtel Gambetta, où se trouvait l'état-major d'une division d'« alpini ». Cette opération mémorable se déroula dans la nuit du 24 au 25 mai 1942. L'engin explosif fut placé dans un morceau de tuyau d'adduction d'eau et descendu par la cheminée, au moyen d'une corde, jusqu'au niveau de la chambre occupée par le général commandant les troupes italiennes.

Mais les groupes francs ne s'en tiennent pas là : ils s'attaquent aux voies ferrées, qu'ils sabotent, et aux trains de matériel de guerre, qu'ils font sauter. Ils continuent à récupérer des armes et des munitions : c'est ainsi que le 11 juillet 1944 ils s'emparent de trente tonnes d'explosifs au fort du Mûrier. Ils font sauter la caserne de Bonne : ce coup de main est l'œuvre d'une équipe de Polonais, qui ont été enrôlés de force dans l'armée allemande et que dirige Aloyzi Kospiski. L'opération, menée avec autant d'astuce que d'audace, le 2 décembre 1943, entraîne la destruction de cent tonnes de matériel. Cinq soldats ennemis sont tués, dix grièvement blessés, soixante atteints plus légèrement.

Le 6 octobre 1943, l'ingénieur Abry est abattu sans sommations par un soldat allemand sur le trottoir près du cinéma Royal. Il est une des premières victimes grenobloises du nazisme.

Le 11 novembre, jour anniversaire de l'Armistice, une grande manifestation patriotique se déroule dans la ville. Elle se termine par une poignante *Marseillaise*, chantée par la foule devant le monument des Diables bleus. Les forces de police française sont débordées, ou se laissent volontairement déborder. A un certain moment, les Allemands interviennent et arrêtent un millier de manifestants. Dans la soirée, ils relâchent les femmes et les enfants. Mais ils gardent six cents otages que, deux jours plus tard, le 13 novembre, ils entassent dans un train à destination des camps de concentration. Bien peu reviendront...

La destruction du polygone

Mais l'opération la plus extraordinaire de toutes fut dirigée contre le parc d'artillerie du polygone, où les Allemands avaient constitué un énorme dépôt de munitions et de matériel. Le nombre des exécutants fut réduit au strict minimum : un homme seul, Aimé Requet.

Celui-ci, à la fin d'octobre, avait déjà réussi à faire sauter le transformateur voisin pour arrêter le travail des machines-outils. Le lendemain même, un de ses camarades fit sauter un second transformateur, qui alimentait le parc en courant lumière. Dans la nuit du 6 au 7 novembre 1943, Requet parvint à se glisser dans la place et à déposer, en des endroits soigneusement choisis, les crayons-retard destinés à déclencher l'explosion. Mais les crayons-retard ne fonctionnèrent pas, sauf un près de la chaudière. Alors Requet, avec ce flegme dont il ne se départira jamais, alla les enlever. Toujours seul, il réédita sa mission, le 13 novembre, vers 5 heures du soir, avec de nouveaux crayons allumeurs, à retardement de six heures, qu'il plaça dans les caisses de munitions.

« De nouveau, raconte un témoin, c'est l'attente dans la nuit. Vingt-trois heures sonnent... Rien... Les minutes s'écoulent, lentement... toujours rien... Les douze coups de minuit s'égrènent dans le ciel. La demi-heure de minuit semble encore une fois nous enlever tous nos espoirs. Minuit quarante-cinq... Le front collé à ma fenêtre qui fait face au parc, je sens un profond découragement m'envahir. Soudain — est-ce possible ? — une éblouissante lueur éclaire tout le ciel, en même temps qu'une explosion formidable déchire l'air. L'opération vient de réussir. L'arsenal saute.

» Partout, c'est un fracas de vitres brisées, de fenêtres ouvertes, de gens qui s'interrogent dans l'affolement. Là-bas, des détonations moins fortes crépitent, s'amplifient, décroissent, puis reprennent de plus belle. Ce sont les caisses de munitions qui sautent, les obus qui éclatent, les artifices qui explosent. Des fusées de toutes sortes, des chenilles, des drapeaux, des lueurs diversement colorées montent dans le ciel. Si l'heure n'était pas aussi grave, le spectacle apparaîtrait féerique. Pendant plus de trois heures il en sera ainsi, puis les explosions s'espaceront et ce sera le silence. »

Aimé Requet, dynamiteur solitaire, vient de détruire cent cinquante tonnes de munitions et plus de mille tonnes de matériel, comprenant des canons de gros calibre, des véhicules, des pièces de rechange. Les Allemands, dans leur fureur, lancent des patrouilles dans la ville, en pleine nuit, avec mission de tirer à vue sur tout ce qui bouge. Ainsi sont tués, aux abords du polygone, plusieurs personnes, dont deux femmes que pousse la curiosité et deux journalistes qui effectuent leur travail.

Le lendemain matin, Requet, qui est employé au parc d'artillerie, se rend à son travail comme à l'ordinaire. Les Allemands ne soupçonnent pas un seul instant ce grand gars à l'air paisible, qu'ils connaissent bien. Au passage, Requet leur donne son avis sur le « sinistre » de la nuit. Puis, tout tranquillement, il se dirige vers l'endroit où il élève des lapins.

Les lapins sont toujours en vie.

La Saint-Barthélemy grenobloise

Quelques jours plus tard, en ce même mois de novembre 1943, une répression impitoyable ensanglante la ville. C'est ce qu'on a appelé la « Saint-Barthélemy grenobloise ». La métaphore convient, hélas ! car le crime fut perpétré par des Français contre d'autres Français. Encore qu'on hésite à donner le nom de Français à Carbonne, ce nervi marseillais passé au service de la Gestapo, avec l'appui de laquelle il avait constitué un « comité régional antiterroriste ». Et que dire du sinistre Barbier ?

Peu après l'arrivée de Carbonne se déclenche soudain l'opération, que des dénonciations obtenues pour trente deniers ou des aveux arrachés sous la torture ont assurément permis de préparer avec soin.

Le 25 novembre 1943, Georges Duron, fleuriste, place Victor-Hugo, est arrêté et disparaît à tout jamais. Roger Guigues est appréhendé, 15, rue Brocherie : on retrouve son cadavre le lendemain à Meylan.

Le 26 novembre, c'est le tour du docteur Girard, qui est exécuté au carrefour des routes de Claix et de Seyssins ; du docteur Henri Butterlin, aux Garcins de Vif ; de Jean Pain, au bas de la côte du Chevallon de Voreppe ; d'Alphonse Audinos, au croisement des rues Ampère et Abbé-Grégoire. Bernard, la cinquième victime de la journée, est abattu à son domicile, place Vaucanson.

Le 27 novembre, le docteur Valois est arrêté chez lui, rue de Palanka, à la suite d'une dénonciation. Affreusement torturé, il a le courage de se taire. Mais le 29 novembre, épuisé, craignant de flancher, il s'ouvre les veines dans sa cellule.

Ce même 29 novembre, connu depuis sous le nom de la « journée rouge », le docteur Carrier, ami de Valois, est abattu dans sa maison de Saint-Marcellin. Le professeur Bistesi, chef départemental de « Combat », est assassiné à l'Institut d'électrochimie, tandis que sa villa de Saint-Martin-le-Vinoux est incendiée. Jean Perrot, chef régional de « Franc-tireur », est froidement exécuté dans son bureau de l'usine Sappey. Son beau-père, quoique grièvement blessé, est traîné à la Gestapo. Reynier, dit « Vauban », chef adjoint de l'A.S., qui commande le maquis du Grésivaudan, apprend ces arrestations. Il quitte au plus vite son domicile, où la Gestapo se casse le nez quelques heures plus tard. Il sera le premier préfet de la Libération.

Le 30 novembre, les services de police allemands interdisent la publication des avis de décès. Mais d'autres victimes vont tomber encore : René Gosse, le doyen de la faculté des sciences, et son fils, Raymond Bank, Jean Bocq, Vallier, et ces otages innocents fusillés en pleine ville, le 14 août 1944... Un Allemand a été abattu cours Berriat par des résistants. « Alors, raconte Pierre Tanant, l'occupant décide de faire un exemple. A la caserne de Bonne, vingt jeunes Français sont enlevés en camion et transportés à l'extrémité du cours Berriat, près du pont du Drac, devant l'usine Bouchayer ; tous sont des jeunes gens du Vercors : du Villard, de Méaudre et d'Autrans. Les quatre premiers sont brutalement poussés hors du camion et aussitôt abattus à coups de mitraillette. Les autres assistent épouvantés au massacre, se doutant du sort qui les attend. En effet, les uns après les autres, par petits groupes de trois ou quatre, ils sont abattus à leur tour. Vingt cadavres jonchent l'angle du trottoir, devant les yeux atterrés des passants. »

Le drame du Vercors

Lorsqu'on parle de la Résistance à Grenoble, un mot vient aussitôt à l'esprit : le Vercors. « Vercors, haut lieu de France », pour reprendre le titre d'un livre. Oui, sûrement. Mais Vercors, erreur tragique ? Vercors, guet-apens où la trahison fit tomber la valeur ? Vercors, contresens stratégique ? Toutes ces accusations ont été lancées, comme si les souffrances et l'échec n'étaient pas suffisants et qu'il fallait encore y ajouter la polémique. Où est la vérité ?

« Parmi les épisodes de la Libération, a écrit Robert Aron, dans son *Histoire de la Libération*, aucun n'est plus bouleversant, ni ne reste plus mystérieux. En succombant devant l'ennemi, des combattants de l'intérieur ont pu se croire sacrifiés et trahis pour des raisons partisanes ; chez beaucoup de survivants ou chez les fils des disparus, le sang versé demande justification, sans que, malgré l'extravagance de certaines accusations, l'on puisse apparemment leur donner absolument tort. Et la politique s'en mêle, ce qui certes n'est fait ni pour apaiser les passions, ni pour éclaircir les esprits. »

Le mystère du Vercors ? Non. Il n'y a pas de mystère du Vercors. Il y eut uniquement un drame du Vercors. Drame causé par une incroyable série d'illusions, un étrange imbroglio de mésententes et un tragique enchaînement d'incompréhensions. Tout cela aggravé par le désir obstiné, chez certains, d'opposer à l'ennemi des « unités » tenant un « front », selon les règles traditionnelles de la guerre classique. Mais aussi que de générosité, que d'enthousiasme, que de courage et, disons-le, car le mot conserve ici tout son sens, que d'héroïsme !

Le véritable fondateur du maquis du Vercors est Aimé Pupin, dit « Matthieu », qui tient un petit café rue du Polygone. Il trouve aussitôt un grand soutien auprès du docteur Martin, maire socialiste de Grenoble, que sa situation officielle n'empêche pas de prendre des risques. Pupin a pour auxiliaire Eugène-Samuel Ravalec, dit « Ernest », un médecin qui a dû abandonner sa clientèle pour venir ouvrir une pharmacie à Villard-de-Lans. Il suscite localement les premiers groupements de résistance. Autre pionnier, Eugène Chavant, dit « Clément », homme droit et courageux qui va jouer un rôle du premier plan.

L'équipe du début, a-t-on noté, « comporte aussi un percepteur, un directeur de banque populaire, un journaliste, un quincailler, un employé de la S.N.C.F. et un chauffeur de taxi ».

L'idée de transformer le Vercors en un bastion de résistance naît à la fin de l'année 1942, à la suite de la rencontre de deux organisations : « Franc-Tireur » d'une part, auquel s'était intégré le groupe originel de maquisards animé par Ravalec et l'équipe Dalloz, d'autre part. Pierre Dalloz, inspecteur des sites, venait d'entamer avec quelques amis l'étude du massif, dans le double dessein d'y créer une « zone d'accueil » pour des éléments clandestins et une zone de concentration pour des forces alliées aéroportées. Il présenta son plan — baptisé le plan « Montagnards » — à Yves Farge, puis au général Delestraint, chef de l'armée secrète, qui le porta lui-même au général de Gaulle, à Londres. Aux yeux des résistants dauphinois, la « carte du Vercors » devait être utilisée par surprise, contre un ennemi inquiet et désorganisé. Dalloz l'avait écrit formellement. « Il s'agirait non de braver un ennemi en possession de ses moyens, mais, en intervenant, d'aggraver son désordre. Il s'agirait non de s'incruster dans le Vercors, mais d'y prendre pied afin d'en sortir et d'attaquer. Il s'agirait non de tenir, mais de pousser dans tous les sens. »

Hélas ! c'est tout le contraire qui se produisit, par suite d'un tragique malentendu, sur lequel la lumière est maintenant faite. Pour que le Vercors fût la citadelle imprenable qu'on eût voulu, pour que de là-haut partît au moment opportun une offensive destinée à prendre les Allemands à revers peu après le débarquement allié, il eût fallu que trois conditions fussent réunies : parachutages d'armes lourdes — mortiers notamment — en quantité suffisante ; atterrissage de renforts aéroportés sur les terrains aménagés à cet effet ; plan d'action concerté entre le

Vercors, Alger et Londres. Rien de tout cela ne se réalisa. Le plan « Montagnards » resta dans les cartons à Londres et n'en sortit plus guère par la suite, à Alger, malgré de pressantes démarches, en 1943, et surtout au début de l'année 1944.

Se fiant aux promesses qu'on leur avait faites, ceux du Vercors étaient persuadés que le secours tomberait du ciel au moment opportun. Ils n'hésitèrent donc pas, le 8 juin 1944 — deux jours après le débarquement de Normandie, mais soixante-huit jours avant celui de Provence —, à déclencher sur l'ordre de Londres une véritable mobilisation générale de la Résistance. Quatre mille huit cents hommes environ se trouvèrent rassemblés sous le commandement de l'intrépide François Huet, dit « Hervieux ». Il avait divisé ses forces en deux secteurs : le secteur nord, commandé par Costa de Beauregard, dit « Durieux » ; le secteur sud commandé par Geyer, *alias* « Thivollet ». Cette petite armée, manquant de tout, sauf de courage, mena des combats héroïques et désespérés. Lorsque les Allemands attaquèrent, le 13 juin 1944, avec des forces infiniment supérieures en nombre et en armement, les résistants luttèrent pied à pied devant Saint-Nizier, dans les bois de Valchevrière, dans la forêt d'Herbouilly, à Vassieux, ailleurs. Mêlés aux jeunes recrues de la « mobilisation du Vercors » et aux Polonais héroïques, les anciens, ceux de la première heure, se battirent comme des lions. Il y eut 750 morts de notre côté. Et parmi eux l'un des grands écrivains français : Jean Prévost.

D'histoires tragiques, le Vercors est plein. Il n'est que de parcourir le plateau, depuis le bouleversant chemin de croix de Valchevrière jusqu'aux villages reconstruits de La Chapelle-en-Vercors et de Vassieux, pour évoquer le souvenir des combats sans espoir et des atrocités allemandes.

Mais nulle histoire n'est plus tragique sans doute que celle de la grotte de la Luire, où était installé l'hôpital du maquis. Quand les Allemands s'en emparèrent, ils massacrèrent sur place impitoyablement tous les blessés intransportables. Les autres, ils les ramenèrent à Grenoble et ils les fusillèrent au polygone. Parmi eux se trouvait un théologien qui avait voulu servir comme aumônier dans le maquis : le jésuite Yves de Montcheuil. Une stèle a été élevée à l'endroit même où fut découvert le charnier.

Un preux : le capitaine Stéphane

A l'époque où certains officiers essayaient d'appliquer à la Résistance les règles de l'École de guerre, un autre officier inventait des méthodes nouvelles. On le connaissait sous le nom de « Stéphane ». Il s'appelait Étienne Poitau. Il avait vingt-cinq ans et deux galons sur la manche.

« La troupe de guérilla, disait-il à ses hommes, doit se tenir à l'écart des lieux habités et s'interdire tout contact avec les civils. Elle échappe aux opérations de nettoyage par l'égaillement, le camouflage total, la disparition dans la nature défiant tout ratissage. C'est la première chose à apprendre pour survivre.

« Partout sillonnée de routes, la France ne présente pas ces vastes zones de refuge où peuvent s'évanouir les guérillas russes. Seuls la mobilité, le nomadisme intégral peuvent procurer la sécurité. »

Nomadisme ! Voilà lâché le maître mot par ce grand lieutenant aux muscles d'acier, qui, sans avoir lu Mao Tsé-toung, entraîne sa compagnie dans une « longue marche » à travers forêts et alpages. « La sueur épargne le sang », répète-t-il après Lyautey, en menant ses hommes à un rythme d'enfer. Les entraînant sans cesse, les habituant aux conditions de vie les plus rudes, il transforme ses cent trente-six volontaires en une troupe d'élite, dont aucune fatigue, aucune épreuve, aucun coup dur ne peut saper le moral. « Hors des larges vallées, répètent-ils avec leur chef, la supériorité de l'ennemi motorisé n'existe plus. C'est nous qui lui sommes supérieurs, à condition d'avoir du souffle, des jambes, et une parfaite connaissance de la montagne. »

Pendant des mois, dans le Grésivaudan, et tout autour de Grenoble, la compagnie Stéphane harcèle les Allemands, leur faisant subir de lourdes pertes en hommes et en matériel. Entrant en action avec une soudaineté redoutable, agissant par petits groupes résolus et bien armés, cette insaisissable unité se retire aussitôt sous le manteau des forêts de Belledonne et disparaît dans ses invisibles repaires. Elle fait tant et tant qu'elle mérite après la Libération cette citation élogieuse : « La plus belle unité que connut la résistance dauphinoise pendant la période de la résistance intérieure. »

Le Dauphiné vient de voir passer, sans heaume ni cuirasse, un preux des temps modernes. Le 4 avril 1952, à la sortie du pont Doumer, à Hanoi, « Stéphane » tombe dans une de ces embuscades dont il a tant contribué de son côté, et en des circonstances différentes, à mettre au point la méthode. Grièvement blessé, il meurt quelques minutes plus tard.

La Libération

Dans la nuit du 21 au 22 août 1944, les Allemands commencent à évacuer Grenoble. Sur toutes les routes, leurs convois sont harcelés par les maquisards. Des combats sporadiques se déroulent ici ou là. Les groupes francs reçoivent l'ordre d'entrer dans la ville. Ce qu'ils font à l'aube. Ils sont rejoints par les hommes des maquis de l'Oisans et de la Chartreuse.

A 5 heures du matin, déjà, les rues grouillent de monde. Les résistants sont follement acclamés. « Lorsque le commandant Nal, à la tête d'un groupe franc, traverse l'Ile-Verte dans le véhicule qui, fanion au vent, porte les traces du combat de Domène, il se produit un incident caractéristique de l'enthousiasme populaire. Une crevaison ayant immobilisé la voiture, des civils, sans attendre, la soulèvent de leurs bras pour permettre de changer la roue.

» La préfecture est occupée. Le service d'ordre, vite débordé, remis en place. Les membres du Comité départemental de libération arrivent. D'Assas se rend à l'hôtel de ville, installe une direction provisoire et, du balcon, lance une proclamation. La voix de la radio « Alpes-Grenoble » se fait entendre, enfin libre. Les maquisards continuent à arriver de toutes parts. Un avion à croix gammée survole la ville à basse altitude, essuie un feu nourri d'armes automatiques et disparaît (souvenirs du commandant Nal). »

Dans la même journée du 22 août parviennent à Grenoble, par la route des Alpes, les avant-gardes motorisées des 36ᵉ et 45ᵉ divisions américaines, débarquées une semaine plus tôt sur la côte des Maures.

Le 24 août, un millier d'Allemands de la 157ᵉ D.I. tentent encore de lutter à Gières et capitulent avant la nuit. Jusqu'au 2 septembre, des accrochages ont lieu avec des éléments allemands en retraite, à Bourgoin, à Chamoux, à La Rochette, à Romans, à Saint-Nazaire-en-Royans. Mais, pour les Grenoblois, le cauchemar est fini.

Pendant quelque temps, le véritable pouvoir va être exercé par le comité départemental de Libération (C.D.L.), que préside Roger Bonamy, dit « Ciment ». Le secrétaire de cet organisme, Pierre Flaureau, dit « Pel », détient, jusqu'à la fin du mois d'août, la signature des actes administratifs. Installé dans la salle du conseil général, le C.D.L. contrôle le préfet Reynier, qui s'efforce de rétablir la légalité républicaine. S'étayant l'un l'autre, ils y parviennent assez rapidement.

Sur les crêtes des Alpes, cependant, le combat va se poursuivre quelque temps encore. Jusqu'au jour où les vainqueurs, fatigués et joyeux, retrouvent enfin leur ville, qui a bien mérité la croix de la Libération qui lui a été attribuée dès le 4 mai 1944 et la croix de guerre qui lui est décernée le 11 novembre 1948. La longue et glorieuse citation commence ainsi : « Ville héroïque, à la pointe de la Résistance française et des combats pour la Libération. Dressée dans sa fierté, livra à l'Allemand, malgré ses deuils et ses souffrances, malgré l'arrestation et le massacre des meilleurs de ses fils, une lutte acharnée de tous les instants... »

De la Libération
aux Jeux olympiques
(1945-1968)

Au lendemain de la Libération commence, pour Grenoble, une période de mutation si rapide qu'on peut bien parler de métamorphose. Elle ne s'arrête évidemment pas avec les Jeux olympiques d'hiver. Mais les « J.O. » constituent une étape importante en même temps qu'un repère commode. C'est pourquoi l'on est tenté de considérer comme un tout les vingt-trois années qui s'écoulent de 1945 à 1968.

Au cours de ce petit quart de siècle, Grenoble connaît un essor sans précédent dans son histoire et sans équivalent en France. Cette ville étonne tout le monde, et elle s'étonne elle-même. Fleurissent alors, dans les journaux et les revues, des formules qui vont faire florès. La voici baptisée « cité d'avant-garde », réputée « ville pilote », désignée comme « championne de France de l'expansion », parée du « ruban bleu de la construction », décorée de la « rosette du dynamisme industriel ». Les formules deviennent slogans et les slogans... tarte à la crème. Ainsi naît le mythe de Grenoble. La lucidité oblige à dire que toutes les villes françaises connaissent à la même époque une période de transformation rapide. Si l'évolution se précipite tant, à Grenoble, c'est, semble-t-il, pour quatre raisons : au lendemain d'une guerre qui a multiplié les destructions sur une grande partie du territoire national, le potentiel industriel dauphinois est pratiquement intact : il va contribuer à la reconstruction ; l'université, qui se développe considérablement, reste en prise directe sur les problèmes de l'économie régionale ; le site de la ville et son environnement provoquent un effet d'attirance, à un moment où apparaît clairement, bien que non formulée encore, une notion nouvelle : celle de « la qualité de la vie » ; enfin, servis par une main-d'œuvre habile et des cadres compétents, les industriels grenoblois montrent, plus que jamais, un remarquable esprit d'initiative.

Presque toutes les entreprises ont été créées par de fortes personnalités. La plupart des usines, à l'époque, sont encore entre leurs mains ou dans celles de leurs descendants. Nées avec le monde moderne, ces industries jeunes sont mieux adaptées que d'autres, plus vieilles, à la marche du progrès. Elles ne craignent ni les transformations ni les adaptations. Elles s'y prêtent sans trop de déplaisir, le plus souvent avec souplesse, parfois même avec promptitude. Il leur arrive de devancer l'évolution, de la rechercher et, par là même, de l'entraîner. Elles n'y ont guère de mérite : c'est leur intérêt vital, Grenoble étant une sorte de Suisse, démunie de matières premières et située à l'écart des grands centres de consommation. Elle ne peut pas se permettre de traînasser. Pour vivre, il faut qu'elle prenne le pas de gymnastique.

La croissance démographique

En 1946, Grenoble compte 102 161 habitants. Sa population a continué à croître durant les années de guerre, en raison notamment de l'afflux de nombreux réfugiés. Les communes limitrophes ont grandi, elles aussi. Mais ce sont des banlieues non encore jointives. Au cœur même de la cuvette s'étend toujours le petit aérodrome Jean-Mermoz, où ne se posent guère que des « coucous ». Il existe encore des champs de blé aux limites de la Bajatière, des vaches à la ferme de Prémol et des jardins ouvriers au-delà des Grands Boulevards.

Soudain, Grenoble se met à grandir à un rythme rapide : 116 440 habitants lors du recensement de 1954, 156 707 à celui de 1962 ; 161 616 à celui de 1968. Cependant, la ville elle-même a vite atteint les limites possibles de sa croissance physique, à l'intérieur d'un territoire communal qui ne s'est pratiquement pas agrandi depuis le XVIIe siècle. Ce sont les communes suburbaines qui connaissent bientôt un développement accéléré. Se soudant peu à peu les unes aux autres, sans perdre pour autant leur personnalité, elles s'unissent à la vieille cité pour constituer l'agglomération grenobloise.

Sous le terme d' « agglomération grenobloise » on désigne, en ces années, les vingt et une communes formant le groupement d'urbanisme (G.U.), constitué en 1967 :

Claix, Corenc, Domène, Échirolles, Eybens, Fontaine, Gières, Grenoble, La Tronche, Meylan, Montbonnot-Saint-Martin, Murianette, Noyarey, Poisat, Pont-de-Claix, Saint-Martin-d'Hères, Saint-Martin-le-Vinoux, Sassenage, Seyssinet-Pariset, Seyssins et Saint-Egrève. A ces vingt et une communes vont s'agréger ultérieurement onze autres : Biviers, Bresson, Champ-près-Froges, le Fontanil, Froges, Herbeys, Saint-Ismier, Saint-Nazaire-les-Eymes, le Versoud, Veurey-Voroize et Villard-Bonnot. Ces trente-deux communes vont constituer l'agglomération grenobloise, selon la définition de l'I.N.S.E.E.

La population de cette agglomération passe de 143 837 en 1946 à 177 130 en 1954, à 244 885 en 1962, pour atteindre 314 209 en 1968. Plusieurs communes deviennent des villes importantes : en moins d'une génération, Fontaine triple, Saint-Martin-d'Hères sextuple, Échirolles décuple. Ces deux dernières se haussent à la seconde et à la troisième place parmi les villes du département — 38 111 et 33 394 habitants. Avant l'auguste Vienne — 28 753 — et le vivant Voiron — 20 365.

Mais où sont les Grenoblois?

Plus Grenoble grandit, plus diminue le nombre des Grenoblois! Ce n'est pas un paradoxe. L'augmentation de la population est due, pour un tiers seulement, à l'excédent des naissances. Les deux autres tiers proviennent de l'immigration.

Ces immigrants sont, pour partie, des étrangers : on en dénombre 15 317 en 1961, 18 218 en 1962, 19 566 en 1963, 21 393 en 1964, 22 820 en 1965. A cette époque, le total se décompose de la façon suivante : 14 940 Italiens, 3 057 Espagnols, 372 Tunisiens, 340 Yougoslaves, 220 Marocains, et 3 891 divers. Il faut y ajouter près de 5 000 Algériens, qui ne sont pas réputés étrangers, en vertu des accords d'Évian, qui ont mis fin à la guerre en mars 1962.

Ces accords entraînent l'exode, dans des conditions navrantes, de la population française d'Algérie. Et l'on voit, en quelques mois, près de 20 000 « pieds-noirs » débarquer à Grenoble pour y refaire leur vie.

Mais le plus grand nombre d'immigrants provient de l'Hexagone lui-même et tout d'abord du Dauphiné, qui reste, pour Grenoble, un important « vivier ». Les fils de l'Alpe continuent à déserter leurs villages de Matheysine, du Vercors, de la vallée de la Romanche, de l'Oisans, de la corniche de Belledonne, du Grésivaudan. Le moment n'est pas encore venu où les citadins rêveront d'aller s'installer à la campagne. On assistera alors à un reflux vers les terres en pente.

A ce mouvement régional s'ajoute, continûment, l'apport massif d'ouvriers, de techniciens, d'ingénieurs attirés par la perspective de trouver du travail dans une cité réputée agréable. Ils arrivent, de toute la France, mais surtout de la région parisienne, du Nord, de l'Est.

Grandissant vite, Grenoble reste jeune. Au cours des années soixante, un tiers de la population a moins de vingt ans, un autre tiers entre vingt et quarante ans.

Les vieux Grenoblois ne reconnaissent plus leur ville. Combien sont-ils, qui appartiennent à d'anciennes familles établies depuis plusieurs générations autour de la place Grenette? Moins du quart sans doute. L'autre quart est de souche italienne. Le reste, c'est-à-dire plus de la moitié, vient d'un peu partout.

La vie politique

Avant la guerre, Grenoble était une ville de gauche, dominée par le Parti socialiste. Au lendemain de la Libération, elle se retrouve, plus que jamais, une ville de gauche. Mais c'est le Parti communiste qui occupe la première place. Il obtient plus du tiers des voix. Autour de la cité, il constitue, comme autour de Paris, une « ceinture rouge » — Échirolles, Saint-Martin-d'Hères, Fontaine. Servi par d'excellents gestionnaires, il y devient indéracinable. En ville même, il contrôle la presse, joue un rôle dominant à la C.G.T., jouit d'un grand prestige auprès d'une partie des intellectuels.

L'autre événement décisif de la vie politique grenobloise est le succès électoral du Mouvement républicain populaire (M.R.P.), héritier de la Démocratie chrétienne. Il obtient, lui aussi, plus du tiers des suffrages.

Ces deux Grands vont connaître une progressive décrue, essentiellement due à des événements extérieurs au Dauphiné. Du coup, le vieux Parti socialiste S.F.I.O. va jouer un rôle plus important que ne pouvaient le laisser prévoir, au début, ses médiocres résultats électoraux. Puis, c'est le Rassemblement du peuple français (R.P.F.) qui se développe, après le départ du général de Gaulle pour Colombey-les-Deux-Églises.

Celui-ci est venu à Grenoble, le 5 novembre 1944, pour remettre à la ville la croix de la Libération. Il consacre à cette visite un paragraphe dans ses *Mémoires de guerre* : « *Enfin j'entrai à Grenoble. On ne pourrait décrire l'enthousiasme qui soulevait les Allobroges...* » A l'époque, Frédéric Lafleur est maire. Il ne le restera pas longtemps, car, en avril 1945, une coalition de gauche remporte les élections. Le petit et sec Léon Martin (1873-1967), pharmacien dans le cours Berriat, retrouve le fauteuil qu'il a occupé de 1932 à 1935. Mais, deux ans plus tard, il est mis en minorité par les gaullistes. C'est un membre du R.P.F., Marius Bally, agent commercial, qui devient maire.

La deuxième visite du général de Gaulle à Grenoble, le 18 septembre 1948, porte localement un coup fatal à son Rassemblement. Le discours fini, des incidents très violents éclatent, entre service d'ordre R.P.F. et manifestants communistes. Il y a un mort et plusieurs blessés graves. Le 20 décembre, le communiste Raymond Perinetti succède à Marius Bally, qui a démissionné.

Aux élections de 1949, c'est Léon Martin qui reprend les rênes de la ville. Il va la gérer, à la petite semaine, jusqu'en 1959. L'ardent militant d'avant-guerre, l'intrépide patriote, est maintenant un vieillard.

Porté par la vague du gaullisme triomphant, après le retour aux affaires du général de Gaulle en juin 1958 et la naissance de la Ve République, le chirurgien Albert Michallon (1912-1975) conduit au succès, en 1959, une liste gaulliste. Avec courage et intelligence, il commence à

17. Le Palais de Justice par temps de neige
18. Le centre de Grenoble vu d'avion

dénouer les bandelettes qui enserrent Grenoble. Il faut rendre justice à ce maire : c'est lui qui a arraché la municipalité à sa torpeur et gagné le pari des Jeux olympiques. Mais sa profession lui interdit de consacrer à sa ville le temps nécessaire, tandis que son caractère autoritaire lui aliène une partie des soutiens dont il a besoin.

Il est battu aux élections de 1965 par l'ingénieur Hubert Dubedout, directeur-adjoint du Centre d'études nucléaires de Grenoble. On a souvent raconté que l'engagement de ce technicien dans la bataille municipale était un problème de robinets. Voulant certain jour se faire couler un bain, il n'aurait pas pu y parvenir et en aurait conçu une véritable hargne contre les administrateurs communaux. C'est oublier qu'en fondant son Groupe d'action municipale (G.A.M.), qui allait faire école, il posait déjà tous les problèmes essentiels du développement d'une grande ville. Les adductions d'eau n'étaient que l'un d'entre eux, parmi beaucoup d'autres, qui demeuraient sans solution.

Hubert Dubedout aurait peut-être fait alliance avec Albert Michallon, si ce dernier avait consenti à lui laisser sa place de maire pour devenir son premier adjoint! Les choses tournèrent autrement...

Hubert Dubedout, qui n'avait pas d'étiquette politique, lors de son entrée à l'hôtel de ville, allait adhérer par la suite au Parti socialiste. Réélu à deux reprises par une majorité de gauche, il anime une équipe qui, prenant résolument un certain nombre d'options, transforme profondément Grenoble.

Deux remarques doivent être faites à propos des luttes électorales dont la mairie a été l'enjeu depuis la fin de la guerre.

D'une part, le nombre des abstentionnistes a été constamment très élevé : jamais moins de 30 %, parfois plus de 40 %. (Voir annexe 5 : les élections municipales à Grenoble depuis la Libération.)

D'autre part, les résultats ont souvent été acquis à une faible majorité, pour ne pas dire de justesse. Il en a été de même pour le siège de député de la seconde circonscription. Si l'on a vu, en 1967, Pierre Mendès France battre le gaulliste Jean Vanier avec une large avance de 5 278 voix, l'année suivante Jean-Marcel Jeanneney ne l'a emporté sur l'ancien président du conseil que par 132 voix.

On n'assiste pas à de telles luttes pour le Sénat, où ont été constamment réélus le socialiste Paul Mistral, fils de l'ancien maire, et le radical Jean Berthoin (1895-1979), plusieurs fois ministre.

La construction et l'urbanisme

En Dauphiné pas plus qu'ailleurs en France l'élan de la construction ne date pas de l'immédiat après-guerre. En 1945, on ne construit à Grenoble que 72 logements. En 1946, 73. En 1947, 94. Une pitié!

19. Une des trois tours.

Le « décollage » commence en 1951 : 449 logements achevés et
1 472 demandes de permis de construire. L'année précédente, à l'instigation du gouvernement René Pleven, le Parlement a voté une loi-cadre
de la construction, qui ouvre des possibilités de financement. Le cap
des 1 000 logements est atteint en 1953, celui des 2 000 en 1956, celui
des 3 000 en 1961.

Une grande partie de ces logements sont édifiés en copropriété.
S'agit-il d'une invention grenobloise ? On l'a souvent dit. Des contrats,
conservés aux archives municipales, prouvent en effet que la coutume
remonte au Moyen Age. Elle se développe sous l'Ancien Régime, où
l'on voit naître des copropriétés familiales. Elle entre dans les mœurs
au XIXe siècle. On cite toujours un arrêt de la cour de Grenoble, remontant au 12 août 1828. Il a plus d'un siècle d'avance sur la loi réglemen-
tant en France la copropriété, qui date du 28 juin 1939.

L'industrie du bâtiment, qui somnolait entre les deux guerres,
devient l'une des premières de Grenoble. Elle atteint 13,5 % de l'activité économique. Et, à l'approche des Jeux olympiques, elle connaît un
extraordinaire essor.

Un horrible cafouillis

Hélas ! on construit sans plan d'urbanisme, à la va-vite et à l'économie. Le résultat est lamentable : immeubles serrés les uns contre les
autres, rues trop étroites, absence de perspectives, espaces verts
insuffisants, équipements sociaux-culturels encore trop rares. Grenoble
grandit « à la va comme j' te pousse »... Si l'on considère les édifices
eux-mêmes, on ne peut guère être plus indulgent. On a cessé de bâtir
des maisons pour construire des logements. Et quels logements !
Caisses à savon, boîtes à vivre, tristes casernes...

Tandis que s'élèvent, alentour, les grands ensembles, le vieux Grenoble semble voué à l'abandon. Parfois même au saccage. La prolonga-
tion de la rue de la République en est un exemple. Dès le début des
travaux, en 1962, les pelles mécaniques mettent au jour une partie du
rempart gallo-romain. En modifiant les plans, on pourrait le sauver.
Hélas ! On le détruit.

Cette ville dont tout le monde parle, en France, comme d'un
« modèle » est un horrible cafouillis !

A l'approche des Jeux olympiques, on s'aperçoit qu'elle manque de
tout, sauf du site... En hâte, on construit un nouvel hôtel de ville — l'un
des édifices les plus réussis, œuvre de l'architecte Novarina —, une nouvelle gare, une nouvelle poste, une nouvelle caserne de pompiers, un
hôtel de police, l'hôpital sud ; sans parler des installations sportives,
comme l'audacieux stade de glace de 12 000 places, la piste de patinage
de vitesse ou l'élégant tremplin de saut de Saint-Nizier.

L'apothéose des Jeux

Enfin naquit l'aube grise et froide du grand jour, celui de l'ouverture solennelle des Jeux : 6 février 1968.

Aux limites sud de la ville, on avait construit un immense stade provisoire. C'est là que le général de Gaulle, président de la République, se dressa pour annoncer devant 80 000 spectateurs : « Je proclame l'ouverture des X^{es} Jeux olympiques d'hiver de Grenoble ! »

« Tout concourut, raconte un journaliste, au succès de cette cérémonie, dont les tableaux furent d'une grande richesse, d'une beauté pure.

» Ce fut plus que de l'admiration qu'éprouva le public devant cette féerie. L'émotion gagna tout le stade et grandit au fil des minutes.

» Après l'impeccable production faite par les musiques des chasseurs alpins et des pupilles de l'Air, les hôtesses du comité d'organisation des Jeux apportèrent la première note colorée. Puis la foule salua par des applaudissements nourris le détachement de la Garde républicaine, dont l'orchestre interpréta l'hymne national.

» Ce fut ensuite le défilé des athlètes, chaque délégation soutenant, par l'élégance et parfois le pittoresque de sa tenue, l'enthousiasme des spectateurs.

» La France, puissance invitante, fut la dernière à pénétrer dans le stade. L'enthousiasme fut à son comble. On pensait que le degré le plus haut avait été atteint. L'arrivée du porteur de la flamme, Alain Calmat, qui embrasa la vasque, le serment olympique prêté au nom de tous les athlètes par Léo Lacroix, le lâcher de roses par trois hélicoptères, l'apparition dans le ciel des cinq anneaux olympiques tracés par les avions de la Patrouille de France furent encore des instants émouvants dont le souvenir restera gravé dans les mémoires.

» L'exécution de *La Marseillaise* dans la version de Gossec par l'orchestre de la Garde républicaine fut l'apothéose. »

Apothéose : c'est le titre de l'éditorial du *Dauphiné libéré*, le lendemain matin. Le mot n'est pas trop fort. Comme l'écrit Louis Bonnaure, « des années de labeur opiniâtre, de luttes, de sacrifices trouvaient leur couronnement au milieu de cette ville bouleversée, rénovée, embellie et définitivement ennoblie par ce déploiement fastueux ».

Le plan Bernard

... Mais quel travail pour en arriver là !

Faisons un retour en arrière. Depuis Jaussely, en 1923, Grenoble n'a plus de plan d'urbanisme. Deux ou trois vagues projets ont bien été étudiés. Mais, de façon superficielle. Et le « père Martin » les a vite fourrés au fond de ses tiroirs. L'architecte Pierre Dalloz, élève d'Auguste Perret et urbaniste d'Alger, a essayé de lancer de sages idées. On ne l'a pas écouté. Nul n'est prophète en son pays, même adoptif !

Il faut attendre l'entrée d'Albert Michallon à l'hôtel de ville, en 1959, pour que cesse cette étrange indifférence et cette coupable anomalie. Le nouveau maire est chirurgien. Pour l'aider à pratiquer sur sa ville l'indispensable opération, il va quérir Henry Bernard, premier grand prix de Rome, architecte en chef des palais nationaux, créateur de la Maison de la Radio.

Celui-ci propose, au début de l'année 1963, un plan d'urbanisme ambitieux. Il veut tout d'abord supprimer les obstacles qui entravent l'expansion de la ville : voie ferrée avec ses passages à niveau ; aérodrome au cœur de l'agglomération, casernes et terrains militaires. Il pourra ensuite tracer un réseau de grandes voies de pénétration et de contournement ; construire des autoroutes de dégagement ; lancer de nouveaux ponts sur l'Isère et le Drac ; créer un nouveau centre aux limites sud de la ville, autour d'une vaste place des États généraux ; aménager un parc de 100 hectares ; développer l'équipement social, culturel et sportif ; rénover la vieille ville ; détruire les taudis.

Le plan Bernard est accepté, et ses idées directrices commencent à entrer en application. Elles ne seront jamais discutées, car elles sont la lucidité et le bon sens mêmes. Mais en 1965, Albert Michallon ayant été battu aux élections, la nouvelle municipalité remet en cause certains de ces choix, jugés trop ambitieux, voire somptuaires. Elle veut pratiquer un « urbanisme social ». Une agence municipale d'urbanisme est créée en 1966, qui devient l'année suivante l'Agence d'urbanisme de l'agglomération grenobloise (A.U.A.G.). Cette même année 1967 voit naître le Syndicat intercommunal d'étude des problèmes d'urbanisation de la région grenobloise (S.I.E.P.U.R.G.). Étape importante, puisqu'elle est la première manifestation d'une volonté commune de coopération des élus de l'agglomération.

Cette agglomération qui cherche encore ses formes administratives et juridiques, sans doute est-ce le tort du plan Bernard de ne l'avoir pas prise en compte. Il était trop l'expression de l'*imperium* grenoblois. En février 1968, la nouvelle municipalité rectifie le tir, en définissant ses principales options dans un Livre blanc. Elles sont au nombre de trois : le remodelage du Centre, la création de la « Villeneuve Grenoble-Échirolles », l'aménagement urbain des branches de l'Y.

L'industrie

Pendant ce temps, l'industrie grenobloise a connu une expansion remarquable.

Vers la fin des années soixante, elle emploie 55 000 salariés — soit 51,9 % de la population active. On n'en comptait que 39 % à la Libération. Grenoble s'est hissée au niveau des cinq ou six villes les plus industrialisées de France. Elle tient le premier rang quant à la proportion d'ingénieurs : deux fois plus que la moyenne nationale. Le pourcentage de techniciens, de contremaîtres, d'ouvriers spécialisés, est également plus élevé.

A cette époque, la moitié des salariés de l'industrie travaillent dans cinq entreprises, spécialisées toutes les cinq dans la construction électromécanique ou la métallurgie — les deux principales activités de Grenoble.

Les « cinq grands »

La première de ces entreprises est Merlin-Gerin, du nom des deux hommes, Paul-Louis Merlin (1882-1973) et Gaston Gerin (1889-1943), qui la fondèrent le 19 novembre 1919. Employant à Grenoble 7 300 personnes, les usines produisent toute la gamme du matériel électrique : transformateurs, postes d'interconnexion, postes de distribution, petit et gros appareillage. Elles ont considérablement développé le secteur électronique.

La seconde de ces entreprises, Neyrpic, est née, en 1917, de la rencontre de deux Grenoblois, Neyret et Beylier, et de deux Suisses, Piccard et Pictet. Comme il était trop long d'énumérer ces quatre noms, on a créé l'abréviation en 1948. Spécialisée, à l'origine, dans les turbines, l'usine — qui emploie près de 3 000 personnes — diversifie ses fabrications. Malgré cela, elle connaît des difficultés, qui entraînent, en 1962, son absorption par Alsthom. En 1955, le développement des services de recherches de Neyrpic a donné naissance à la Société grenobloise d'études et d'applications hydrauliques, plus connue sous le sigle de Sogreah.

La troisième de ces entreprises est plus récente : c'est Caterpillar — d'un mot anglais signifiant la « chenille » — dont le siège social est à Peoria, dans l'Illinois. L'installation à Grenoble du plus grand producteur américain de matériel de terrassement ne date que de 1960. Une deuxième usine est construite en 1963. Sa superficie est doublée en 1966. 1 500 salariés y assemblent des bulldozers, des tracteurs et des chargeurs.

La quatrième de ces entreprises est la Société d'électrochimie et d'électrométallurgie des Aciéries électriques d'Ugine — la S.E.C.E.M.A.E.U. — qui emploie 1 500 personnes. Née en 1943, elle a commencé par produire des aimants permanents, en agglomérant à haute température des poudres de fer. L'intérêt de cette technique a conduit à fabriquer ainsi, par frittage, de nombreuses pièces mécaniques, des outils, des coussinets.

La cinquième de ces entreprises, Bouchayer-Viallet — un millier de salariés — est directement née, comme Neyrpic, de la houille blanche. Il fallait construire des conduites forcées. Un chaudronnier habile, Joseph Bouchayer, se lança dans l'aventure, en 1871, en s'associant à

Félix Viallet. Son fils, Aimé Bouchayer (1867-1928), véritable animateur de l'industrie dauphinoise durant le premier quart du xxᵉ siècle, développa l'entreprise. Elle prospéra aussi longtemps qu'il y eut des sites hydro-électriques à équiper...

Tels sont les « cinq grands » à l'approche des Jeux olympiques.

S'adapter sans cesse

La caractéristique première de l'industrie grenobloise, c'est son extrême diversité. Si la métallurgie et la construction électro-mécanique tiennent la première place, l'activité des hommes s'exerce dans bien d'autres secteurs : du papier à l'électronique, des textiles à la chimie, des produits alimentaires aux vêtements, des matières plastiques à l'aluminium.

Cette diversité s'explique, en partie, par le tempérament des industriels grenoblois : plus que d'autres, ils sont convaincus que les deux recettes du succès consistent à s'adapter sans cesse et à innover toujours.

S'adapter sans cesse, c'est ce qu'ont fait des entreprises anciennes.

On songe en particulier à la papeterie, installée, parfois à une époque reculée, sur les ruisseaux, les torrents et les rivières des environs de Grenoble. Sur la Fure, le petit cours d'eau de Rives, la première usine date de la fin du xvie siècle. L'histoire de ces entreprises est celle d'une constante adaptation. Adaptation des nombreuses usines : Barjon, Renage, Voiron, Arjomari, Navarre, Vizille, Aussedat, Domeynon, La Gorge, Papeteries de France, Moulin-Vieux ; mais adaptation également de constructeurs de machines à papier comme Allimand ; adaptation enfin de l'École française de papeterie.

Cette volonté de modernisation permanente, on la retrouve dans l'industrie de l'aluminium, qui est née en Dauphiné : c'est à Froges, dans la vallée du Grésivaudan, que Paul-Louis-Toussaint Héroult (1863-1914) réussit à obtenir en 1889 la première coulée de métal pur. Depuis lors, Froges s'est consacré, avec Coquillard, rattaché à Péchiney en 1932, au laminage et à la transformation de la feuille mince d'aluminium, tandis qu'à Voreppe le même Péchiney installait en 1966 ses laboratoires de recherches.

On peut faire la même constatation à propos de l'industrie des chaux et ciments, qui a ses lettres de noblesse en Dauphiné : c'est dans l'Isère que Joseph Vicat fonda en 1857 la première usine de fabrication du ciment artificiel. Cent ans plus tard, les cimenteries sont au nombre de treize, réparties en quatre groupes principaux : Vicat, Balthazard et Cotte, les Ciments de Voreppe, les Ciments de la porte de France. Mais on va bientôt assister à un mouvement de concentration.

La presse grenobloise fournit, elle aussi, un exemple d'adaptation. Depuis sa naissance, le 7 septembre 1945, *Le Dauphiné libéré* n'a pas cessé de manifester un esprit d'initiative assez exceptionnel, aussi bien sur le plan commercial que dans le domaine technique. En septembre 1966, le journal signe des accords avec son vieil adversaire, *Le Progrès de Lyon*. Ainsi naît le groupe de presse le plus important de France à l'époque — un million d'exemplaires quotidiens — et le mieux équipé techniquement : l'usine moderne de Chassieu, entrée en service en 1965, est en effet complétée, en 1977, par celle de Veurey que vient inaugurer le Premier Ministre Raymond Barre. A l'époque, le ciel paraît sans nuages...

Innover toujours

La volonté d'innovation, fréquente dans la plupart des industries grenobloises, est particulièrement nette chez certaines d'entre elles. On citera notamment :

— Montalev, abréviation de « montage » et « levage », fondé en 1954 par l'Auvergnat André Gouyon, pour assurer l'étude, la construction et la mise en route de grands ensembles industriels.

— La Compagnie générale de télégraphie sans fil (C.S.F.), dont l'usine Émile-Girardeau fut édifiée à Saint-Égrève à partir de 1955 : elle fabrique des composants électroniques et des tubes à images.

— Les usines chimiques du sud de l'agglomération, dont l'origine remonte à la création, en 1916, à Pont-de-Claix, d'une usine de production de chlore destinée à la fabrication des gaz asphyxiants. Aujourd'hui, c'est un vaste complexe qui s'est constitué et s'étend presque jusqu'à Vizille : à Pont-de-Claix, même, nombreux produits chimiques pour l'agriculture et l'industrie (Rhône-Poulenc), caoutchouc synthétique (Distugil), polyuréthane (Progil-Bayer-Ugine) ; à Jarrie, autres produits chimiques (Kuhlmann), eau oxygénée (Oxysynthèse), chlorure de vinyle monomère (Daufac), éponges de zirconium (Compagnie européenne du zirconium).

— La société Allibert, créée en 1946, spécialisée dans la fabrication d'objets en matière plastique.

— L'entreprise Pomagalski, née en 1931, et la société Montaz-Mautino, qui se sont fait une réputation mondiale dans la construction des téléskis.

— Rossignol, à Voiron, devenu le numéro 1 du ski français, qui exporte jusqu'au Japon et en Nouvelle-Zélande.

— Une pléiade d'entreprises travaillant pour les sports d'hiver : à Sillans, skis Dynamic et chaussures Le Trappeur ; à Izeaux, chaussures Richard-Pontvert et Brun-Badon ; à Grenoble, vêtements Moncler, fixations Rami (abréviation de Ramillon), tentes et équipements André Jamet.

Ce panorama de l'industrie grenobloise au moment des Jeux olympiques serait incomplet si l'on ne mentionnait pas d'autres branches d'activité : le textile, avec la Compagnie des textiles artificiels et synthétiques (C.T.A.) plus connue des Grenoblois sous son nom de la Viscose, créée en 1927 ; la ganterie, déchue de son ancienne gloire, mais qui possède encore une maison prestigieuse (le gant Perrin) ; le caoutchouc (FIT) ; la chemiserie et le sous-vêtement (Valisère) ; les soutiens-gorge (Lou) ; les produits laitiers (Dauphilait) ; le chocolat (Cémoi) ; les biscuits (Brun) ; les pâtes alimentaires (Lustucru) ; l'imprimerie (Dardelet, imprimerie générale) ; l'édition (Arthaud, Didier-Richard) ; les liqueurs ; les sirops ; les noix fourrées...

L'université

La croissance de l'université n'est nullement un phénomène grenoblois. C'est une mutation nationale. Mais elle débute à Grenoble de façon plus précoce et elle se poursuit durant deux décennies, à un rythme plus rapide.

En 1946, il n'y a encore, dans la capitale du Dauphiné, que 3 954 étudiants. Ils sont plus de 5 000 en 1957, plus de 10 000 en 1962, plus de 15 000 en 1964, quelque 20 000 en 1967.

Dès les années cinquante, il est évident que les facultés ne pourront plus demeurer longtemps dans les anciens bâtiments, où elles éclatent malgré quelques rafistolages. Paul-Louis Merlin, qui préside à l'époque les Amis de l'université et se considère un peu comme le « vice-recteur » de Grenoble, établirait volontiers les étudiants sur le balcon du Rabot. Mais Louis Weil (1914-1968), l'entreprenant doyen de la faculté des sciences, marqué par l'expérience des campus américains, estime qu'il faut s'installer au large, hors la ville. Sa force de conviction, jointe à la ténacité du recteur Robert Tréhin, bouscule tous les obstacles. En décembre 1962 est posée la première pierre du domaine universitaire : il s'étend sur près de 200 hectares, à cheval sur les communes de Saint-Martin-d'Hères et de Gières. Les travaux y sont menés avec une extrême célérité. Six ans plus tard, Grenoble possède, entre Chartreuse et Belledonne, l'une des plus belles universités de France.

Une prolifération d'instituts

Plus de 3 300 étudiants sont alors inscrits à la faculté de droit et des sciences économiques, qui a donné naissance à six instituts : économique et juridique de l'énergie, d'études sociales, d'études juridiques, d'études politiques, d'études commerciales, de préparation à la gestion des entreprises.

Plus de 7 600 étudiants suivent les cours de la faculté des lettres et des sciences humaines, qui a créé trois instituts : géographie alpine, fondé en 1906 par Raoul Blanchard (1877-1965), études psychologiques et sociologiques, phonétique et linguistique. De cette faculté dépendent les instituts français qu'elle a créés à Florence et à Naples, ainsi que les centres d'études de Rome et de Milan.

A la faculté des sciences, qui compte plus de 7 000 étudiants, sont rattachés l'institut polytechnique, avec ses cinq sections (hydraulique, électrotechnique, radio-électricité, mathématiques appliquées, génie atomique), l'École française de papeterie ; l'École nationale supérieure d'électrochimie et d'électrométallurgie ; les instituts de chimie, de zoologie ; de botanique ; de géologie et de minéralogie ; de géophysique, de glaciologie et de potamologie ; des sciences biologiques.

Seule des quatre, la faculté de médecine et de pharmacie n'est pas installée sur le domaine universitaire. Créée en 1962 seulement, la toute jeune faculté se construit à côté du nouvel hôpital des Sablons, surnommé le « Hilton ». En 1967 y sont inscrits 658 étudiants en médecine et 425 étudiants en pharmacie.

Symbiose université-industrie

Dans aucune autre ville française ne se sont tissés, entre l'université et l'industrie, autant de liens qu'à Grenoble. Ils datent des débuts du siècle. Et tout particulièrement de la création, en 1920, par Louis Barbillion, Pierre Dejean et Aimé Bouchayer, du Laboratoire d'essais et de recherches physiques et mécaniques des métaux.

Mais l'impulsion essentielle fut donnée par les Amis de l'université de Grenoble, association fondée en 1947 par cet homme-locomotive qu'est Paul-Louis Merlin. Il communiqua à tous, y compris au ministère de l'Éducation nationale, encore somnolent à l'époque, son incoercible vigueur, son inaltérable entrain, sa permanente passion d'entreprendre. En 1957, à la suite d'un retentissant colloque université-industrie, les laboratoires de recherches universitaires décidèrent de se grouper au sein d'une « Association pour le développement de la recherche auprès de l'université de Grenoble » (A.D.R.). Le moteur de cette action, unique en France, est le physicien Louis Néel, prix Nobel de physique 1970. Ayant quitté Strasbourg en 1940, au moment de l'invasion allemande, ce grand savant modeste a trouvé en Dauphiné un terrain et un climat favorables à la poursuite de ses recherches.

C'est un livre entier qu'on pourrait consacrer aux relations fécondes de l'université de Grenoble et de l'économie régionale. En effet, les exemples sont nombreux, dans les domaines de l'électricité, avec Félix Esclangon (1905-1956) ; du magnétisme, avec Louis Néel ; de l'électrostatique, avec Noël Felici ; des très basses températures, avec Louis Weil ; de l'étude des marées, avec Julien Kravtchenko ; du moteur linéaire, avec Michel Poloujadoff. Dans chacun de ces cas, les découvertes ou les travaux de chercheurs universitaires ont été des semences de laboratoires, d'ateliers, voire d'usines.

Cet esprit de coopération confiante explique que ce soit à Grenoble qu'ait vu le jour, en 1951, la Promotion supérieure du travail, œuvre d'une poignée d'hommes entreprenants : un industriel, un professeur, un inspecteur d'académie et un officier aviateur. Leur initiative allait être reprise dans toute la France, à partir de 1959.

La recherche nucléaire

Ce climat intellectuel incite, en 1956, le gouvernement à créer, à Grenoble, un important centre d'études nucléaires. Il est équipé de deux réacteurs :

Mélusine, qui utilise comme combustible de l'uranium enrichi et comme modérateur de l'eau déminéralisée ; sa puissance est de 4 mégawatts ; son flux de neutrons, de 10^{13} par centimètre carré.

Siloë, de type piscine également, a une puissance de 30 mégawatts et un flux plus élevé de neutrons rapides : 10^{14} par centimètre carré.

A ces deux réacteurs s'ajoutent des accélérateurs de particules : ions, électrons, neutrons.

Le C.E.N.G. — les Grenoblois prononcent cocassement le « singe » — emploie 2 500 personnes dans une trentaine de laboratoires. C'est l'un des rares organismes en France qui soient capables de conduire des programmes de recherche depuis la découverte fondamentale jusqu'au stade ultime de son application industrielle. Ses activités s'orientent vers les problèmes techniques et hydrauliques, les basses températures, la métallurgie, le génie biomédical, la magnétométrie, la chimie sous toutes ses formes ; enfin, l'électronique, avec ses multiples développements, depuis les mémoires jusqu'aux composants.

La vocation nucléaire de Grenoble s'est trouvée confirmée en 1967 par la décision des gouvernements français et allemand de construire, au confluent du Drac et de l'Isère, un réacteur à très haut flux de neutrons : le plus puissant du monde à ce jour. Les Britanniques ont rejoint, en 1974, les chercheurs de cet Institut, baptisé « Max von Laue-Paul Langevin », en souvenir de deux grands savants qui rêvaient qu'on pût un jour disposer d'instruments aussi importants pour étudier la structure de la matière.

Dans cette presqu'île entre l'Isère et le Drac, où s'étendait autrefois le polygone d'artillerie, d'autres établissements scientifiques se sont installés : l'Institut des sciences nucléaires, le Centre national de la recherche scientifique, l'école d'électronique et de radio-électricité, le laboratoire d'étude des marées.

Ainsi Grenoble est-elle devenue à l'approche des Jeux olympiques le premier centre de recherche de France.

Le tourisme

La capitale du Dauphiné n'est pas, à proprement parler, une ville de tourisme : rares sont ceux qui font le voyage uniquement pour la visiter. Elle ne possède aucun grand monument historique. Il est pourtant trop sévère, le jugement de l'écrivain de l'art Georges Pillement : « L'admirable écrin ne contient plus qu'un bijou en toc de la plus affreuse pacotille. » (*La France inconnue*, tome IX.) Cependant, on fait étape à Grenoble, pour visiter le Dauphiné, après avoir jeté un regard rapide à la vieille ville et aux réalisations modernes.

Les sept merveilles du Dauphiné

Autrefois, on voulait aller voir les sept merveilles du Dauphiné...

La liste a souvent prêté à discussion. Il est sûr que le mont Aiguille y figure dès le XIIIe siècle. Les six autres, les plus fréquemment citées, sont les grottes de la Balme, près de Crémieu; La Tour-sans-venin, dont il ne reste que des ruines, au-dessus de Grenoble, sur la route de Saint-Nizier; le vieux pont bossu de Pont-de-Claix, avec son élégante arche unique; la fontaine ardente, près de Vif, ainsi appelée en raison d'un dégagement d'hydrocarbures gazeux, éminemment inflammables; la Fontaine vineuse, près de Die, célèbre par ses eaux ferrugineuses; les Cuves de Sassenage, séjour de la fée Mélusine.

Certains auteurs, supprimant telle ou telle de ces sept merveilles, en incorporent d'autres à la liste : la mâne de Briançon qui apparaît, blanchâtre et comestible, sous l'influence d'un insecte, sur les branches des mélèzes dans le Briançonnais; les pierres ophtalmiques, minuscules fossiles bien polis dont les propriétés médicinales étaient réputées; la Motte tremblante, îlot qui flottait sur le lac de Pelleautier, dans le Briançonnais.

Mais, de nos jours, fort peu de touristes partent à la recherche de ces sept curiosités. Les sept merveilles du Dauphiné sont, bien plus sûrement : la Meije, la Barre des Écrins, l'Obiou, le monastère de la Grande-Chartreuse, l'abbaye de Saint-Antoine, les grottes de Choranche et l'Alpe-d'Huez. Liste arbitraire, comme tous les palmarès! Quand on connaît bien le Dauphiné, on sait que les merveilles y sont sept fois sept et même soixante-dix-sept fois sept...

La capitale de l'or blanc

On a souvent répété que Grenoble était la « plaque tournante du tourisme alpin ». L'expression est ambiguë : sur une plaque tournante, les locomotives ne stationnent pas; elles roulent, pour aller ailleurs... C'est ce qui se passe avec les touristes, qui disent, avec les Grenoblois eux-mêmes : « Comme Grenoble est belle, quand on en sort ! »

Six mois par an, on en sort pour faire du ski. Les six autres mois, pour aller chercher en montagne les fleurs, les baies, les champignons, mais, plus encore, l'air pur et la détente.

En quelques années, Grenoble est devenue la capitale française de l'or blanc : capitale pour la fabrication de l'équipement et du matériel ; capitale, si l'on compte la proportion élevée de skieurs par rapport à l'ensemble de la population ; capitale, enfin, en raison du grand nombre d'amateurs de sports d'hiver qui traversent Grenoble pour se disperser dans les nombreuses stations du Dauphiné.

Ces stations sont actuellement au nombre de cinquante-quatre.

Dans l'Isère, on compte six stations nationales : l'Alpe-d'Huez (55 pistes), les Deux-Alpes (50), Chamrousse (35), Villard-de-Lans (24), Saint-Pierre-de-Chartreuse (16) et Autrans (12). Il faut y ajouter vingt-neuf centres de ski : Allemont-Fontbelle, l'Alpe du Grand-Serre, le col de l'Arzelier, Auris-en-Oisans, Chichiliane, le Collet d'Allevard (22 pistes), le col du Coq, Corps-Boustigue, Corrençon, Gresse-en-Vercors, Lalley-le-Jocou, Lans-en-Vercors (9 pistes), Méaudre, La Motte d'Aveillans, Oris-en-Rattier, le Col d'Ornon, Oz-en-Oisans, Saint-Hilaire-du-Touvet, le col de Marcieu, Saint-Bernard-du-Touvet, le col de Porte, le col de Romeyère, Saint-Christophe-sur-Guiers, Saint-Nizier, Saint-Andéol, le Sappey, les Sept-Laux avec le Pleynet et Prapoutel (23 pistes), la vallée des Entremonts avec le Planolet et la Ruchère.

Les Hautes-Alpes possèdent sept stations nationales : Serre-Chevalier (45 pistes), Vars (33), Orcières-Merlette (36), les Orres (25), Risoul (19), Super-Dévoluy (45) et Montgenèvre (47). Il faut y ajouter neuf centres de ski : Abriès, Aiguilles, Avrieux, Ceillac, Céuse, Molines-en-Queyras, Puy-Saint-Vincent, Saint-Véran et Saint-Michel-de-Chaillol.

Dans la Drôme, enfin, ont été créés trois centres de ski : Fond-d'Urle, le Col de Rousset et Lus-la-Jarjatte.

L'alpinisme à l'envers

Grenoble est naturellement l'une des villes où l'alpinisme est le plus à l'honneur. Elle conserve le souvenir de Lionel Terray (1921-1965), qui, ayant réussi les ascensions les plus difficiles, à travers le monde, dévissa sur une paroi calcaire du Vercors.

Mais sait-on que Grenoble est aussi la capitale de l'alpinisme à l'envers : la spéléologie ? Grottes et cavernes, « scialets » et « chourouns », nombreux dans les massifs calcaires des Préalpes, ont été explorés par de multiples équipes : scialet Moussu, puits Vincens, scialet de la Combe de Fer, grotte du Gournier, « trou qui souffle » et surtout grotte de la Luire.

En Chartreuse, en s'enfonçant dans le trou du Glaz, Pierre Chevalier et Fernand Petzl ont découvert puis exploré, avant la Seconde Guerre mondiale, l'extraordinaire réseau souterrain de la Dent de Crolles, l'un des plus longs du monde, le second d'Europe avec ses 25 kilomètres de développement total. A partir de 1960, l'exploration a été reprise par Michel Letrone et son équipe de Tritons lyonnais.

Dans le Vercors, sur le plateau de Sornin, un jeune photographe, Jo Berger, a découvert en 1953 l'entrée d'un gouffre auquel il a donné son nom : le gouffre Berger. Avec ses coéquipiers, au prix d'efforts inouïs, il a battu, en août 1956, le record du monde de descente, en atteignant la cote − 1 122 mètres. Au-delà, toutes les expéditions ultérieures ont été arrêtées par un infranchissable siphon. C'est seulement dix ans plus tard, en 1966, que ce record du monde a été battu, de quelques mètres, à la Pierre-Saint-Martin, dans les Pyrénées.

Certaines de ces grottes peuvent être visitées, comme la grotte Favot, la Goule blanche et la grotte de Bournillon, dans les gorges de la Bourne, l'étonnante Draye blanche, près de Vassieux-en-Vercors ou la grotte de la Luire. Mais le plus extraordinaire ensemble − l'un des plus beaux de France assurément − est celui de Choranche, près de Pont-en-Royans. Le spectacle des innombrables stalactites, particulièrement fines et longues − les « fistuleuses » − éclairées avec habileté, est véritablement féerique.

La vie culturelle

« Nous voulons rendre la culture au peuple et le peuple à la culture », cette belle formule lancée, dans la Résistance, par les Équipes volantes d'Uriage, véritable université populaire clandestine, transparaît en filigrane dans la vie culturelle à Grenoble depuis la Libération.

A peine la ville est-elle libre que ces Équipes volantes s'y installent et fondent Peuple et Culture, en s'inspirant de ce qui avait déjà été entrepris en 1936. Une modeste Maison de la culture est créée dans un hôtel particulier de la rue du Général-Marchand. Jean Dasté, disciple de Jacques Copeau, fonde une compagnie théâtrale : les Comédiens de Grenoble.

Mais le pauvre Jean Dasté, merveilleux acteur et remarquable animateur, se heurte à l'incompréhension de la municipalité, effrayée par ses audaces. En 1947, le maire, le docteur Léon Martin, lui retire sa subvention. La troupe quitte Grenoble et s'en va fonder la Comédie de Saint-Étienne. Peuple et Culture émigre à Paris. Et la première Maison de la culture ferme ses portes...

Une « cathédrale des temps modernes »

Il faut attendre plus de dix ans pour que reprenne un combat qui va agiter Grenoble, en opposant les partisans d'une culture dite « bourgeoise » aux défenseurs d'une culture dite « populaire » et souvent engagée. En 1958 naît l'Association culturelle pour le théâtre et les arts (A.C.T.A.). Deux ans plus tard, René Lesage, assistant de Dasté, vient à Grenoble et fonde la Comédie des Alpes. Faute d'une salle de spectacle, on transforme en petit théâtre un vieil amphi de la rue du Lycée, qui avait été au xviie siècle la chapelle du collège des jésuites.

Des voix de plus en plus nombreuses s'élèvent pour réclamer la création d'une Maison de la culture. En 1964, une association se crée, qui recueille en quelques jours des milliers d'adhésions. La municipalité Michallon refuse d'appuyer ce mouvement. Mais, après sa victoire aux élections de 1965, la municipalité Dubedout décide d'inclure le projet dans le programme d'investissements olympiques. Confiée à l'architecte André Wogenski, la Maison de la culture sort de terre : transatlantique aux blanches superstructures à l'ancre sur une pelouse.

En février 1968, à la veille des Jeux, André Malraux vient inaugurer cette « cathédrale des temps modernes ». L'illustre écrivain constate qu'avec ses trois salles, dont une tournante, sa bibliothèque et ses halls d'exposition cet édifice n'est pas seulement une réalisation exceptionnelle, mais un outil de travail remarquable.

Il faut désormais que le contenu soit digne du contenant. C'est à quoi s'efforcent ceux à qui échoit la responsabilité de cette lourde machine...

Les Heures alpines

Les Grenoblois sont « trop frustes, pas musiciens, pas cultivés ». Tel est le jugement catégorique que portait, au début du xvie siècle, le compositeur Jean de Haut-Wignes, dit Jean Mouton (1460-1522), originaire de l'Artois, qui fut organiste de Saint-André en 1501 et 1502, avant de devenir maître de chapelle de la cour de France.

En 1927, le Grenoblois Georges Blanchon décide de faire mentir ce jugement brutal. Il crée les Heures alpines. Animées, dès leur début, par le bijoutier Aimé Sainson (1894-1960), puis par le dentiste Maurice Vellat (1894-1975), elles vont devenir un des hauts lieux culturels et musicaux de France. Il n'est pas de grand virtuose, pas de grande formation qui ne tienne à honneur de se produire dans cette salle Pleyel en province. Salle Pleyel sans salle, car la construction d'un conservatoire de musique en 1967, puis celle d'un Palais des congrès, en 1972, n'ont pas supprimé la nécessité, pour Grenoble, de se doter enfin d'un grand auditorium.

Ce serait logique dans une ville si musicienne et à qui la musique doit beaucoup. Nombreux sont les compositeurs nés en Dauphiné : Pierre Auclert, Édouard Henrard, Jacques Murgier, Jacques Porte, Claude Terrasse. De grands chefs comme Roger Ellys, Pierre Capdevielle, Mayeux ont dirigé l'Orchestre d'Alpes-Grenoble et les concerts Berlioz.

Theuveny avait créé ici un brillant orchestre de chambre. Olivier Messiaen y a été étudiant. La grande cantatrice Suzanne Balguérie était originaire de Grenoble. La « divine » Mariette Mazarin, de Veurey. Igor Stravinski a vécu à Voreppe avec sa famille pendant quelques années, entre les deux guerres. Et comment ne pas citer le célèbre organiste Jean Giroud, savant historien de la musique et compositeur à ses heures ?

Décidément, Jean Mouton avait tort...

Trois écrivains, de Dauphiné nourris

Au début du XXe siècle, Grenoble a vu naître Emmanuel Mounier (1905-1950), dont un lycée de garçons porte aujourd'hui le nom. Fondateur de la revue *Esprit*, créateur d'une doctrine philosophique : le personnalisme, auteur de pénétrantes études de psychologie, de sociologie et de caractérologie, ce grand écrivain était aussi un homme courageux. Il le montra tout au long de sa trop courte vie. Simple et modeste, il aimait évoquer les dix-neuf années de sa jeunesse grenobloise. Il disait volontiers en parlant de lui : « Je suis un montagnard », et il rendait grâce à ses quatre grands-parents paysans, « des vrais, tous quatre, avec de la terre à leurs souliers, le lever à trois heures et la tranche de saucisson entre les doigts ».

Grenoble est un peu la patrie de Daniel-Rops (1901-1965), bien qu'il soit né à Épinal, au hasard d'une garnison de son père, le colonel Petiot. Le petit Henri arriva, tout jeune, à Grenoble. Il fit ses études au lycée Champollion, avant de passer l'agrégation d'histoire, d'enseigner quelques années au lycée de Chambéry et de se faire rapidement connaître par ses romans et surtout par *Jésus en son temps*. Devenu Parisien, il n'oublia jamais cette Savoie qu'il aimait tant. Il revenait, au rythme des saisons, effectuer de longs séjours à Eau-Vive, sa belle propriété de Tresserve, qui domine le lac du Bourget. Cependant, il restait fidèle à son Dauphiné presque natal. Aux heures mauves du crépuscule, recevant ses amis, quand il s'abandonnait à ses souvenirs, le célèbre historien de l'Église évoquait avec plaisir ses années grenobloises. Il revoyait, sur les quais de l'Isère, « un enfant à qui les montagnes dauphinoises ont fourni le cadre de son épanouissement ».

A Chanas, près de Vienne, est né Louis Genêt (1884-1959), qui devait être fidèle toute sa vie à une double vocation : celle de prêtre et celle de poète. De l'éblouissant professeur qui enseigna pendant de longues années à l'externat Notre-Dame, beaucoup de Grenoblois se souviennent encore. Mais c'est la France entière qui devrait connaître ce très grand poète, ami et commentateur de Paul Valéry, de Francis Carco, de Jean-Marc Bernard, qui, sous le nom de René Fernandat, a laissé une œuvre belle et pure comme le cristal de roche.

Peintres toujours aimés

La liste des peintres serait longue. On ne nommera que les principaux, uniquement choisis parmi ceux d'hier, afin de ne point faire de jaloux parmi ceux d'aujourd'hui.

D'abord les « cinq grands » : Jules Flandrin (1871-1947), le « Vénitien dauphinois », chantre des ciels d'été et des verts pâturages ; l'abbé Calès (1869-1961), qui avait transformé en musée son église de Tencin, y exposant quelques-unes de ses admirables toiles, dont Vlaminck disait qu'elles contenaient « de la grandeur et de la poésie » ; le Voironnais Mainssieux (1885-1958), qui partagea son existence entre le Dauphiné, le Maroc et Rome ; Henriette Deloras, cette femme que l'illustre Pierre Bonnard — Dauphinois par son père, Eugène, originaire du Grand-Lemps — considérait comme sa petite-fille spirituelle ; Jacqueline Marval enfin (1866-1932), surnommée « la magicienne des fleurs », qui connut un grand succès à Paris, vers les années 1925.

Et n'oublions pas toute une génération d'artistes solides ou charmants, graves ou légers, mais talentueux les uns comme les autres : Charles Bertier, Édouard d'Apvril, Gabriel Fournier, l'abbé Guétal, F. Guiguet, l'abbé Gervat, Hareux, Marcel Peretto, François-Auguste Ravier. Enfin, proche de nous, Louise Morel (1898-1974), que j'avais baptisée « Louise la Grande », et qui le fut, par le talent, par le cœur, par la sensibilité et, les dernières années, par le courage sur son lit de souffrances.

Parmi les sculpteurs, il faut citer Léon Drivier (1878-1951), que d'aucuns ont placé tout à côté de Rodin et dont les œuvres figurent dans les grands musées français et étrangers. Plus près de nous, il y eut Émile Gilioli (1911-1977), qui, né à Paris, se fixa à Grenoble pendant la Seconde Guerre mondiale, s'y maria et y connut ses premiers succès, avant de devenir l'un des chefs de file de la nouvelle sculpture. Mondialement connu, il avait conservé une modestie pleine d'entrain. Il aimait revenir chaque été à Saint-Martin-de-la-Cluze (Isère), où, disait-il, « il se purifiait l'âme ».

La vie spirituelle

Pour l'Église catholique, une époque s'achève, le 10 janvier 1957, quand une longue procession se forme dans les rues de Grenoble, pour conduire au Sacré-Cœur, où il a voulu être enterré, l'évêque Mgr Alexandre Caillot. Nommé en 1917, à l'âge de cinquante-six ans, il s'est éteint à l'âge de quatre-vingt-seize ans, ayant donc régné durant quarante ans. Avec lui, ce n'est pas seulement le doyen de l'épiscopat français qui vient de disparaître, c'est un personnage du passé. Ce saint homme, par ailleurs intelligent et cultivé, avait fini par se trouver en décalage avec son siècle, et même avec son diocèse. C'est ce qui arrive souvent aux vieillards lorsqu'ils restent accrochés trop longtemps à la barre. Pour lui, a-t-on dit, « il y avait trois ennemis : la Révolution de 1789, le laïcisme et la franc-maçonnerie ». En outre, pendant la guerre, il a été un fervent admirateur du « Maréchal ».

Pour lui succéder, Rome nomme un homme de qualité, Mgr André-Jacques Fougerat, qui découvre, non sans étonnement, la complexité des affaires du diocèse. Aidé par une équipe de collaborateurs actifs, il lance la construction d'une vingtaine d'églises. Lieux de culte plutôt que monuments, elles ne méritent guère, sauf telle ou telle exception, que le voyageur fasse un détour. Esprit conservateur et tempérament autoritaire, le nouvel évêque se trouve bientôt en conflit, dans la banlieue grenobloise, avec des prêtres de la Mission de France. Exploité par certains, au sein de l'Église et en dehors, ce conflit apparemment mineur devient une affaire grave. Elle va entraîner, quelque temps après, le déplacement de Mgr Fougerat, promu archevêque en résidence à Rome.

Il est remplacé, en 1969, par Mgr Gabriel Matagrin, cinquante ans, originaire des monts du Lyonnais. C'est dans la capitale des Gaules qu'il a d'abord été évêque auxiliaire, où il est demeuré très proche des milieux universitaires. Il y a noué de solides amitiés avec les dirigeants de la « Chronique sociale ». Durant toutes ces années, il a été imprégné par ce courant de pensée, dont on ne dira jamais assez l'importance fondamentale pour le catholicisme contemporain, en France et bien au-delà des frontières. Dès son arrivée à Grenoble, ce penseur, ouvert aux réalités économiques et politiques aussi bien qu'aux courants culturels du monde moderne, donne un style nouveau à la vieille maison de la place des Tilleuls. Tout aussitôt, cet homme de dialogue fait souffler, à travers le diocèse, l'air vif du Concile Vatican II.

Une ville œcuménique

Deux persécutions ont sévi à Grenoble pendant la guerre.

L'une a visé les francs-maçons. Dès la fin de la guerre, ils ont retrouvé droit de cité, ont reconstitué leurs loges et ont repris leurs activités, sous un ciel enfin rasséréné.

L'autre persécution a décimé la communauté israélite. Elle se reconstitue lentement, dans le souvenir des heures tragiques... Il s'en faut de peu, en 1953, que l'affaire Finaly — ces enfants juifs qu'on a baptisés hâtivement pendant la guerre, sous prétexte de les faire échapper à la persécution — ne ranime des passions antisémites qu'on souhaiterait définitivement éteintes. L'indépendance de l'Algérie, en 1962, attire soudain à Grenoble un grand nombre d'israélites sépharades et nécessite la construction d'une deuxième synagogue, en plus de celle que possèdent déjà les ashkénazes. Au total, on compte près de 8 000 israélites à Grenoble. C'est l'une des communautés les plus importantes de province.

Les protestants, pour leur part, sont près de 5 000. Dès la Libération, ils ont noué avec les catholiques des liens qui ont prolongé ceux de la Résistance. Grenoble n'a pas inventé l'œcuménisme, qui a vu le jour à Malines, en Belgique, et a eu ses prophètes à Lyon, à Taizé et à la trappe des Dombes. Mais Grenoble a incontestablement anticipé sur le concile. Des relations confiantes, amicales, se sont nouées entre catholiques et réformés dès 1945, avec la naissance du groupe « Chrétiens dans la cité », puis, en 1968, avec la construction du centre œcuménique Saint-Marc, qui, à l'époque, paraissait une audacieuse novation.

Cette vocation de dialogue, dans la capitale d'une province qui a été ravagée au XVIᵉ siècle par les luttes religieuses, est le signe des temps nouveaux. L'œcuménisme s'étend, naturellement, aux autres confessions chrétiennes : orthodoxes de rite grec, de rite arménien, de rite russe ; groupes évangéliques nombreux et vivants : baptistes, adventistes, pentecôtistes, darbystes, Témoins de Jéhovah. Des ponts sont lancés en direction des représentants de la foi islamique — une quinzaine de milliers. Plus récemment, le bouddhisme fait une apparition discrète, mais significative.

Si la pratique du culte a beaucoup diminué, à Grenoble, comme dans toutes les grandes villes, jamais la religion n'a été aussi vivante. Le succès du mouvement charismatique, la création ou la renaissance de monastères, le renouveau des études théologiques en sont des témoignages.

Grenoble aujourd'hui

L'évolution de Grenoble, depuis les Jeux olympiques de 1968, appartient plus à l'actualité qu'à l'histoire. Clio réclame le recul du temps. En la circonstance, il manque. Aussi doit-on se contenter de noter, en guise de conclusion, quelques brèves observations.

La croissance démographique s'est poursuivie, mais elle s'est transformée. Grenoble elle-même n'a presque plus progressé : elle n'a gagné que 5 000 habitants entre 1968 et le recensement de 1975. Et il est peu probable qu'elle puisse beaucoup grandir désormais — à moins qu'elle n'élargisse son territoire communal. Mais comment le pourrait-elle ? En revanche, l'agglomération grenobloise s'est accrue, durant la même période, de plus de 57 000 habitants (voir annexe 1 : la population de Grenoble).

Laisser se développer librement cette agglomération entraînerait, en l'espace de peu d'années, à ce carrefour de vallées alpines, un irrémédiable entassement humain. C'est ce que les édiles ont voulu éviter. Le maire de Grenoble a clairement proclamé qu'il voulait tenter de limiter à 500 000 le nombre des habitants de la « cuvette grenobloise ».

Le 27 mars 1973, après consultation des services publics et des collectivités locales, le gouvernement a approuvé par décret le Schéma directeur d'aménagement et d'urbanisme de la région grenobloise (S.D.A.U.). Véritable programme d'action, ce document, qui intéresse 114 communes de la région grenobloise, prise au sens large, a déterminé trois objectifs : limiter le développement de Grenoble ; promouvoir le développement d'autres pôles urbains ; aménager tout l'espace de façon harmonieuse et équilibrée.

C'est désormais sur les trois branches de l'Y grenoblois — et non plus seulement au carrefour — que s'effectuera la croissance. Dans un premier temps, on verra naître une agglomération nouvelle dans les collines du Voironnais. En même temps se développeront plusieurs pôles urbains du moyen Grésivaudan : Bernin, Crolles, Villard-Bonnot. Ultérieurement seront renforcés les pôles existants au sud : Vif et Vizille. Enfin, Montmélian deviendra une ville importante. Le carrefour où il est situé constitue un site privilégié. Commandant l'accès des principales vallées savoyardes, Montmélian occupe déjà une place essentielle dans la région, avec le percement du tunnel du Fréjus et l'achèvement du programme de construction des autoroutes alpines.

Limiter le développement de Grenoble, cela ne veut pas dire, évidemment, qu'on tracera une frontière autour de la ville et qu'on y installera des barrières, où l'on exigera un visa d'entrée, comme dans le célèbre film anglais *Passeport pour Pimlico*... Tandis que l'agglomération poursuivra une croissance modérée, Grenoble verra se renforcer sa fonction de capitale locale. Le Schéma directeur prévoit : de rénover le centre traditionnel, ce qui a déjà été bien commencé avec la réalisation de rues piétonnières ; de promouvoir le développement de centres secondaires, Meylan et Fontaine, après l'expérience, fort contestée, de Villeneuve ; de maintenir et de susciter à l'intérieur de l'agglomération des activités économiques sans nuisances ; de desservir l'ensemble des communes par un réseau complet de voies rapides ; d'équilibrer la répartition des différents types d'habitat ; de distribuer de façon harmonieuse les grands équipements ; de préserver le cadre naturel qui entoure la « cuvette » ; d'aménager en parcs de loisirs certains sites facilement accessibles : la Bastille, le Rachais, les Vouillants, le rocher de Comboire, la boucle de Bois Français.

On pouvait croire qu'après la métamorphose des années 1945-1968 l'évolution de Grenoble allait connaître une accalmie. Il n'en a rien été. Les transformations se poursuivent, achevant de rendre méconnaissable la petite cité qui, à la fin du siècle dernier, somnolait encore entre sa rivière et son torrent.

Faut-il s'étonner que les Grenoblois s'intéressent si peu au passé de la ville ? Pour la majorité d'entre eux, cette ville n'est pas *leur* ville. Ils y habitent, par suite d'un concours de circonstances : certains l'ont choisie par goût ; les plus nombreux y sont venus parce qu'on y trouvait du travail. Mais ils n'y possèdent pas de racines. Moins de 20 % des Grenoblois sont nés de parents grenoblois ! Il se produit évidemment à Grenoble, comme dans les villes américaines, un phénomène de *melting pot*, de creuset — littéralement de « pot où l'on mélange ». Mais il faut bien admettre qu'aujourd'hui, à l'intérieur du creuset grenoblois, les éléments sont loin d'être tous bien fondus. C'est même l'un des problèmes préoccupants nés de cette croissance si rapide.

On a cru, hier, que Grenoble, c'était le Texas. Mais ce n'était qu'une illusion. Un de ces mythes que certains dénoncent aujourd'hui avec acharnement, sans s'apercevoir d'ailleurs qu'ils ont joué, à l'époque, un rôle bénéfique!

Sur le plan politique, les différentes consultations électorales, depuis 1968, n'ont pas entraîné de bouleversements (voir annexe 4 : la vie politique). Grenoble reste une ville divisée d'opinions et de tendances. De ce point de vue, elle est à l'image de la France elle-même.

On dit Grenoble de gauche. Elle se croit de gauche. Et il est vrai qu'elle est gérée par l'Union de la gauche — une union que n'a pas dissociée l'échec du Programme commun, en mars 1978. Mais la gauche ne l'a emporté, à plusieurs reprises, que d'une courte tête. C'est pourquoi chaque élection suscite ici tant de passion : la gauche cherchant à développer son influence, la droite espérant reconquérir les leviers de commande. Schéma beaucoup trop manichéen, c'est évident... Mais, au mépris de réalités plus profondes, Grenoble, comme la nation tout entière, en est prisonnière !

C'est le secteur tertiaire — distribution, services — qui s'est le plus développé au cours des dernières années. Assurément parce qu'il était le plus en retard. L'agglomération grenobloise est maintenant ceinte d'une couronne de supermarchés. A cet équipement commercial déjà important est venu s'ajouter l'ensemble de Grand Place.

Côté tourisme, des efforts considérables ont été faits, tant par l'initiative privée que par la municipalité. Le nombre des hôtels — petits, moyens et grands — a très sensiblement augmenté. Une vaste Maison du tourisme a été construite, ainsi qu'un Palais des congrès (6 000 places) et l'ensemble d'Alpexpo (36 000 m² couverts). Une série de manifestations y attirent désormais exposants, acheteurs et visiteurs : Foire d'automne, Foire de printemps, Salon international des sports d'hiver, Salon d'aménagement de la montagne, Salon européen des antiquaires, Salon des techniques anti-pollution, Salon international des industries papetières, Salon de l'estampe contemporaine, Salon automobile, Salon technique de la maquette et du modèle réduit — sans compter les célèbres Six Jours cyclistes de Grenoble.

Dans le domaine culturel, des progrès ont également été réalisés. On le doit, pour une grande part, à la Maison de la culture, qui rassemble quelque 35 000 adhérents et accueille chaque année plus de 250 000 spectateurs. En 1975, le Centre dramatique national des Alpes a succédé à la Comédie des Alpes. Plusieurs jeunes troupes sont nées dans l'agglomération. Si petit qu'il soit, le théâtre municipal, rénové, poursuit sa carrière. Toujours démunies d'un véritable auditorium, les Heures alpines continuent à présenter les plus beaux concerts de France. Les cinémas, les ciné-clubs, les maisons des jeunes et de la culture, les salles de réunions ne désemplissent guère. Bref, Grenoble est une ville culturellement très vivante.

Il lui reste à parfaire, dans ce domaine comme dans tous les autres, ce qu'elle a entrepris. Une ville est comme un cycliste, elle trouve son équilibre en allant de l'avant.

Les universités de Grenoble n'ont connu, depuis 1968, qu'une croissance relativement ralentie : les effectifs sont passés de 24 824 en 1969 à 31 896 en 1978-1979 (voir annexe 2 : l'enseignement).

En revanche, le nombre et la diversité des unités d'enseignement et de recherche (U.E.R.) ont augmenté : 21 pour l'université scientifique et médicale, plus trois instituts ; 12 pour l'université des sciences sociales, plus deux instituts ; 3 pour l'université des langues et lettres ; 5 écoles nationales supérieures d'ingénieurs (E.N.S.I.), au sein de l'Institut national polytechnique.

Aux universités de Grenoble est rattaché le Centre universitaire de Savoie, qui comprend deux unités d'enseignement et de recherche, à Chambéry, et un institut universitaire de technologie, à Annecy.

Voici terminée l'époque de la croissance rapide et soutenue. On le constate, depuis 1975, en tous domaines, mais notamment dans le secteur secondaire : celui de l'industrie (voir annexe 3 : la vie économique).

Tandis que certaines affaires ont continué à se développer, d'autres ont disparu : c'est le cas de Bouchayer-Viallet, du gant Perrin, de l'entreprise de travaux publics Charles Milliat, d'autres encore. Le chocolat Cémoi a cessé d'embaumer le quartier de la rue Ampère, mais la marque a été rachetée et a reparu dans les Vosges. Quant à Lou, qui avait acquis une grande réputation dans les sous-vêtements féminins, il a subsisté après division en deux sociétés : Lou diffusion (230 salariés) et la société d'exploitation Lou (367).

D'autres entreprises ont connu des transformations. Le groupe Merlin-Gerin (12 500 salariés, dont 7 300 à Grenoble) a vu Empain-Schneider augmenter sa participation, qui est aujourd'hui de 33,5 %. Neyrpic, qui, après l'hydraulique, a trouvé un second souffle dans le nucléaire, est maintenant scindé en deux : Neyrpic même (2 000 salariés) société anonyme dont le capital est à 65 % Creusot-Loire et à 35 % Alsthom Atlantique, et Neyrtec (800 salariés), établissement de Grenoble d'Alsthom Atlantique. Quant à la S.O.G.R.E.A.H. (500 salariés), elle est désormais tout à fait autonome.

Hélas ! On a vu s'aggraver une tendance qui commençait à se manifester dès les années 1960 : le départ de Grenoble des centres de décision d'un certain nombre d'entreprises. Plus on parle en France de décentralisation, plus s'accroît l'impérialisme de Paris.

Au cours de la dernière décennie, des usines nouvelles sont venues s'établir à Grenoble, tandis que d'autres naissaient sur place.

Parmi les nouvelles venues, il faut notamment signaler la Télémécanique, devenue la Société industrielle de mini-informatique et de systèmes (S.E.M.S.), à Échirolles (712 salariés) et Hewlett-Packard France, qui fabrique du matériel d'informatique, à Eybens (410 salariés).

Parmi les créations locales, on note l'apparition d'entreprises de haute technicité, dont certaines sont directement issues du Centre d'études nucléaires de Grenoble, et tout particulièrement du Laboratoire d'électronique et de technologie de l'informatique (L.E.T.I.). C'est le cas pour la Société d'étude et fabrication de circuits intégrés spéciaux (E.F.C.I.S.), pour CRISMATEC (fabrication de monocristaux), ainsi que pour les filiales d'entreprises implantées sur l'ensemble du territoire français, comme la Compagnie internationale des services en informatique (C.I.S.I.) ou la Compagnie générale des matières nucléaires (C.O.G.E.M.A.).

Après avoir été à l'origine du développement, à Grenoble, d'activités de recherches scientifiques de haut niveau, le C.E.N.G. est maintenant en passe de devenir le prototype des centres de recherche futurs qui devront fournir à l'industrie nationale les moyens indispensables au maintien de sa compétitivité.

L'un des éléments les plus prometteurs pour l'avenir de Grenoble est le succès rencontré par la zone pour l'innovation et les réalisations scientifiques et techniques (Z.I.R.S.T.), créée en novembre 1971, sur le territoire de la commune de Meylan. En peu d'années, on a vu ces terrains se peupler d'entreprises nouvelles, dont un certain nombre spécialisées dans la micro-informatique.

C'est également au sein de cette Z.I.R.S.T. que s'est installé, en 1979, le Centre national d'étude des télécommunications (C.N.E.T.), promis à un important développement. Et, sur l'ancien polygone d'artillerie, on a vu s'établir, en 1979, un laboratoire de l'Institut de radioastronomie millimétrique (I.R.A.M.), regroupant des chercheurs français et allemands.

Tous ces résultats encourageants sont dus à l'action lucide, résolue, méthodique, de ceux qui ont en charge l'avenir de Grenoble : le bureau d'implantation des entreprises nouvelles (B.I.E.N.) constitue l'un des rouages essentiels de cette action.

Malheureusement, Grenoble n'est pas toujours aidée par Paris. En partie parce qu'on la jalouse, en partie parce qu'on croit lui avoir trop donné... Après avoir, à une certaine époque, favorisé l'implantation en Dauphiné d'entreprises nouvelles, la Délégation à l'aménagement du territoire et à l'action régionale (D.A.T.A.R.) a, ces dernières années, volontairement freiné ce mouvement. Elle a empêché au moins trois entreprises de s'établir en Dauphiné : Matra-Harris, qui est allée à Saint-Nazaire ; la Secimos, à Aubagne ; E.F.C.I.S. nº 2 dans le Nord...

Cependant, contre vents et marées, continue à s'affirmer, aujourd'hui plus que jamais, la double vocation scientifique et technique de Grenoble : après avoir été le premier laboratoire de la Révolution de 1789, elle voudrait être — elle pourrait bien être — le premier laboratoire de la révolution du XXIe siècle.

Annexes

1. La population de Grenoble

(Recensement de 1975)

Nombre d'habitants

Département de l'Isère	875 525
Agglomération	395 219
Ville de Grenoble	169 740

L'agglomération de Grenoble comprend 32 communes, qui sont, outre la ville même :

Saint-Martin-d'Hères	38 111	Gières	3 384
Échirolles	33 394	Corenc	3 278
Fontaine	25 037	Saint-Ismier	3 192
Saint-Égrève	14 314	Froges	2 303
Pont-de-Claix	13 035	Biviers	1 801
Meylan	12 199	Le Versoud	1 772
Seyssinet	12 157	Montbonnot	1 735
La Tronche	7 755	Poisat	1 663
Sassenage	7 499	Le Fontanil	1 454
Voreppe	6 343	Saint-Nazaire-les-Eymes	1 302
Villard-Bonnot	6 034	Noyarey	1 289
Saint-Martin-le-Vinoux	5 582	Champ-près-Froges	701
Eybens	5 437	Veurey-Voroize	661
Domène	5 297	Murianette	465
Claix	4 016	Bresson	359
Seyssins	3 911		

Nombre d'étrangers	Grenoble	Agglomération
Total	18 425	49 970
Italiens	6 160	17 480
Espagnols et Portugais	4 830	11 125
Algériens	3 675	10 900

Âge de la population		
de 0 à 49 ans	25,4 %	32,2 %
de 20 à 64 ans	57,5 %	58,5 %
de plus de 65 ans	17 %	9,3 %
naissances (1975)	2 424	6 060
décès (1975)	1 400	2 540

Nombre de foyers		
Total	64 397	129 622
moyenne de personnes par logement	2,5	2,9

Population active	72 490	162 990

Répartition socioprofessionnelle

Patrons du commerce et de l'industrie	5 075	7 125
Cadres supérieurs et professions libérales	8 820	13 690
Cadres moyens	13 070	17 740
Employés	15 705	23 280
Ouvriers	24 050	39 515
Personnel de services	4 405	8 430
Agriculteurs, salariés agricoles	85	450
Divers	1 280	2 140

Superficie	1 810 hectares	28 816 hectares
Densité au kilomètre carré	9 158 habitants	1 294 habitants

Rang

Grenoble est la 17e ville de France pour la population et la 9e agglomération après Paris (8,5 millions d'habitants), Lyon (1,17 million), Marseille (1,07 million), Lille (935 882), Bordeaux (612 456), Toulouse (509 939), Nantes (453 500) et Nice (437 566).

2. L'enseignement [1]

Enseignement primaire et secondaire

	nombre d'établissements	de classes	d'élèves
Préélémentaire	47	212	6 970
Élémentaire	61	427	10 523
Secondaire	27	734	20 035
technique	10	260	7 130
Musical	2	11	178
Enseignement spécialisé	16	27	324
Enseignement privé	23	204	3 547

Enseignements divers

Conservatoire de musique et d'art dramatique	351 étudiants
École des arts décoratifs et du bâtiment	1 218 étudiants
Lycée hôtelier	230 étudiants
Centre universitaire d'éducation et de formation des adultes (C.U.E.F.A.)	2 850 étudiants
Écoles techniques et centres d'apprentissage (couture, ménage, informatique, langues, esthétique, comptabilité, secrétariat)	33 établissements
Écoles artistiques et sportives	4 établissements

Enseignement supérieur

Université scientifique et médicale (université de Grenoble I)

Nombre d'étudiants	11 180
dont Instituts universitaires de technologie (I.U.T.)	1 284
Nombre d'unités d'enseignement et de recherche (U.E.R.)	21

Liste de ces U.E.R. :

Sciences biologiques et médicales (1er cycle)
Sciences biologiques et médicales (2e cycle)
Sciences pharmaceutiques
Recherches biomédicales et pharmaceutiques
Géographie générale et alpine
Institut universitaire scientifique (sciences exactes et naturelles)
Formation des cadres techniques
Formation scientifique fondamentale et d'initiation à la recherche (sciences 2e cycle)
Spectrométrie et cristallographie
Chimie, Chimie physique organique et chimie physique des liquides

---

1. Sources : pour l'enseignement primaire, secondaire et technique : *Grenoble en chiffres, Information municipale*, année 1978 ; pour l'enseignement supérieur : *D.I.S.* n° 10, Annuaire statistique, Académie de Grenoble, division de la prévision, de la recherche et de la coordination 1978-1979.

Institut de Formation des Enseignants et de Recherche pédagogique (formation des enseignants du second degré)
Institut de recherche de mathématiques avancées
Mécanique
Physique des solides et thermodynamique
Institut des sciences nucléaires
Géophysique et physique des plasmas
Chimie et physicochimie des matériaux
Biologie physiologique et écologique
Sciences de la Terre
Institut de formation des enseignants et cadres sportifs
Institut universitaire de technologie I (départements de génie mécanique, génie civil, génie électrique-électronique, génie électrique-électrotechnique, chimie, mesures physiques, génie thermique)

Instituts rattachés

Institut de préparation aux enseignements du second degré (sciences)
Institut de recherche sur l'enseignement des mathématiques
Institut de recherche interdisciplinaire de géologie et de mécanique

Université des sciences sociales (université de Grenoble II)

Nombre d'étudiants	11 679
dont I.U.T.	1 667
Nombre d'unités d'enseignement et de recherche (U.E.R.)	12

Liste de ces U.E.R. :

Institut d'études politiques
Faculté de droit (sciences juridiques)
Sciences économiques
Institut d'études commerciales
Institut d'administration des entreprises
Institut de recherche économique et de planification
Histoire et histoire des arts
Philosophie et sociologie
Psychologie et sciences de l'éducation
Informatique et mathématiques en sciences sociales
Urbanisation et aménagement
Institut universitaire de technologie II (départements de gestion des entreprises et des administrations, statistiques, études économiques et techniques quantitatives de gestion, informatique, carrières sociales [éducateurs spécialisés, assistants sociaux, animateurs socioculturels], carrières juridiques et judiciaires, carrières de l'information, techniques de commercialisation).

Instituts rattachés

Centres de préparation à l'administration générale
Institut d'administration économique et sociale

Université des langues et lettres (université de Grenoble III)

Nombre d'étudiants	4 711
Nombre d'unités de recherche et d'enseignement (U.E.R.)	3

Liste de ces U.E.R. :

Lettres
Langues vivantes
Études anciennes

Institut rattaché

Institut de préparation aux enseignements de second degré (lettres).

Institut national polytechnique

Nombre d'étudiants	1 847
Nombre d'Écoles nationales supérieures d'ingénieurs (E.N.S.I.)	5

Liste de ces E.N.S.I. :

E.N.S.I. d'électronique et de radio-électricité
E.N.S.I. d'électrochimie et d'électrométallurgie
E.N.S.I. d'électrotechnique et de génie physique
E.N.S.I. d'hydraulique
E.N.S.I. d'informatique et de mathématiques appliquées.

Centre universitaire de Savoie

Nombre d'étudiants	2 479
dont I.U.T.	293

Répartition des étudiants

Droit et sciences politiques	5 230
Sciences économiques, gestion	2 092
Lettres classiques et modernes, philosophie, théologie	2 624
Géographie, urbanisme	436
Autres sciences humaines, histoire, langues étrangères, musique, arts plastiques	5 541
Sciences, y compris informatique	5 380
Sciences et techniques (secondaire et tertiaire)	632
Médecine et biologie humaine	3 351
Pharmacie	1 231
Études d'ingénieur	1 255
Unité d'étude et recherche d'éducation physique et sportive (U.E.R.E.P.S.)	449
Mathématiques et sciences sociales, administration économique et sociale	431
I.U.T. secondaire et tertiaire	3 244
Total	31 896

Étudiants étrangers

	Droit	Lettres	Sciences	Médecine	Pharmacie	Pluridiscip.	Sciences éco.	I.U.T.	Total	%
Asie	86	240	262	70	12	53	52	35	810	15,8
Europe	111	779	208	44	7	42	57	45	1 293	25,3
Amérique	34	459	184	30	—	15	61	6	789	15,4
Afrique	561	369	571	106	93	157	258	62	2 177	42,5
Autres pays	7	15	7	2	—	6	9	—	46	0,8
Sans nationalité	1	4	2	1	1	—	1	—	10	0,2
Total	800	1 866	1 234	253	113	273	438	148	5 125	
%	15,6	36,5	24,1	4,9	2,2	5,4	8,5	2,8	100	

3. La vie économique [1]

	Grenoble	Agglomération
Nombre d'établissements (tous établissements confondus)	12 222	19 724
Emplois salariés	95 090	164 185
Industrie		
Nombre d'établissements	1 550	
Emplois salariés	36 480	70 420
Secteur tertiaire		
Nombre d'établissements	4 230	1 730
Emplois salariés	58 500	92 870
dont, pour le commerce :		
Emplois salariés	19 600	
Nombre de commerces de gros	542	868
Nombre de commerces de détail	3 029	4 717
Artisanat		
Nombre d'entreprises [2]	2 162	4 413
Répartition des emplois salariés (total)		
Secteur privé	60 150	107 405
Secteur public	5 690	6 680
Emplois de l'État et des collectivités locales	20 930	36 005

1. Source : *Grenoble en chiffres, Information municipale,* année 1978.
2. Source : Répertoire des métiers, 1979.

4. La vie politique

Élections municipales (1977)

	1 *er* tour	2*e* tour
Inscrits	84 001	84 004
Votants	56 254	57 535
Exprimés	55 334	56 007
Liste Dubedout (Union de la gauche)	27 223	31 500
Liste Pariaud (Majorité présidentielle)	20 523	24 507
Liste écologique	5 054	
Liste Pascal	1 730	
Liste d'extrême gauche	804	

Le conseil municipal de Grenoble comprend 43 membres.

Élections cantonales (1979)

Sassenage	1 *er* tour (18 mars)	2*e* tour (25 mars)
Maisonnat (P.C.)	7 889 élu	
Balluet (P.S.)	3 389	
Lombard (R.P.R.)	3 200	

Grenoble 1		
Espagnac (P.S.)	2 379	5 387 (60,69 %) élu
Giard (P.C.)	2 166	
Pariaud (U.D.F.)	2 052	3 488 (39,30 %)
Divers	2 013	

Grenoble 3		
Belot (P.S.)	2 658	3 894 élue
Guttierez (P.C.)	1 786	
Sanchis (Majorité)	1 528	
Divers	481	

Saint-Égrève		
Balestas (M.R.G.)	3 115	3 874 élu
Delahais (P.S.)	1 920	
Braisaz (P.C.)	1 319	
Adam (sans étiquette)	1 107	

Autres conseillers généraux de l'agglomération élus ou réélus en 1973
Genin (R.P.R.) Grenoble 2
Carignon (R.P.R.) Grenoble 4
Nevache (P.S.) Grenoble 5
Kioulou (P.C.) Échirolles
Buisson (C.D.S.) Meylan
Miguet (P.C.) Domène
Blanchon (P.C.) Saint-Martin-d'Hères.

Le conseil général de l'Isère comprend 50 conseillers généraux : 20 socialistes, 10 communistes, 11 majorité présidentielle, 9 non-inscrits. L'agglomération grenobloise est représentée par 10 conseillers généraux.

Élections législatives

1973	1 *er tour*	2*e tour*
Dubedout (P.S.)	20 904 (30,23 %)	40 953 (58,22 %) élu
Volumard (U.D.R.)	17 516 (25,33 %)	29 387 (41,77 %)
Giard (P.C.)	16 546 (23,9 %)	
Rouge (réformateur)	6 854 (9,91 %)	
Divers	7 323	

1978	1 *er tour (12 mars)*	2*e tour (19 mars)*
Dubedout (P.S.)	22 318 (26,79 %)	47 649 (55,73 %) élu
Carignon (R.P.R.)	22 195 (26,64 %)	37 844 (44,26 %)
Rougc (U.D.F.)	8 185 (9,82 %)	
Divers	8 568	

Élections sénatoriales

1974	1 *er tour*		2*e tour*
Mistral (P.S.)	958	réélu	
Perrin (sans étiquette)	872		969 élu
Jargot (P.C.)	549		942 élu
Oudot (P.S.)	706		
Picard (P.S.)	655		
Salazard (Majorité)	425		
Bernard (sans étiquette)	194		
Trolliet (sans étiquette)	42		

1965	1 *er tour*		2*e tour*
Berthoin (radical)	1 079	réélu	
Mistral (socialiste)	1 010	réélu	
Dufeu (radical)	932		candidat unique réélu
Gros (Majorité)	281		
Chapuis (Majorité)	461		
Grataloup (Majorité)	450		
Billat (P.C.)	275		
Bochet (P.C.)	272		
Coste (P.C.)	281		
Verlhac (P.S.U.)	178		

Élections présidentielles (Isère)

1965	1 *er tour*	2*e tour*
De Gaulle	124 112 (37,40 %)	157 539 (48,91 %)
Mitterrand	122 390 (37,30 %)	164 540 (51,09 %)
Lecanuet	49 744 (15,20 %)	
Tixier-Vignancour	19 729 (6,20 %)	
Marcilhacy	6 853 (2,00 %)	
Barbu	5 324 (1,60 %)	

1969

Pompidou	122 477 (39,33 %)	138 362 (53,20 %)
Poher	75 248 (24,16 %)	122 160 (48,60 %)
Duclos	73 648 (23,65 %)	
Defferre	17 135 (5,50 %)	
Rocard	14 742 (4,73 %)	
Ducatel	4 633 (1,48 %)	
Krivine	3 478 (1,11 %)	

1974

Giscard d'Estaing	114 401	180 017 (48,67 %)
Mitterrand	174 815	205 630 (53,32 %)
Chaban-Delmas	47 823	
Laguiller	9 938	
Royer	8 950	
Dumont	7 260	
Le Pen	3 084	
Muller	1 988	
Krivine	1 208	
Renouvin	689	
Sebag	503	

Majoritaire dans l'Isère, François Mitterrand l'avait été également à Grenoble. Il avait obtenu en effet 34 137 voix, soit 51,18 %, tandis que Valéry Giscard d'Estaing n'en avait eu que 32 566, soit 48,82 %.

Élections européennes (10 juin 1979)

Inscrits	67 829	
Votants	43 345	
Exprimés	42 039	
Veil (Majorité)	14 952	(29,78 %)
Mitterrand (P.S.)	9 942	(23,57 %)
Marchais (P.C.)	7 566	(17,53 %)
Chirac (R.P.R.)	6 099	(14,67 %)
Fernex (écologiste)	2 517	
Laguiller (extrême gauche)	1 331	
Servan-Schreiber (radical)	944	
Tixier-Vignancour (ext. droite)	742	
Malaud (déf. inter.)	463	
Bouchardeau (E.A.)	—	
Hallier (rég.)	—	

5. Les élections municipales à Grenoble

année	maire	parti	élu par
1944	Frédéric Lafleur	M.L.N. (Mouvement de la libération nationale)	Élu, le 23 août 1944, par conseil municipal pr soire, avec l'accord Comité départemental libération (C.D.L.)
avril 1945	Léon Martin	socialiste (S.F.I.O.)	54 % des voix (Rassemblement démoc tique, à dominante laïqu
octobre 1947	Marius Bally	gaulliste (R.P.F.)	R.P.F. : 29,8 % M.R.P. : 15, 7 %
décembre 1948	Raymond Périnetti	communiste	Succède provisoiremen Marius Bally, qui a dén sionné, après avoir qui le R.P.F.
janvier 1949	Léon Martin	socialiste (S.F.I.O.)	32 % des voix Front démocratique po la défense des intér communaux (S.F.I. Rad.-Soc., M.R.P.)
avril 1953	Léon Martin	socialiste (S.F.I.O.)	S.F.I.O. : 18,9 %
mars 1959	Albert Michallon	gaulliste	22 558 voix (49,3 %) (gaullistes, droite et cent droit)
mars 1965	Hubert Dubedout	G.A.M. (groupe d'action municipale)	28 506 voix (51,9 %) Union socialiste et d'acti municipale
mars 1971	Hubert Dubedout	socialiste (P.S.)	25 845 voix (55,4 %) Union socialiste d'acti municipale
mars 1977	Hubert Dubedout	socialiste (P.S.)	31 500 voix (56,2 %) Union de la gauche

face à	abstentions	nota
		Succède à Paul Cocat, maire depuis 1935.
46 % à Frédéric Lafleur ste d'Action républicaine, à dominante démocrate chrétienne)	37,5 %	Le Dr Léon Martin obtient 19 898 voix. Le plus voté de la liste est Edmond Esmonin : 20 558.
.. : 30,1 % ; S.F.I.O. : 13 % ; Rad. .. : 6,5 %	42,8 %	
		Les démissions successives des conseillers M.R.P., puis R.P.F. et de trois socialistes obligent le préfet à dissoudre le conseil municipal et à provoquer de nouvelles élections.
... : 39,3 % ⏚P.F. et U.D.S.R. : 28,7 %	39 %	Le conseil comprend : 12 socialistes, 12 communistes et 10 modérés apparentés.
... : 32 % ; Indépendants : 24,9 % ; R.P. : 13,3 % ; R.P.F. : 4,7 % ; D.S.R. : 3,6 % ; P.S.U. : 2,4 %	31,5 %	Le conseil comprend : 13 communistes, 8 socialistes, 2 radicaux, 4 M.R.P., 7 républicains indépendants, 1 modéré, 1 R.G.R. et 1 Jeune République.
.C. : 14 406 voix ⏚cialistes : 9 736 voix	1er tour : 37,1 % 2e tour : 33,8 %	Au premier tour, le P.C. a obtenu 27,2 % des voix, devant les gaullistes, 24,4 %.
Albert Michallon (gaulliste) 26 485 voix (48,1 %)	1er tour : 32,9 % 2e tour : 31,1 %	Au 1er tour, Albert Michallon est arrivé en tête avec 24 012 voix (45,2 %) face à Hubert Dubedout, 17 203 (32,4 %). Le P.C. a obtenu 11 950 voix (22,5 %).
Dr Guy Cabanel ⏚publicain indépendant) 20 833 voix (44,6 %)	1er tour : 42 % 2e tour : 41,1 %	Au 1er tour, Hubert Dubedout a obtenu 19 034 voix (41 %), Guy Cabanel, 17 564 (37,9 %) et le P.C., 9 763 (21 %).
⏚ean-Charles Pariaud ⏚ajorité présidentielle) 24 507 voix (43,8 %)	1er tour : 33 % 2e tour : 31,5 %	Au 1er tour, les écologistes ont obtenu 5 054 voix et l'extrême gauche, 804.

6. Les aménagements hydro-électriques du bassin de l'Isère [1]

Sur l'Isère, en allant de l'amont vers l'aval, on rencontre successivement : Val-d'Isère (20 000 kVA), Les Brévières (108 000), Viclaire (20 000), Malgovert (325 000), Pomblière (15 140), Moutiers (64 000), La Coche [2] (340 000), juste en amont du barrage de l'aménagement de Randens (144 000), Le Cheylas [2] (540 000), Beauvoir (36 000), Saint-Hilaire (43 200), Pizançon (54 000), La Vanelle (33 000) et Beaumont-Monteux (49 400).

A l'aval de Grenoble sont encore prévus trois aménagements : Saint-Égrève, Voreppe et Saint-Gervais.

Sur le cours supérieur de l'Isère, l'aménagement du Clou, de l'ordre de 1 000 000 kW, est en cours d'étude.

Enfin, il existe un projet de suppression des boucles de l'Isère, qui aurait pour conséquence de permettre une mise en valeur plus rationnelle des terres du Grésivaudan.

Sur le Drac et son affluent la Séveraisse, on trouve onze aménagements : Saint-Maurice (10 750 kVA), Saint-Firmin (1 000), La Trinité (4 125), Le Sautet (90 000), Cordéac (71 000), Saint-Pierre-Cognet (110 000), Monteynard (360 000), Saint-Georges-de-Commiers (70 000), Champ-sur-Drac II (18 000), Pont-de-Claix (15 000) et Drac-Inférieur (15 000).

Dans la vallée de l'Arc, les aménagements sont nombreux et souvent récents, jusqu'au confluent de l'Isère. On trouve d'abord Avrieux (13 000 kVA) et le complexe du Mont Cenis, avec Villarodin (390 000) [3], Combe-d'Avrieux (132 000), Aussois (90 000), Bissorte (90 000), Grelle (68 000), La Saussaz II (156 000), Le Châtelard (14 000), Calypso (20 000), L'Arvan (32 000), Hermillon (124 000), Pontamafrey (18 500), Le Glandon (11 500), La Christine (3 280) et Randens, déjà cité. Parmi les projets d'aménagement sur le cours supérieur de l'Arc, celui de Super-Bissorte (750 000 kW) vient d'entrer dans sa phase de réalisation.

Les aménagements sont nombreux également dans la vallée de *la Romanche* et de son affluent *l'Eau d'Olle* : Le Chambon [4] (7 000 kVA), Saint-Guillerme [4] (26 000), Baton (5 670), Le Rivier [4] (16 000), Le Verney (27 000), La-Fonderie-d'Allemont [4] (1 620), Livet (15 800), Les Vernes (5 000), Les Roberts (15 400), Rioupéroux (30 000), Les Clavaux (17 000), Pierre-Eybesse (16 700), Noyer-Chut (3 200), le Lac Mort (11 000) et Le-Péage-de-Vizille (58 000).

Dans la vallée de la Romanche, le renouveau de l'hydraulique, depuis la crise du pétrole, a entraîné la construction d'une nouvelle usine à Saint-Guillerme (120 000 kVA), dont les travaux viennent de commencer.

Enfin sur l'*Eau d'Olle,* dans le cadre de l'aménagement de Grand'Maison, on construit, au Verney-d'Allemont, une usine hydro-électrique qui sera la plus puissante de France, avec 1 800 000 kW, dont 1 200 000 avec groupes turbine-pompe.

---

1. Source : Électricité de France, G.P.R.H. Alpes.
2. Centrales mixtes avec groupe turbine-pompe.
3. En outre, la station de pompage de Bois-d'Aussois (6 000 kW) a été mise en service en 1975.
4. Cette usine va être court-circuitée par les aménagements en cours de réalisation à Saint-Guillerme et au Verney-d'Allemont.

Bibliographie

Toute recherche bibliographique sur Grenoble et sur le Dauphiné passe par :
— Ph. Dollinger, Ph. Wolff et S. Guénée : *Bibliographie d'histoire des villes de France*, 1967 ;
— Edmond Maignien : *Catalogue des livres et manuscrits du fonds dauphinois de la bibliothèque de Grenoble*, 1906-1929, 6 vol. ;
— les fichiers des archives départementales, des archives municipales et de la bibliothèque municipale.
On se contentera de donner ici quelques indications générales.

Histoire de Grenoble

Ouvrages généraux

Ils ne sont pas très nombreux.
Chronologiquement, le premier est celui de J.-J.-A. Pilot : *Histoire de Grenoble et de ses environs depuis sa fondation sous le nom de Cularo jusqu'à nos jours*, paru en 1829 ; suivi en 1843 de son *Histoire municipale de Grenoble*.
L'un des livres les plus précieux reste, aujourd'hui encore, celui de l'archiviste Auguste Prudhomme : *Histoire de Grenoble*, paru en 1888 et réédité en 1975. De l'*Histoire populaire de Grenoble* d'A. Vernet, un seul tome a été publié en 1895.
Il faut attendre le XXᵉ siècle pour que paraissent de nouveau des histoires de Grenoble.
Jean-Jacques Chevallier : *Grenoble et ses montagnes*, « les Beaux Pays », Arthaud, 1956 ; Paul Dreyfus : *Grenoble de l'âge du fer à l'ère atomique*, en 1961, chez Fayard, à Paris, et *Grenoble, de César à l'Olympe*, en 1967, chez Arthaud, à Grenoble ; puis Paul et Germaine Veyret : *Grenoble et ses Alpes*, « les Beaux Pays », Arthaud, 1962 ; Paul Veyret : *Voici Grenoble*, en 1967, Arts et Métiers graphiques, et Robert Bornecque : *Grenoble et sa couronne*, chez Arthaud, en 1974 ; enfin, *Histoire de Grenoble*, publiée sous la direction de Vital Chomel, chez Privat, en 1976.

Géographie urbaine

Trois ouvrages demeurent fondamentaux : Raoul Blanchard : *Grenoble*, étude de géographie urbaine, 3ᵉ édition, Arthaud, 1935 ; Paul et Germaine Veyret, Félix Germain : *Grenoble, capitale alpine*, Arthaud, 1967 ; Gilbert Armand : *Villes, Centres et organisation urbaine des Alpes du Nord. Le passé et le présent*, 1974.

Topographie

En 1893, Henri Rousset et Édouard Brichet avaient publié une *Histoire illustrée des rues de Grenoble*. Il a fallu attendre jusqu'en 1975 pour que paraisse un nouvel ouvrage sur ce sujet : le précieux *Grenoble, des rues et des hommes*, de Claude Muller, aux éditions Dardelet.

Urbanisme

On lit toujours avec intérêt le livre de Jacques Laurent, *Grenoble hier et aujourd'hui. Le prodigieux épanouissement d'une ville en moins de quatre-vingts ans*, paru chez Arthaud en 1948.

Politique

Sur la vie politique et économique, le maître livre reste celui de Pierre Barral : *Le Département de l'Isère sous la IIIe République*, paru en 1962 chez Armand Colin. Fort intéressant également est l'ouvrage de Christiane Marie : *L'Évolution du comportement politique dans une ville en expansion : Grenoble, 1871-1965*, paru en 1966, dans la collection des Cahiers de la Fondation nationale des sciences politiques.

Histoire de l'art

A signaler tout particulièrement l'ouvrage collectif publié sous la direction de René Fonvieille : *Le Vieux Grenoble, ses pierres, son âme*, 3 vol., chez Roissard, 1968-1974.

Presse

Ce sujet a fait l'objet d'une étude intéressante d'Henri Rousset : *La Presse à Grenoble. Histoire et physionomie. 1700-1900*, publiée en 1900, et d'une thèse de Bernard Montergnole : *La Presse grenobloise de la Libération, 1944-1952*, datant de 1974.

Religion

La seule œuvre d'ensemble est celle de Bernard Bligny : *Histoire des diocèses de France*, vol. 12, Grenoble, Paris, Beauchesne 1979, avec la collaboration de Vital Chomel, J. Emery, J. Godel, A. Jobert et J. Solé et une postface de Mgr Gabriel Matagrin.

Économie et sociologie

Au moment des Jeux olympiques, deux auteurs ont cherché à définir l'originalité du développement de Grenoble : Claude Glaymann, dans *Cinquante millions de Grenoblois*, en 1967, et Dominique Dubreuil dans *Grenoble, ville-test*, en 1968. Mais l'étude la plus fouillée reste celle de Gilbert Armand et Christiane Marie, intitulée simplement *Grenoble* et parue dans *Note et étude documentaire*, n° 3288, en 1966.
A signaler, en 1979, Pierre Frappat : *Grenoble, le mythe blessé*, publié chez Alain Moreau.

Revues

Aucune étude de Grenoble ne peut être menée à bien sans consultation de trois revues particulièrement précieuses : *La Revue de géographie alpine*, le *Bulletin de l'Académie delphinale* et les *Procès-verbaux de la Société dauphinoise d'ethnologie et d'archéologie*.

Histoire du Dauphiné

L'histoire de Grenoble ne peut évidemment pas être dissociée de celle du Dauphiné. On se borne à citer ici les ouvrages généraux consacrés à l'histoire de l'ancienne province :
Mathieu Thomassin : *Registre delphinal*, xve siècle, manuscrit, Bibliothèque municipale de Grenoble.
Aymar du Rivail : *De Allobrogibus*, xve siècle. Réédité en 1865 par Ant. Macé, à Grenoble, sous le titre : *Description du Dauphiné au XVIe siècle*.
Nicolas Chorier : *Histoire générale du Dauphiné*, 2 vol., Grenoble. Réédité en 1971, à Grenoble, par les éditions des Quatre-Seigneurs.
Guy Allard : *Histoire du Dauphiné*, xviie siècle, manuscrit. Publié en 1864 par H. Gariel, pour constituer le *Dictionnaire du Dauphiné* (historique, géographique, généalogique, héraldique, juridique, politique et botanologique).
J.-P. Moret de Bourchenu, marquis de Valbonnais : *Histoire du Dauphiné et des Princes qui ont porté le nom de Dauphin*, Genève, 1722.

Jules Taulier : *Histoire du Dauphiné*, Grenoble, 1855.

Félix Vernay : *Nouvelle histoire du Dauphiné*, Arthaud, Grenoble, 1933.

H. Blet, E. Esmonin et G. Letonnelier : *Le Dauphiné*, recueil de textes historiques, choisis et commentés ; Arthaud, Grenoble, 1938.

Robert Avezou : *Petite histoire du Dauphiné*, Arthaud, Grenoble, 1946.

Gaston Letonnelier : *Histoire du Dauphiné*, Presses universitaires de France, collection « Que sais-je ? », Paris, 1946.

Paul Veyret, Robert Avezou, Georges Gaillard, René Fernandat, Pierre Vaillant et Paul Hamon : *Dauphiné*, Horizons de France, Paris, 1965.

Robert Bornecque : *Dauphiné*, collection « Le monde en images », Arthaud, Grenoble, 1971.

Roger-Louis Lachat : *Dauphiné*, collection « Voir en France », éditions Sun, Paris, 1978.

Paul Dreyfus : *Histoire du Dauphiné*, Presses universitaires de France, collection « Que sais-je ? », Paris, 1972 ; *La Vie quotidienne en Dauphiné sous la IIIe République*, Paris, Hachette, 1974 ; *Histoire du Dauphiné*, Paris, Hachette, 1976.

Bernard Bligny : *Histoire du Dauphiné*, en collaboration avec Bernard Bonin, Aimé Bocquet, André Laronde, Pierre Vaillant, Vital Chomel, Jacques Solé, Pierre Barral, Pierre Bolle et Jean-François Troussier, Univers de France et des pays francophones, Privat, Toulouse, 1973.

Table des illustrations

17. Le Palais de Justice par temps de neige.
Cl. Pierre Michaud, Paris.

18. Le centre de Grenoble vu d'avion.
Cl. aérien SOREA, 38700 Corenc.

19. Une des trois tours.
Cl. F. Pedersol-Rapho.

Table

DU MÊME AUTEUR

ESSAIS

En route vers l'an 2000, Paris, Arthème Fayard, 1961 (épuisé).
Dans un monde qui change, Paris, Arthème Fayard, 1963.

RÉCITS DE VOYAGE

L'Inde, cette autre planète, Arthaud, coll. « Clefs de l'aventure, clefs du savoir », 1966 et 1973.
Du Pakistan au Bangladesh, Arthaud (épuisé).
... Et Saigon tomba, Arthaud, 1975.

BIOGRAPHIES

Émile Romanet, père des Allocations familiales, Arthaud, 1965 (épuisé).
Sylvain Saudan, skieur de l'impossible, Arthaud, 1970, 1972 et 1974.
Paul-Louis Merlin le bâtisseur, Arthaud, 1974.
Jean XXIII, Paris, Arthème Fayard, 1979.

HISTOIRE DE LA RÉSISTANCE

Vercors, citadelle de liberté, Arthaud, 1969 (épuisé). Réédité en deux volumes, dans *Histoire vécue de la Résistance*, par les éditions de Crémille, Genève, 1971, et éditions de Saint-Clair, Neuilly, 1975.
Histoire de la Résistance en Vercors, Arthaud, 1975.
Histoires extraordinaires de la Résistance, Arthème Fayard, 1977, et le Livre de Poche, 1979.

HISTOIRE RÉGIONALE

Sainte-Marie d'En Haut, Grenoble, Association des Amis de l'Université, 1959.
Grenoble, de l'âge du fer à l'ère atomique, Paris, Arthème Fayard, 1961 (épuisé).
La Collégiale Saint-André, Lyon, Lescuyer, 1962.
Instantanés sur l'université de Grenoble, Grenoble, Association des Amis de l'Université, 1962.
En marge d'un chef-d'œuvre, traduction et commentaire du « Grenoblo malhérou », Grenoble, Dardelet, 1966.
Grenoble, de César à l'Olympe, Arthaud, 1967 (épuisé).
Histoire du Dauphiné, Presses universitaires de France, coll. « Que sais-je ? », 1972.
La Vie quotidienne en Dauphiné sous la IIIe République, Hachette Littérature, 1974.
Histoire du Dauphiné, Hachette Littérature, 1976.

Achevé d'imprimer le 18 janvier 1980
par l'Imprimerie Aubin à Ligugé
sur papier bouffant Taillefer des Papeteries du Domeynon.
Impression de la couverture en quadrichromie
sur carte couchée des Ets Agimpa
et des hors-texte noirs sur couché Maine Arjomari-Prioux
par l'Imprimerie Jarach-La Ruche à Paris.
Brochage par la S.P.B.R. à Chevilly-Larue.
N° d'édition : 1524 — N° d'impression : L 12137.
Dépôt légal : 1ᵉʳ trimestre 1980.
Imprimé en France.